成功不再
跌跌撞撞

BARKING
UP THE
WRONG
TREE

The Surprising Science Behind
Why Everything You Know About
Success Is (Mostly) Wrong

艾瑞克・巴克 ERIC BARKER 著

許恬寧 譯

謹將本書獻給我的父母，
他們以無比耐心忍受自己的兒子成天提什麼蘭花、
有希望的怪物、未經篩選型領導人。
你可能會問：那是什麼？
看下去就對了……

人生重要之事從無說明書。

Nothing important comes with instructions.

——詹姆斯・理查森（**James Richardson**），
英國電視節目主持人

目 錄

成功需要哪些因素？

了解超級成功人士和我們其他人的不同，就有辦法見賢思齊，
或是了解為什麼有時別和他們一樣會比較好

一場比賽竟然死了兩個人。

如同《戶外》（*Outside*）雜誌所言，橫越美國自行車賽（Race Across America, RAAM）絕對是全球最嚴苛的耐力賽。選手必須在 12 天內橫越 4,828 公里，一路從美國西岸的聖地牙哥（San Diego），抵達美國東岸的大西洋城（Atlantic City）。

有人可能會這樣想：喔！這就跟環法自由車賽（Le Tour de France）一樣嘛。不一樣，環法是分段賽，有休息時間；橫越美國則完全不停止計時，參賽者每多花一分鐘睡覺、休息，或是做任何沒踩踏板的事，就是輸給對手一分鐘，可能就會因此落敗。橫越美國自行車賽的選手，平均每晚只睡 3 個小時，而且是心不甘情不願地入眠。

賽事進入第四天，領先的選手一定會掙扎要不要休息。戰況十分激烈，彼此的成績差不到 1 個小時，休不休息是一項十分重大的決定，因為一休息可能就會被超過，又得重新迎頭趕上。此外，賽事進行的時間愈長，體力就愈發不支。

缺乏休息的結果，就是選手一路在橫越美國時，疲倦、肌肉酸痛與睡眠剝奪等問題不斷地加劇。

但是，在 2009 年時，體力不支的問題，並未影響排名第一的選手，冠軍的成績整整領先了亞軍半天。朱爾・羅比克（Jure Robi）似乎立於不敗之地，創下空前絕後的佳績，五度奪下橫越美國自行車賽的冠軍，而且經常在九天內就跨越終點線。2004 年，他領先了第二名 11 個小時，各位能夠想像比賽在冠軍出現之後，還要等上整整半天，第二名才姍姍來遲？

大家自然很想知道，羅比克怎麼這麼厲害，有辦法在如此嚴苛的身心考驗中勝出？他天生就是騎自行車的料？不是。測試結果顯示，以頂尖極限耐力運動員來講，他的體能其實算是普通。

還是說他聘請一流教練？也不是這個原因。羅比克的朋友烏羅・韋勒貝克（Uro Velepec）指出，他這個人「朽木不可雕也」。

《紐約時報》（*The New York Times*）丹・科伊爾（Dan Coyle）的報導，揭曉羅比克為何能打敗群雄，成為橫越美國自行車賽史上最優秀的選手：他瘋了。

這不是用誇飾法形容羅比克毅力驚人，他在騎自行車時，真的是神經病。

他疑神疑鬼，聲淚俱下，情緒失控，覺得後方街道上的裂縫，寫著密密麻麻的密碼。他可能騎著騎著就把自行車一扔，握緊拳頭，紅著眼衝向隊上隨行車（隊友們很聰明，會

把門鎖上。)他還曾經比賽到一半跑去打架⋯⋯對象是郵筒。他比到出現幻覺，有一次覺得聖戰士正在拿槍追殺自己。他當時的太太不堪其擾，躲在車隊拖車上保護自己。

科伊爾的報導寫道，羅比克認為精神失常讓自己「很困擾、很尷尬，但不瘋不行。」有趣的是，古人老早就知道，羅比克這種情形對運動員來說是優勢。早在 1800 年代，菲利浦・提西（Philippe Tissié）和奧古斯都・畢爾（August Bier）等科學家就提到，精神錯亂可以讓運動員無視於疼痛，逼迫身體超越先天極限。

我不曉得各位過去是否曾經聽聞這樣的事，但我的中學老師從來沒有告訴我，想要成為名滿天下的成功人士，必須出現幻覺，還要攻擊郵筒，舉止瘋狂。他們只叫我要好好寫功課，遵守校規，當個乖孩子。

這一切令人不禁想問：究竟是什麼因素，才能真正創造成功？

本書要討論的就是這件事：在現實世界中，怎樣做才能出人頭地？我說的是「人生」的成功，不只是賺大錢而已。不論你選擇在哪個領域或職涯發展、私領域經營得如何，究竟是什麼樣的心態與行為，能夠真正協助你達成目標？很多書只提到單一面向，或是講了很多無法真正付諸行動的理論，在後續的章節中，我會帶大家看看哪些原則真正管用，並且學會掌握關鍵步驟，無論你設定的目標是什麼，都能運用這些技巧一步步達成目標。

不過，對各位來說，什麼才是成功，這個問題要問你自

己。這要看你在工作和家中，需要什麼才能真正快樂。儘管如此，這不代表成功全然隨意，各位已經知道哪些策略很可能奏效（努力不懈），哪些不大可能管用（每天睡到中午才起床），問題在於中間那塊很大的模糊地帶。你可能聽說過種種或許能夠助上一臂之力的性格特質與行動策略，但苦無證據──也或許各位見過太多例外。本書接下來會帶大家一一檢視各種說法。

過去八年，我在我自己的部落格 Barking Up the Wrong Tree 上分析了各種研究，請教過許多專家如何創造成功人生。我找到一些答案，許多答案出人意料，表面上自相矛盾，但如果想在職涯與個人生活取得優勢地位，它們能夠指點迷津。

我們被告知的成功特質，大多數言之有理，立意良善，但往往淪為空談。本書將逐一戳破迷思，從科學角度了解超級成功人士與我們其他人有何不同，提供見賢思齊的方法，或是說明為什麼有時還是別和他們一樣會比較好。

成功有時真的得靠天分，聽媽媽的話確實偶爾有好處，但有時則是千萬別聽老人言。究竟哪些傳統說法是真的？哪些又是迷思？

「好人總是沒好報」？又或者，天可憐見？

放棄就輸了？又或者，執著才是真正的敵人？

自信能夠戰勝一切？還是只是自我欺騙？

接下來在每一章，我們都會同時檢視正反說法，探討每種觀點的可取之處。也因此要是某些說法聽起來像是老生常

談，或是自相矛盾，請繼續看下去。這就像上法庭一樣，正反雙方都會提出自己的說詞，我們選擇利多弊少的那一個。

章節概述

第 1 章，我們來看循規蹈矩與聽師長的話，是否真的就會有成功的一天。本章將介紹哈佛教授高塔姆‧穆孔達（Gautam Mukunda）提出的「增強因子」（intensifier）。增強因子和羅比克的瘋狂很像，一般屬於負面特質，但在特定情境下，反而讓人打遍天下無敵手。我們還會看到為什麼優秀的畢業生代表很少成為有錢人，為什麼體制顛覆者會是最優秀（或最糟糕）的美國總統，以及為什麼最致命的弱點，也可能是最強大的優勢。

第 2 章，我們來看好人何時會有好報，還要看西方厚黑學鼻祖馬基維利（Machiavelli）哪些事說得一點也沒錯。我們將訪問兩位教授，在華頓商學院（The Wharton School）教書的那位，相信愛心事業與利他主義是人生正途，另一位史丹佛教授的研究則指出，努力工作的重要性被高估，逢迎拍馬才能步步高陞。我們還要從海盜與監獄幫派的例子，看看就算是作奸犯科的罪犯，也會遵守哪些規矩，以及如何取得適當平衡，既能野心勃勃，晚上也能夠睡得著覺。

第 3 章，我們要來看美國海軍海豹特種部隊（Navy SEAL）的訓練，以及探討恆毅力（grit）與復原力（resilience）的新興研究。我們將訪問經濟學博士，找出加倍努力或舉白旗的最佳時機，還要請功夫大師教我們何時虎頭蛇尾是個好

主意。此外，我們將學會用一個好笑的字，來決定何時該打死不退，何時最好腳底抹油，走為上策。

第 4 章，我們要來了解一下，究竟是「能力比較重要」，還是「人脈比較重要」？交遊最廣闊的員工通常最具生產力，但最頂尖、一流的專業人士，幾乎都說自己很內向（就連頂尖運動員高達九成都這麼說）。我們將向矽谷人脈王討教一番，學習社交技巧，又不顯得油嘴滑舌。

第 5 章，我們要來了解「態度」是怎麼一回事。有信心，可以讓我們超越原本的實力，但也必須睜開眼看清楚面前的挑戰，不能盲目自信。我們將學到近日流行的「心理對照」（mental contrasting）科學理論，判斷何時該賭一把，何時又該三思而後行。更重要的是，本章會帶大家看新型研究，了解為什麼自信有時才是問題根源。

第 6 章，我們要退一步來看大方向，了解成功的事業如何與成功的人生齊頭並進——以及何時事業會毀了人生。在這個一週工作 7 天、每天 24 小時不停歇的世界，工作與生活真的有可能平衡嗎？哈佛商學院教授克雷頓・克里斯汀生（Clayton Christensen）與成吉思汗，將告訴我們如何在步調快速的辦公室中尋得自在。此外，傳奇的名人悲劇將讓我們看到，成功有時必須付出太大代價，犧牲了家庭，也犧牲了幸福。

成功不是電視上才看得到的東西，重點不是要當個完美的人，而是要知道自己最擅長的事，並且讓自己置身在如魚得水的發展環境中。你不必真的和自行車賽冠軍羅比克一樣

變成瘋子，找對池塘的話，醜小鴨一秒就變天鵝。那些讓你
與眾不同的特質、你想戒掉的習慣、你在求學時被嘲笑的
事，也許最後會為你帶來無人可及的優勢。

　　好了，我們開始吧……

第 1 章

乖乖聽話，你就會成功？

一輩子當好孩子、當好人，就會得到應有的獎勵？
那些畢業生致詞代表、無痛症患者與鋼琴神童告訴我們的事

艾許琳・布拉克（Ashlyn Blocker）不懂什麼叫「痛」。

事實上，她一輩子沒痛過。從外表上看起來，艾許琳和一般少女沒兩樣，但由於 SCN9A 基因缺陷問題，她的神經和你我的不大一樣，痛覺傳不進她的大腦。

不會痛，聽起來是不是太完美？等等，可是維基百科（Wikipedia）的「先天性痛覺不敏感症」（Congenital insensitivity to pain）詞條，又清楚指出「此種疾病極度危險。」研究人員丹・伊諾耶（Dane Inouye）也寫道：「大部分的孩子小時候都想當超級英雄，『先天性痛覺不敏感合併無汗症』（Congenital insensitivity to pain with anhidrosis, CIPA）的患者正是超人，因為他們感受不到肉體疼痛。然而諷刺的是，給了他們『超能力』的東西，也是可能致命的克利普頓石。」

賈斯汀・赫克特（Justin Heckert）在《紐約時報雜誌》（*New York Times Magazine*）的報導指出，艾許琳的爸媽曾經搶在女兒之前發現她的腳踝斷裂——那已是她受傷兩天之後的

事。同樣罹患無痛症的凱倫・肯恩（Karen Cann），在生頭胎時骨盆斷裂，但一直要到幾週後，臀部僵硬到行動不便時才發現。

無痛症患者一般壽命不長，通常在童年時就夭折。患有先天性痛覺不敏感合併無汗症的嬰兒，50%活不過3歲。愛子心切的爸媽怕孩子冷，往往會把嬰兒包裹起來，但無痛症孩子太熱時也不會哭鬧。幸運活過嬰兒期的幼兒，經常不小心咬斷舌尖，或是在揉眼睛時弄傷角膜。成人身上也通常到處傷痕累累，不斷地重複骨折，每天都得檢查自己的身體，確認沒有受傷。無痛症患者通常要看到身上瘀青、割傷、燙傷的痕跡時，才知道自己受過傷。闌尾炎等內臟問題對他們來說特別危險，因為他們通常感受不到任何症狀，直到疾病奪去性命。

然而，許多人不都偶爾希望和艾許琳一樣？

我們很容易就太過天真，只想到這種病的好處：受傷時，再也不會痛到哇哇叫，看牙醫也不用怕，一生都不必忍受病痛帶來的不適。頭再也不會痛，下背部不會沒事就折磨我們。

美國付出的疼痛健康照護與生產力成本，一年高達5,600億美元至6,350億美元。15％的美國人每日面對慢性疼痛的折磨，很多人大概願意和艾許琳交換身體。

暢銷小說《玩火的女孩》（*The Girl Who Played with Fire*）中，反派之一也是無痛症患者。這種病在書中被當成了超能力，壞人因為擁有職業拳擊手的身手，再加上感受不到疼

痛，沒人抵擋得了他。

這不禁讓人想問：人類的弱點，什麼時候其實會變成優勢？哪一種人生比較美好——是身體有障礙、擁有超能力的異數，還是活在鐘形曲線中間比較好？這個世界通常會鼓勵我們打安全牌，但乖乖去做一般人口中「正確的事」，不冒大起大落的風險，到底是通往成功的康莊大道，還是一路挺直走向平庸？

為了解答這個問題，讓我們先看一群循規蹈矩的乖寶寶。優秀的高中畢業生致詞代表，後來過得如何？每位家長都希望自己的孩子成為代表。媽媽說：用功讀書，以後才會有出息，媽媽說的話通常都是對的。

然而，還是有例外。

你們班上的模範生，後來過得如何？

波士頓學院（Boston College）的研究人員凱倫·阿諾德（Karen Arnold），自畢業典禮起追蹤 81 名高中第一、二名畢業的學生，看看這些高中學霸日後的發展。其中 95％後來順利從大學畢業，平均 GPA 是 3.6；到了 1994 年，60％取得研究所學歷。在高中時表現良好，可以預測大學的表現好，這點不大有爭議。阿諾德追蹤的畢業生，近九成目前從事專業工作，其中四成擔任最高階主管。這群人可靠、努力不懈、適應力強，從各種指標來看，大多數過著美好生活。

然而，這群在高中時拿第一的人，有多少長大後改變了

這個世界，推動世界前進，讓世人驚豔？答案似乎很明顯：一個也沒有。

阿諾德談這群人的成功軌跡：「雖然他們大部分都擁有很好的工作，但這些高中生畢業代表們，看來絕大多數並未登上成人世界的頂尖成功舞台。」阿諾德在另一場訪談中提到：「畢業生代表不大會是開創未來願景的人士……他們通常服從體制，不是顛覆體制。」

會不會剛好是阿諾德追蹤的那 81 個人，恰巧沒有出人頭地？並不是。研究顯示，讓學生在課堂上表現良好的那些特質，讓他們在走出教室後，比較不可能擊出全壘打。

究竟這些高中畢業拿第一的人，為什麼很少在真實生活中拿第一？有兩個原因。第一，學校獎勵乖乖聽話、怎麼說就怎麼做的學生。學業成績無法忠實反應出學生的智商（標準測驗較能測出 IQ），但可以準確預測學生能否自我管理、認真負責、遵守規定。

阿諾德在訪談中指出：「基本上，我們是在獎勵服從與願意配合體制。」許多畢業生代表坦承，自己並不是班上最聰明的孩子，但是最努力。有些人指出，知道老師想看到什麼答案，比真正掌握教材更重要。阿諾德大部分的研究對象，被歸為「成績至上組」（careerists），認為自己的任務是考到好成績，學到東西則是其次。

第二個原因是學校獎勵通才。學生對某件事特別感興趣、在某方面特別有長才的話，不見得會得到太多獎勵，但在真實世界中則是相反。阿諾德提到：「高中畢業生代表不

論在個人生活，或在專業生活，都極度十項全能，也很成功，但不曾在單一領域投注所有熱情，也因此通常難以達到卓越的程度。」

也就是說，如果你想在校學業表現優越，你很喜歡數學，除非你先確定自己的歷史可以拿 A，否則別把時間一直用在算數學。這種培養通才的方法，通常不會造就頂尖的專業知識能力，但我們日後在職涯發展中，通常幾乎都只因為單一技能獲得高度獎勵，其他的不是太重要。

諷刺的是，阿諾德發現，喜愛學習的聰明學生，在高中過得有點辛苦。他們擁有熱情，也願意全心投入，有興趣做到精通，卻感覺學校體制綁手綁腳。相較之下，畢業生代表高度配合體制、遵守規則，科科拿 A，獲得技能與深度理解，反而不是他們的第一要務。

學校有清楚的規則，人生沒有。少了可遵循的明確道路之後，好學生無所適從。

尚恩・艾科爾（Shawn Achor）對哈佛學生做的研究顯示，以大學成績預測日後成功的準確度，不會比擲骰子好多少。一項針對七百多位美國富豪的研究指出，富人的平均大學 GPA 只有 2.9。

乖乖遵守規則不會創造成功，只會消滅極端值，最好與最壞的都會消失。沒有極端通常不是件壞事，可以減少風險，但驚天動地的偉大成就通常也就隨之消失。這就像在自己的引擎上，裝了時速 90 公里以下的限速器，結果就是不大會碰上死亡車禍，但大概也不會打破任何競速紀錄。

好吧，乖乖牌不會攀上世界頂峰，那誰會？

非篩選型領導人

邱吉爾（Winston Churchill）原本一輩子不可能當上英國首相，他不是那種凡事力求「正確」的模範生，居然能夠上台，跌破眾人眼鏡。大家知道邱吉爾很優秀，但他也是極難相處、我行我素不顧後果的偏執狂。

邱吉爾在英國政壇上，一開始可說是年少得志，26歲就當選國會議員，但後來眾人感覺他的能力與性格等方面，都不大適合擔任最高首長。到了1930年代，他的政治生涯基本上算是結束了。從許多方面來講，他和同期的張伯倫（Neville Chamberlain）個性可說是南轅北轍，張伯倫凡事循規蹈矩，屬於典型的英國首相。

英國人對於選擇領袖一事相當慎重。回顧歷屆首相就知道，相較於美國總統，英國首相通常年齡較長，而且經過嚴格層層篩選。1990年代的首相約翰·梅傑（John Major），上台速度快過絕大多數的英國領袖，但客觀上來說，他先前的歷練依舊超越大多數的美國總統。

邱吉爾是一頭蠻牛，熱愛自己的國家，愛到偏執的程度，疑神疑鬼反對任何可能威脅帝國的事物，就連聖雄甘地（Gandhi）在他眼裡都不是個好東西，也毫不保留地批評印度和平運動。邱吉爾是大英帝國喊著災難即將降臨的「杞人」，大肆抨擊任何可能危害英國的對手，不論那個對手是大是小，也或者純粹只是他個人的想像。然而，邱吉爾能

夠成為全球史上最受推崇的領袖，關鍵就在這項「不好的」特質。

一直喊著「天要塌下來了！」的邱吉爾，是當時唯一把希特勒視為重大威脅的異類，張伯倫則認為希特勒這個人「說話算話」。英國領導高層一廂情願地認為，綏靖主義可以安撫納粹。

邱吉爾的偏執性格，在關鍵時刻未卜先知。他不相信只要把午餐錢交給校園小混混，小混混就會放英國一馬，只有一拳痛扁他們的鼻子，才能夠解決問題。

邱吉爾的愛國狂熱——早期幾乎毀了他政治生涯的東西——正是逐漸陷入二戰的英國所需要的。幸好，英國人民很早就發現這件事。

究竟是什麼樣的人，可以爬到最高位？這個問題太大，讓我們從另一個角度來看這個問題：偉大的領導人擁有哪些特質？多年來，學界研究甚至無法決定領導人到底重不重要，有些研究顯示，優秀團隊不論有沒有可以歸功的領導人，都可能成功。其他研究則顯示，有魅力的領導人是決定團隊成敗的最關鍵因素。學界對此一直沒有定見，直到某位研究人員靈機一動。

哈佛商學院教授高塔姆·穆孔達（Gautam Mukunda）認為，研究結果如此不一致，是因為領導人基本上有兩種。第一種循規蹈矩、符合期待，一路沿著體制往上爬，張伯倫就是此一類型的代表，屬於「層層篩選型」（filtered）領導人。第二種領導人則不是一步步從基層做起，他們橫空出世，例

如不等人拔擢的創業者、意外接位的美國副總統，以及像林肯總統（Abraham Lincoln）那樣、在世上發生重大事件時竄起的亂世英雄。這類型的領導人，屬於「非篩選型」（unfiltered）領導人。

篩選型候選人在角逐最高位時，已經通過層層關卡，可以放心他們將做出傳統認可的標準決定。他們彼此之間沒什麼不同，這也是為什麼許多研究顯示領導人造成的差異不大。

非篩選型領導人不一樣，他們沒被體制審查過，無法確認他們會做出「被認可」的決定，其中很多甚至連哪些決定會被認可也不曉得。非篩選型領導人來自不同的背景，會做出令人意外的事，行事通常難以預期，但他們帶來改變，讓事情不同。他們帶來的改變一般屬於負面，因為他們不按規矩來，經常破壞自己領導的組織，但少部分非篩選型領導人可以帶來轉型，讓組織得以擺脫錯誤信念與無謂堅持，帶領大家走向更美好的明天。這類型的領導人，正是學術研究所說的擁有巨大正面影響力的領導人。

穆孔達的博士論文依據自己的理論，分析歷屆美國總統，評估哪些屬於篩選型、哪些屬於非篩選型，以及是否為偉大的領導人。結果十分驚人，穆孔達的理論能以前所未有的 99％ 統計信賴度，預測總統帶來的影響。

篩選型領導人可以守成，非篩選型領導人則忍不住衝撞體制，通常會造成破壞，但他們破壞的東西有時和林肯一樣，奴隸制就此消失。

穆孔達本人在衝撞體制方面擁有第一手的經驗，他因為博士論文打破傳統，成為學術工作市場上的異數。雖然擁有純正哈佛與 MIT 血統，他應徵五十多間學校之後，只得到兩個面試機會。學校要的是能夠教政治學概論的傳統教授；換句話說，校方要的是篩選型老師。穆孔達因為跳脫傳統研究，不可能成為傳統教職候選人。只有尋找特殊超級明星的學校、有資源支持多元研究的系所，才可能對穆孔達這樣的人感興趣。最後，哈佛商學院提供穆孔達教職，他接受了。

　　當我訪問穆孔達時，他提到：「優秀領導人與偉大領導人的差別，不是誰比誰『更好』，他們本質上是完全不同的人。」當初英國要是發現綏靖主義行不通後說：「給我們更好的張伯倫」，那就糟了。英國不需要更多篩選型領導人，他們需要以前不被體制接受的人。老路已經行不通，還要硬朝著老路走，鐵定就會完蛋。如果要應付像希特勒這樣的威脅，英國需要邱吉爾這頭鬥牛犬。

　　我請教穆孔達，為什麼非篩選型領導人可以帶來如此龐大的影響力？答案是，他們通常擁有與眾不同的特質，但聽起來不是很正面，比如「聰明絕頂」或「擁有政治頭腦」，反而通常較負面，是你我眼中認為「糟糕」的特質，但由於情況特殊，負面特質就變成正面特質。舉例來說，邱吉爾排外的愛國心原本是毒藥，但情境對了，反而成為萬靈丹。

　　穆孔達稱這種特質為「增強因子」（intensifiers）。一個人最大的弱點，可能就此成為無往不利的優勢。

古怪的鋼琴大師

　　古典鋼琴怪傑格倫‧顧爾德（Glenn Gould），是個害怕生病的超級疑病症患者。如果你跟他講電話打噴嚏，他會立刻掛掉電話。

　　顧爾德平常會戴手套，而且通常一戴就是好幾雙。有一次，他提到自己永遠隨身攜帶的藥物：「有記者寫什麼我會帶一整個行李箱的藥出門，這也太誇張，連公事包都沒填滿。」顧爾德取消過自己三成的演奏會，有時還會重新預定場地，然後又取消。他的名言是：「我不去音樂會，有時連自己的都不去。」

　　沒錯，顧爾德就是個怪人，但他也是大家公認 20 世紀最偉大的音樂家，贏得四座葛萊美獎，鋼琴專輯銷量破百萬，甚至榮登當代最貨真價實的「名人堂」，出現在卡通《辛普森家庭》（The Simpsons）裡。

　　顧爾德不只有疑病症，《新聞週刊》（Newsweek）稱他為「音樂界的霍華‧休斯」（a musical Howard Hughes，有各種怪僻的美國富豪）。他可以早上六點才睡覺，下午醒來。只要他覺得某班飛機「不吉利」，就會拒絕登機，而且還超級怕冷，在夏天穿冬衣，更經常用垃圾袋攜帶自己的日常用品，搞到警察以為他是遊民，在佛羅里達街頭逮捕他。

　　不用說，顧爾德的古怪行徑，也影響到他的人際關係。他害怕太接近人群會影響自己的作品，便經常和朋友保持距離以策安全，平日靠電話來打理生活的一切。在人生最後的

九個月，他的電話帳單逼近 13,000 美元。朋友因為他瘋狂的開車方式，稱他車上的乘客座為「自殺座椅」。他本人則曾經表示：「我想，你可以說，我開車不大專心。我的確偶爾會連闖幾個紅燈，但話說回來，我也在許多綠燈前面停下來，卻從來沒有人誇過我這件事。」

顧爾德著名的演奏方式，更是怪上加怪。音樂學者凱文‧巴札納（Kevin Bazzana）所著的精彩的顧爾德傳記，形容他在演奏時「全身衣服皺巴巴，像隻猿猴罩在琴鍵上方，手臂不停地甩動，身軀扭來扭去，搖頭晃腦。」別忘了，他可不是爵士鋼琴家，也不是搖滾歌手艾爾頓‧強（Elton John），這傢伙彈的可是巴哈。此外，他討厭演出，巡迴表演必須不斷地換飛機和旅館，每天還得會見不認識的人，不大適合他的控制狂性格。他曾經抱怨：「我痛恨觀眾，他們是邪惡的力量。」

也別忘了他那把專屬的椅子——顧爾德的演奏風格，讓他需要特製的鋼琴椅。他奇特的要求太多，所以他父親不得不找人量身打造，最後出爐的椅子座高離地大約 30 公分，微往前傾，這樣他才能輕鬆就坐在椅子前沿。顧爾德後來整個演奏生涯都用那把椅子，不論他到何地表演，都把椅子託運過去。經過歲月嚴重磨損之後，得用鐵絲和膠帶把椅身固定好，樂迷甚至可以在他的專輯裡，聽見那把椅子的嘎吱聲。

顧爾德怪雖怪，但才華洋溢。克利夫蘭管弦樂團（Cleveland Orchestra）的音樂總監喬治‧塞爾（George

Szell）表示：「那個瘋子是天才。」

然而，顧爾德原本不可能成為名滿天下的大師。他確實是個神童，12 歲就擁有專業級的演奏技巧，但他小時候太彆扭、太敏感，受不了身旁有其他孩子的壓力，有幾年時間不得不在家自學。

顧爾德有可能完全無法在真實世界中生存，他究竟怎麼會有辦法發展音樂事業，還成為音樂偉人？他很幸運，他的成長環境完美照顧了他那纖細、敏感的性格，而且他的父母全力栽培──到達非常人所能及的程度。他母親把一生用在培養他的才華，他父親一年花 3,000 美元讓他接受音樂訓練。3,000 美元聽起來好像不多？別忘了，那可是 1940 年代，顧爾德的家鄉多倫多，當時的平均年薪才 1,500 美元。

顧爾德獲得父母大力栽培，再加上自身勤奮，才華得以開花結果。他一天在錄音室待上 16 個小時，一週待上超過 100 個小時。他在安排行程時經常忘記，別人和他不一樣，需要有人從旁提醒，多數人不想在感恩節或聖誕節工作。有人問他，會給想當藝術家的人什麼建議？他回答：「你必須放棄其他所有的一切。」

顧爾德神經質的執著，對他十分有利。年紀輕輕才 25 歲，他就到俄國巡迴演出，成為二戰後北美第一人。28 歲他和指揮家雷納德・伯恩斯坦（Leonard Bernstein）與紐約愛樂（New York Philharmonic）一起登上電視，31 歲成為音樂界傳奇。

然後，他決定隱居，他說：「我真心希望下半生為自己

好好過。」他在 32 歲時，就停止一切公開演出。他一生總共開不到 300 場音樂會，而大多數的巡迴演出音樂家，三年內就能夠達到這個數字。他依舊是個工作狂，但不再替觀眾演奏；只有錄音室的錄音環境，能夠達到他希望掌控的程度。奇怪的是，他不再公開表演之後，在世界樂壇的影響力並未減弱，反而更勝以往。巴札納寫道，顧爾德「在引人注目的缺席中，持續引發關注。」他繼續工作，直到 1982 年去世，隔年名列「葛萊美名人堂」（Grammy Hall of Fame）。

顧爾德如何看待自己極端的習慣與瘋狂的生活方式？「我不覺得自己怪。」替他寫傳記的巴札納指出：「真正的怪人，特徵就是不覺得自己有別人說的那麼奇特，雖然其實他們的每個想法，所說的每一句話，所做的每一件事，都不同於世界上其他人。」

要是從小父母沒有鼓勵他、也沒有花大錢培養他，顧爾德大概不會成為音樂傳奇。他過於纖細、敏感，無法承受這世界的風吹雨打。要是沒有家裡栽培，他可能真的就只會是佛羅里達衣服穿太多的遊民。

好基因，壞基因？

接下來，我們來聊一聊蘭花、蒲公英與「有希望的怪物」（hopeful monsters）。好啦！我知道，各位平日就在聊這些事，根本是舊聞，請容忍我連這麼老的東西也拿出來講。

瑞典有一句諺語：多數孩子是蒲公英，但有少數是蘭花。蒲公英吃苦耐勞，不是最漂亮的花，但不必細心照顧，

也能長得很好。沒有人會特別栽種蒲公英，因為沒這個必要，它們幾乎在所有環境都能長得很好。蘭花則相當不同，不好好照顧就會枯萎，只要用心培養，就會開出最美麗的花朵。

這裡不只是在講花，也不只是在講孩子，而是在談最新的遺傳學知識。

新聞老是喜歡報導，某某基因造成 A，某某基因造成 B，人們第一直覺就是把基因歸類為「壞基因」或「好基因」。某某基因造成酗酒或暴力行為——哇！幸好我沒那種基因，鬆了一口氣；有那種基因就是衰。心理學家稱此為「素質壓力論」（diathesis-stress model），萬一你有壞基因，人生又碰上問題，天生就容易得病，例如憂鬱症或焦慮症，所以你最好祈禱自己體內沒有把好好一個人變成怪物的爛基因。這類說法只有一個問題，那就是有愈來愈多的研究顯示，這種觀點可能有誤。

近日的遺傳學發現，顛覆了「壞基因」與「好基因」模型，新一派的說法比較接近「增強因子」的概念，心理學家稱為「差別易感性假說」（differential susceptibility hypothesis）：帶來壞事的基因要是換了一種情境，可能會造就好事。同樣一把刀，可以惡意刺傷他人，也可以用來替家人準備餐點。一把刀究竟是好是壞，要看用在什麼情境。

講得具體一點，大多數人擁有一般的 DRD4 基因，但有些人擁有基因變異體 DRD4-7R。這下糟了！7R 與注意力不足過動症（ADHD）、酗酒、暴力行為有關，屬於所謂的「壞

基因」。然而，研究人員艾瑞‧柯納風（Ariel Knafo）做過孩子是否願意自動分享糖果的實驗，多數 3 歲小孩如果沒被強迫，不會願意放棄自己手裡的好東西，但擁有 7R 基因的孩子，卻比較可能樂於分享。為什麼會這樣？怎麼帶有「壞基因」的孩子，就算沒被要求，反而願意幫助別人？因為 7R 基因其實並不「壞」。基因和刀子一樣，是好是壞要看環境。在暴力環境中成長的 7R 孩子被虐待、遭到漠視，日後長成酒鬼與惡霸的機率比較大。但是，7R 孩子如果被好好培養，和善的程度甚至高過擁有普通 DRD4 基因的孩子。簡言之，環境造就了不同。

其他數個與行為相關的基因，也帶來了類似的影響。擁有某類 CHRM2 基因的青少年，如果在不良環境中成長，最容易作姦犯科。然而，相同基因要是碰上好家庭，卻會造就人中龍鳳。孩子要是擁有 5-HTTLPR 變異體，又碰上專制型家長，就比較可能說謊。然而，要是擁有相同基因，卻被溫柔帶大，最可能成為遵守規定的好孩子。

好了，先不談那堆科學術語與縮寫，大多數人都是蒲公英，幾乎不管生在什麼環境，還是都能順利好好長大。剩下的人則是蘭花，不只對負面事物敏感，對萬事萬物都敏感。蘭花和蒲公英不一樣，無法在隨便的路旁盛開，但如果在設備完善的溫室裡好好照顧，就能光彩奪目，讓蒲公英自慚形穢。如同作家大衛‧杜布斯（David Dobbs）在《大西洋》（*The Atlantic*）雜誌的文章所言：「帶給人類最多麻煩的基因，會造成自我毀滅與反社會行為，但人類驚人的適應力與演化上

的成功，也要歸功給相同基因。蘭花型的孩子要是在不良環境中接受不當教養，長大後可能很容易憂鬱，或是吸毒，甚至入獄。但如果環境對了，有人好好養育他們，就會成為社會上最具創意、最成功的快樂人兒。」

現在，可以來談談「有希望的怪物」了。那到底是什麼東東？溫蒂・強森（Wendy Johnson）與小湯瑪斯・J・布夏德（Thomas J. Bouchard, Jr.）兩位教授表示：「有希望的怪物，是指基因突變可能帶來適應優勢，在人口中極端偏離常態的個人。」達爾文主張演化是連續漸進式的，基因學家理查・戈德施密特（Richard Goldschmidt）則提出，大自然或許偶爾會來點重大變化，結果被當成瘋子。然而，到了 20 世紀末，史蒂芬・傑伊・古爾德（Stephen Jay Gould）等科學家開始發現，戈德施密特或許有些地方說對了。研究人員找到非漸進式的突變例子，恰巧符合「有希望的怪物」理論。大自然的確偶爾會來點相當不同的東西，如果那樣的「怪物」找到正確環境，好好生存下去，有可能會讓物種朝向更好的方向發展。這同樣是剛才提過的增強理論，如同作家波・布朗森（Po Bronson）所言：「矽谷之所以能有今天，靠的是獎勵這個體制才會獎勵的性格缺陷。」

如果我告訴各位，你家寶貝兒子的上半身過長、腿太短，手掌、腳板太大，手臂細長如人猿，你會有什麼反應？大概不會太高興。前述的形容聽起來不是什麼「好事」，但要是某位經歷豐富的游泳教練聽到之後，就會知道奧運金牌的明日之星就在眼前。

飛魚麥可・菲爾普斯（Michael Phelps）如同擁有超能力的變種人 X-Men，他的體格很完美嗎？可能不如你想像的那樣。他跳舞不好，跑步也不大好；事實上，他似乎天生不適合在陸地上行動，但馬克・李文（Mark Levine）和麥克・索科洛夫（Michael Sokolove）在《紐約時報》的文章都指出，就是這些奇怪的特徵，讓菲爾普斯比一般人更能成為頂尖的游泳好手。沒錯，他的肌肉結實、體格強壯，但以一個身高193 公分的人來講，他的身材比例實在和常人不大一樣。他的雙腿短、軀幹長，活像一艘獨木舟，而且手腳大到不成比例，比一般人多了更好用的「鰭」。

　　各位如果把雙臂往兩旁伸直，兩手指尖距離會和自己的身高差不多，但菲爾普斯不同，雙手伸直將近 201 公分。手臂比較長，代表在池中划水比較有力。菲爾普斯打破 1932 年以來的紀錄，15 歲就進入美國奧運隊。對他來講，游泳最大的挑戰是什麼？答案是跳入泳池，他離開跳台的速度比多數選手慢，因為他的體格不適合在水以外的地方移動。但是，這隻「怪物」不只是有希望，還奪得史上最多面奧運獎牌，令所有人望塵莫及。

　　離開運動場呢，這些討論與成功又有何相關？強森與布夏德兩位教授指出，我們也可以把天才當成有希望的怪物。菲爾普斯在陸地上手腳不協調，顧爾德在上流社會中不可能生存，但是由於環境對了，兩個人都發展得非常好。

　　有些蘭花不幸碰上糟糕的照顧者，結果枯萎；有些蘭花則因為得到妥善照顧，得以美麗綻放。那麼，還有哪些因素

讓某些怪物無望、有些卻希望無窮？為什麼某些人能夠變成瘋狂的傑出人士，有些人就真的只是腦子有問題？加州大學戴維斯分校榮譽教授迪恩・基斯・賽門頓（Dean Keith Simonton）表示，創意天才在接受人格測驗時，「病理分數落於中間。有創意的人，精神病理分數高過一般人，但比真正的精神病患者低，他們怪異的程度似乎剛剛好。」

太多時候，我們把事情貼上「好」或「壞」的標籤，但其實只不過是「不同」。以色列軍方需要能夠分析衛星圖像、判斷國防威脅的人才，他們要的士兵必須擁有驚人的視覺能力，能夠一整天看著同一個地點都不會感到無聊，而且一有風吹草動，立刻就能發現。最後，以色列國防軍的視覺情報部門（Visual Intelligence Division, IDF）在意想不到的地方找到完美人選：他們招募自閉症人士。自閉兒在人際互動上可能有困難，但大都能夠勝任拼圖等視覺任務，成為以色列的珍貴國防資產。

臨床神經心理學家大衛・威克斯（David Weeks）博士寫道：「怪胎是社會演化的變種，提供天擇智力材料。」怪胎可能是像顧爾德這樣的蘭花，或是像菲爾普斯這種很有希望的怪物。我們往往耗費太多時間努力成為眾人眼中的「優秀」人才，但這種優秀通常只是「平庸」，真要出類拔萃，就必須不同。追隨社會眼中的「好」，可不會讓你與眾不同，因為社會並不總是知道自己需要什麼。其實，要當個最優秀的人，通常只需要拿出最好版本的自己就夠了！就像英國著名哲學家與經濟學家約翰・史都華・彌爾（John Stuart

Mill）說的：「我們這個時代最大的危機，就是太少人勇於與眾不同。」

只要環境對了，壞的也能變成好的，古怪會生出美麗花朵。

鐘形曲線的兩端

賈伯斯（Steve Jobs）頭有點痛。

2000 年時，他和皮克斯動畫（Pixar）其他高層都在煩惱同一個問題：皮克斯是否正逐漸失去優勢？他們先前推出大受歡迎的《玩具總動員》（*Toy Story*）、《玩具總動員 2》（*Toy Story 2*）、《蟲蟲危機》（*A Bug's Life*），他們擔心皮克斯這麼成功，世人一想到皮克斯，就會想到創意，但工作室會不會因此自滿，有一天由盛轉衰。

皮克斯高層為了替公司注入活水，找來導過動畫片《鐵巨人》（*Iron Giant*）的布萊德・博德（Brad Bird）主持皮克斯的下一部大片。賈伯斯、約翰・拉薩特（John Lasseter）、艾德・卡特姆（Ed Catmull）認為，博德知道如何讓皮克斯動起來。

博德是否靠著皮克斯最優秀的員工，解決了這場創意危機？沒有。他是否從外頭找來頂尖人才，替公司注入新血？也沒有。這個時候不能打安全牌，找「篩選過」的人才。這類人才過去讓皮克斯成功，但也把公司帶到目前的僵局。

博德開始籌備自己的第一部皮克斯電影，宣布他計畫如何因應這場創意危機：「給我異類，我要的是感覺挫敗的動

畫師，那種提出不同做事方法、沒人聽他們講話的人，那種大概已經準備好走人的人。」我來幫博德翻譯一下：給我你們所有「未經篩選」的動畫師，我知道他們很瘋，那正是我需要的人。

博德召集的敢死隊，不只推出不一樣的動畫片，還徹底改變了皮克斯的做事方法：

> 我們給這些異類機會證明自己，改變了皮克斯好幾件事的做法。我們每分鐘花的錢，比上一部《海底總動員》(*Finding Nemo*) 的少，場景數量卻是 3 倍，還做到很多很困難的事。一切都是因為皮克斯高層放手讓我們嘗試瘋狂點子。

他們完成的動畫片就是《超人特攻隊》(*The Incredibles*)，票房突破 6 億美元，還抱走奧斯卡最佳動畫片獎。

讓人成為難搞討厭鬼的個性，也有可能拯救世界。研究顯示，高度具備創意的人傲慢、隨心所欲、做事不守規矩，在校成績不佳。老師口頭上說喜歡有創意的孩子，但其實討厭這種學生，因為他們通常不會乖乖聽話。各位會想雇用這種人嗎？大概不會。也難怪創意與員工績效評估為負相關，有創意的人被拔擢為執行長的機率不大。

負責設計《異形》(*Alien*) 系列電影中怪異亮眼外星生物的 H・R・吉格爾 (H. R. Giger) 指出：「在瑞士庫爾

（Chur），『藝術家』這個名詞被濫用，舉凡酒鬼、嫖客、不務正業、頭腦有問題的人，統稱為藝術家。」

全天下的數學家都知道，「平均」會騙人。知名廣告公司 BBDO 執行長安德魯·羅賓森（Andrew Robinson）說過：「當你頭在冰箱、腳在火爐，平均溫度很宜人。我對平均一向很小心。」

適合特殊情境的事物，對平均而言格格不入。「通常OK」的特質，在極端情境下，可能很不 OK。適合八月穿的夾克，在寒冬穿會冷死。同理，以「增強因子」來說，放諸四海而言都很糟糕的特質，碰上特定情境時有其用處，就像 F1 賽車在城市街道上開不得，但在賽道上可以破紀錄。

這其實是基礎統計學，如果要有出類拔萃的好表現，平均值不重要，偏離常態的變異數才重要。我們幾乎總是試圖篩選掉最糟糕的，以求增加平均值，但這麼做卻會減少變異數。砍掉鐘形曲線的左側，可以改善平均值，但總有我們以為要歸在左側的特質，其實也在右側。

關於這點，最常被討論的就是「創意」與「心理疾病」之間的關聯。賽門頓教授的〈瘋狂天才悖論〉（"The Mad-Genius Paradox"）研究發現，創意程度中等者，心理健康高過平均，極富創意者心理疾患發生率則遠遠高出許多。如同領導篩選理論，想要成為人中龍鳳，免不了具備一般不被接受的性格特質。

罹患各式疾患與擁有各種才能的人士，經常出現這樣的例子。研究顯示，注意力缺失症（ADD）患者比較具有創

意。心理學家保羅・皮爾森（Paul Pearson）發現，幽默、神經質與精神病之間具有關聯。一般來說，「容易衝動」是負面特質，經常與「暴力」、「犯罪」出現在同一句子裡，但也明顯與創意有關。

各位會雇用精神病患者嗎？不會。研究的確也顯示，精神病患者平均而言表現不佳。多數人聽到這裡就算了，不過〈成功藝術家的人格特質〉（"Personality Characteristics of Successful Artists"）研究顯示，相較於普通藝術家，創意領域頂尖人士的精神病測量分數特別高。《個性與社會心理學雜誌》（*Journal of Personality and Social Psychology*）的研究也顯示，成功的美國總統精神病特質分數比較高。

由於世人對成功人士通常擁有較正面的觀感，增強因子經常偽裝成正面特質。一則老笑話是這樣說的，同樣的特質，窮人是「腦筋壞掉」，有錢人則是「與眾不同」。偏執等性格放在成功人士身上是正面特質，放在其他人身上則是壞事。有些人因為完美主義成為一流人才，其他人就只是「神經病」。

1 萬個小時與偏執

暢銷作家麥爾坎・葛拉威爾（Malcolm Gladwell）讓心理學家 K・安德斯・艾瑞克森（K. Anders Ericsson）的專家研究廣為流行：想要成為一件事的專家，大約需要 1 萬個小時的努力。一般人聽到這麼大的數字，第一個反應是：天啊！怎麼會有人願意花這麼多時間？

聽到「專家」兩個字，我們立刻就會聯想到正面事物，例如「專注」與「熱情」。然而，願意花這麼多時間與力氣在非必要的事物上，性格中一定帶有偏執成分。畢業生致詞代表把念書當成一份工作，遵守規則，努力拿 A。個性偏執的創意人士，則是靠著宗教般的熱忱，夜以繼日地完成自己滿懷熱情的案子。

社會學家丹尼爾・錢布利斯（Daniel Chambliss）標題耐人尋味的〈卓越的平凡面〉（"The Mundanity of Excellence"）研究，檢視頂尖游泳選手極度專注的特質。運動員願意每天千篇一律地進行訓練，日復一日，年復一年，矢志不移，聽起來已經不只是「專注」，比較像是「偏執」。

各位可能以為，增強因子只和藝術或體育等專長有關，和常人的世界沒什麼關聯。然而，想一想全球最富有的人士，他們之中有那種全然循規蹈矩、沒有和大家很不同的負面特質的人嗎？沒有。

《富比世》四百大（Forbes 400）富豪榜中，有 58 人不願念大學或在中途輟學。這 58 個人——接近總人數的 15％，平均個人淨值為 48 億美元，比 400 人平均淨值（18 億）高出 167％。相較於四百大富豪中念過常春藤盟校的人，他們的平均身家數字，更是高達兩倍以上。

在今天這個時代，人們敬重野心勃勃的矽谷創業者，把他們當成景仰的對象，但下列敘述是否符合矽谷創業者給人的刻板印象？精力充沛、不大需要睡眠、願意冒險、無法忍受笨蛋、自信、魅力十足、驕傲到有點自大的程度、野心無

窮、充滿動機、停不下來？

是的，前述特質就是在講他們，但這些特質也與臨床疾病「輕躁症」（hypomania）有關。約翰·霍普金斯大學精神醫學助理教授約翰·加特納（John Gartner）的研究顯示，這樣的相關絕非偶然。「完全躁症」（full-blown mania）使人無法在一般社會上生存，輕躁症則使人不屈不撓、勇往直前，但不至於脫離現實（就算只是些微沒脫離）。

增強因子有一好沒兩好，無法只取好的，不要壞的。〈挑戰傳統的經濟價值：不良行為、學校教育與勞動市場〉（"The Economic Value of Breaking Bad: Misbehavior, Schooling, and the Labor Market"）論文作者指出，減少男孩的侵略性與不良行為之後，成績的確出現改善，但終身收入也隨之減少。不守規矩的男孩日後工作更多小時、更具生產力，收入比乖乖牌高出 3％。

在創投業的情況也很類似，知名創投家馬克·安德森（Marc Andreesen）在史丹佛演講時提到：

> ……創投這行百分之百是離群值遊戲，而且是高度離群值……我們有一種說法，看你是要投資優點，還是投資沒有弱點。答案乍看之下很明顯，但其實很難講。創投的基本做法是打勾：「創辦人很優秀，點子很棒，產品非常不錯，初始顧客很 OK。打勾、打勾、打勾、打勾。看起來還可以，我願意投資。」

這種打勾法，大家每天都在用，但是用這種方法篩選出來的投資案，不具備成為離群值的超級優點。從另一方面來看，擁有超級優點的公司通常也有嚴重缺點。也因此，創投麻煩的地方，在於如果不投資嚴重缺點，大概就不是在投資超級大贏家。這方面的例子太多，不勝枚舉。長期而言，你會把幾乎所有大贏家都拒於門外，所以我們努力投資真正具備超級強大優勢的新創公司，很重要的一點是，我們也願意容忍某些弱點。

人生最大的悲劇有時也會帶來最有力的增強因子。請問，下列這幾個人有什麼共通之處？

- 林肯
- 甘地
- 米開朗基羅
- 馬克‧吐溫

答案是：這四個人全部都在 16 歲前失去父親或母親。像這樣單親、甚至是孤兒出身的偉人——或至少是影響力極大的人士，名單很長很長，其中整整有 15 位英國首相。

對許多人來說，年幼失親的確是人生的重大打擊，但科伊爾在《天才密碼》（*The Talent Code*）一書中也提到，研究理論認為成為孤兒的悲劇，會讓孩子感受到這個世界並不安全，自己需要奮鬥不懈才能生存。獨特的性格與人生遭遇，讓某些失親兒奮發向上，個人悲劇因此成為開創事業的

動力。

　　所以說，環境對了，「負面」特質會有很大的好處，你的「糟糕」特質可能是增強因子。然而，要怎麼做，才能把那些特質轉換成超能力？

認識自己，選對池塘

　　1984 年時，尼爾・楊（Neil Young）被告上法庭，原因是他不像自己。

　　先前音樂大亨大衛・葛芬（David Geffen）與這位搖滾傳奇簽定一筆大合約，但不喜歡他跳槽後的首張專輯，認為「不夠具備代表性」，因此一狀告上法院。簡單說，葛芬希望尼爾・楊和以前一樣，做和以前完全相同的事──說穿了，新專輯最好和以前一樣大賣。葛芬認為，《Trans》這張專輯太鄉村了，尼爾・楊沒製作出尼爾・楊的專輯。

　　那種說法乍聽有理，但仔細一想，就知道站不住腳。尼爾・楊一向是個創新者，那才是他真正的特質。他是個藝術家，永遠嘗試不同的事物。他製造的不是可口可樂（Coca-Cola）那種依賴品管、每瓶一模一樣的產品，他的音樂從以前到現在一直在變，以後也會持續改變。尼爾・楊的確是在做自己。

　　我和穆孔達談領導篩選理論，問了所有人自然都很好奇的問題：「我要怎麼利用這個理論，讓人生更成功？」穆孔達說，有兩個步驟，首先，你得「認識自己」（know thyself）。這句叮嚀在人類歷史上出現過無數次，除了刻在

德爾菲神諭上（Oracle at Delphi），〈多馬福音〉（Gospel of Thomas）也說：「如果拿出內在，你呈現的東西會拯救你。如果沒這麼做，你沒呈現的會毀了你。」

如果各位循規蹈矩，向畢業生致詞代表看齊，屬於篩選型領導人，那請加倍努力朝那個方向走。我們選擇的道路，一定得是適合自己的道路。高度認真、負責的人，在校表現良好，在人生有清楚答案與明確道路的許多領域，也會表現得十分出色。不過，在人生沒有明顯答案的地方，這種人會過得比較辛苦。研究顯示，認真的人失業時，相較於個性比較馬虎一點的人，快樂指數整整下降了120％。缺乏明確道路時，他們會迷失。

萬一你比較像是一匹野馬，是個藝術家、未經篩選型的領導人，試圖靠服從一板一眼、繁文縟節的體制成功，你會過得很辛苦。因為你會壓抑自己的增強因子，除了要和自己作對，還要剝奪掉自己的關鍵優勢。改善自己很好、也很必要，但研究顯示，許多接近本質的東西，其實不會變。口語表達能力、適應能力、衝動與謙遜等性格特質，三歲定終身。

管理領域極具影響力的思想家彼得‧杜拉克（Peter Drucker），在《21世紀的管理挑戰》（*Management Challenges for the 21st Century*）一書中指出，若想在工作生涯中一輩子當個成功者——期間可能橫跨無數工作、多個產業，以及截然不同的生涯——一切如同穆孔達所言，重點就是你要認識自己。如果你想達成人生追求的目標，「認識自己」指的就

是清楚你自己的長處。

　　想一想我們都很羨慕的那種人，可以信心滿滿地挑一件事來宣布，自己將在那個領域嶄露頭角，然後就昂首闊步去做，真的也表現得很出色。讓我來揭曉這些人的祕訣：他們並非每件事都很擅長，但了解自己的長處，並且能夠選擇發揮自己專長的事情做。杜拉克談「認識自身長處」時提到：

> 知道自己的長處，就有辦法對一個好機會、一份工作、一項任務說：「好，我來做，但是我會這樣做。這件事應該如何如何，我會這樣處理，你可以預期我會帶來什麼成果，時間進度會是這樣，因為我就是這樣做事。」

　　許多人無法做到這點，因為他們不確定自己的長處是什麼。如果你對自己有什麼專長並不大確定的話，可以參考杜拉克提供的實用定義：「你擅長哪些事持續帶來你期望的結果？」杜拉克建議，可以利用「回饋分析法」（feedback analysis）找出那些事。很簡單，在執行計畫時，寫下你希望會發生什麼，接著留意結果。一段時間後，你就會逐漸找出自己什麼做得好、什麼做得不好。

　　了解自己屬於篩選型或非篩選型的陣營，知道自己擁有哪些長處之後，在取得成功和幸福這條路上，你已經領先一般人太多。現代正向心理學研究一再顯示，快樂的關鍵是重視自己的「招牌長處」（signature strengths）。蓋洛普（Gallup）

研究也顯示，一天當中做擅長的事情時數愈多，就愈不容易感到焦慮，展露笑容的次數也愈多，同時愈感覺到受人尊重。

在知道自己是哪種類型的人，明白自己的招牌長處之後，要怎麼做才能大放光芒？穆孔達提供的第二項建議就是：選對池塘。

> 你必須挑選適合自己的環境⋯⋯情境很重要。幾乎毫無例外，未經篩選型領導人在情境 A 表現得非常出色，但轉換到情境 B 就一敗塗地。我們很容易就會認為：「我一直都很成功，是個成功人士，我成功是因為我是強者，都是我的功勞，所以我在新環境也會成功。」不對，你會成功，是因為你所處的環境恰巧使你的偏好、性格、天賦與才能，與環境中的成功要素搭配得天衣無縫。

問問自己：哪間公司、機構或環境，會重視我做的事？

情境影響了所有的人；事實上，就連懂得遵守規則、認真負責的畢業生致詞代表，都常敗在不會挑選池塘。一旦少了既有的熱情、急於取悅的欲望，某天終於可以自由選擇時，他們經常往錯誤的方向走。阿諾德談到自己研究的畢業生代表：「大家都覺得他們有辦法照顧自己，但他們在校成績可以拿 A，並不代表就有辦法在職場上拿 A。」

不論各位是被篩選的醫生，或是未經篩選的狂野藝術

家，研究顯示，你所選的池塘，將深深影響你的人生。哈佛商學院教授鮑瑞思・葛羅伊斯堡（Boris Groysberg）研究跳槽的頂尖華爾街分析師，發現了一件有趣的事：那些人跑到對手那裡之後，就不再那麼頂尖。為什麼？我們常以為專家之所以是專家，是因為具備特殊才能，卻忘了環境的重大影響力。熟悉環境，再加上有一支支持自己的團隊，以及時間培養出來的默契，在在影響了分析師的表現。葛羅伊斯堡發現，當分析師換公司時，如果把整支團隊一起帶過去，表現就會一樣亮眼。

如果你能聰明地為自己選對池塘，就能以最大槓桿善用自己所屬的類型、招牌長處與周遭環境，創造出驚人的價值。這可以成就非常精彩的職涯，每當你善用自我認識，都能夠創造價值。

豐田汽車（Toyota）曾靠自身長處協助慈善團體。紐約市食物銀行（Food Bank for New York City）平日的營運仰賴企業捐獻，先前豐田會直接捐錢，但他們在 2011 年想出更好的助人方法。豐田工程師平日的工作是投入無數個小時微調流程，捐錢的話，任何一家公司都能捐，但豐田能夠提供一樣特殊的東西，那就是他們的專長，他們決定捐出「效率」。

記者蒙娜・艾爾納格（Mona El-Naggar）報導了後續成效：

> 豐田工程師讓哈林區慈善廚房的晚膳等待時間，從

90 分鐘縮減至 18 分鐘。在史泰登島（Staten Island）的食物儲藏室（food pantry），食物裝袋時間從 11 分鐘降至 6 分鐘。在布魯克林布希維克（Bushwick）一間倉庫，豐田改善法（kaizen）讓珊迪颶風（Hurricane Sandy）義工幫災民打包補給箱的作業時間，從一箱 3 分鐘變成 11 秒。

各位也做得到，你必須認識自己，然後為自己選對池塘。找出你的長處，在正確的地方一展長才。如果你善於守規矩，那就找出符合這項招牌長處的組織，奮發向上。社會顯然獎勵能夠服從的人，這樣的人讓世界充滿秩序。

萬一你比較是未經篩選型的人，那就準備好自己闖出一片天地。是有風險沒錯，但那是上天給你的功課，好好善用那些讓你獨特的增強因子，擁抱自己的「缺點」，就比較可能成功，也比較可能真正快樂。

這就像圖靈測試（Turing test）一樣，多年來，電腦科學家請人們坐在電腦前，靠打字和「某人」交談，聊了一陣子之後，研究人員問：「你剛才是在和人類，還是軟體溝通？」騙過多數裁判的軟體，可以贏得羅布納獎（Loebner Prize）。不過，此一競賽還頒發另一種獎項，給最像人類的「人類」。哪個人打出的話，最不容易被裁判誤認為是聰明電腦在講話？1994 年的得獎者是查爾斯・普拉特（Charles Platt）。那麼，他被當成人類，是因為情感表達比較像真人嗎？還是說，他用的英文比較豐富、細膩？統統都不是。答

案是：他靠著表現出「情緒化、喜怒無常、惹人厭」，而拿下那個獎。或許，我們的缺點讓我們最像人類。普拉特靠人類缺陷成功，我們有時也是一樣。

好了！各位現在應該更了解自己是誰、屬於哪個世界了，但你的人生不是只有你、你、你，還得和別人打交道。那麼，你最好用什麼方法和別人相處？好人真的沒好報嗎？是不是真的得投機取巧，甚至犧牲別人，才有辦法成功？

我們來看一下答案。

第 2 章

好人總是沒好報？

向黑道、海盜和連環殺手學習信任、合作與善待他人

　　有醫生救治依舊遺憾離開人世，不是罕見之事，但醫生故意殺害病人，則相當不尋常。

　　麥克・史萬葛（Michael Swango）當醫生不是很成功，但如同詹姆士・B・史都華（James B. Stewart）的《惡魔醫師》（*Blind Eye*）一書所言，他是史上最成功的連續殺人魔。

　　史萬葛在醫學院三年級時，凡是他經手過的病患死亡速度之快，其他同學都注意到了。大家開玩笑說，如果想擺脫哪名病患，就把那個人交給他。同學還以擁有殺人許可、代號 007 的間諜詹姆士・龐德（James Bond）打趣，替史萬葛取了「00 史萬葛」（Double-O Swango）的綽號。

　　不管怎麼說，那都是醫院，死亡在所難免，也因此很容易把史萬葛身邊的死亡當成巧合。然而，史萬葛開始在俄亥俄州立大學醫院神經外科實習後，身邊依舊出現不成比例的高死亡率。他輪調到 9 樓之後，需要急救的病患人數，超過過去一年的總和。

　　為什麼史萬葛可以安然無事，一直沒有被抓到？難道他和吃人魔漢尼拔（Hannibal Lecter）一樣，是策劃犯罪的天

才？算不大上。史萬葛的確非常聰明，他進入過美國優秀學生獎學金決選，大學也以最高榮譽畢業，但如果要說他平日沒極力撇清殺人嫌疑，也不是那麼一回事。

當麥當勞發生大屠殺事件，相關新聞鋪天蓋地時，史萬葛告訴同事：「可惡！每次我一想到好點子，就有人搶先。」他四處蒐集暴力事件剪報，當被問及為何要這麼做時，他會回答：「如果有一天，某人指控我謀殺，這些剪報會證明我沒有策劃那種事的能力，我可以拿來為自己辯護。」

最後，終於發生一起沒人能當作巧合的事件。護士親眼目睹史萬葛在病患雷娜‧庫柏（Rena Cooper）的點滴加東西，而他並不是主治醫生。庫柏差點死亡，在搶救之後撿回一命，待情況穩定後，指認史萬葛涉案，後續很快就有這起意外事件的調查。

照理說，故事說到這裡，該是時候告訴大家：史萬葛終於被抓到，法網恢恢，疏而不漏，邪不勝正。然而，真實人生並不是那麼一回事。

資深管理階層在乎的是醫院名譽可能受損，而不是阻止殺人犯。他們團結起來密不聲張。萬一民眾發現殺人犯在這裡工作該怎麼辦？我們的工作要怎麼辦？萬一史萬葛控告我們要怎麼辦？要是病患或家屬控告醫院又該怎麼辦？醫院高層阻止警方調查，史萬葛依舊待在醫院工作，繼續進行他的「恐怖統治」……而且時間長達 15 年。

有人估算史萬葛殺了 60 人，名列美國連續殺人犯「成功」排行榜前幾名，但沒人真正知道，他究竟殺了多少人，

實際數字大概遠超過 60 人。多名受過高等教育的聰明人，知道史萬葛幹了什麼，也有機會阻止他，但沒人挺身而出。

好了，這本書不是要談連續殺人犯，不過史萬葛的例子，的確讓人聯想到大家很有興趣知道的問題：騙子與違法亂紀的人，是不是比較容易成功為非作歹？這世界公平嗎？好人是否有辦法出頭天，也或者注定不長命？好人總是沒好報？

答案雖然不盡如人意，但還是有不少帶來希望的好消息。不過，還是先講壞消息好了！

真實世界的運作方式和你想的不一樣

簡言之，壞人的確有時會有好報。俗話說：「努力工作，遵守規則，戲棚下站久了就是你的。」抱歉，可能要讓各位失望了！許多證據都顯示，這個世界並不是這樣運作的。受訪民眾紛紛表示，努力是最好的成功預測指標，但研究顯示，努力其實是最無效的指標。

職場上，表面工夫似乎比較重要。史丹佛商學研究所教授傑佛瑞‧菲佛（Jeffrey Pfeffer）指出，塑造主管對你的觀感，遠比腳踏實地好好努力更重要。研究顯示，給人好印象的員工得到的績效分數，勝過很努力但不懂得表現的員工。

這種現象帶來我們十分熟悉的結果：逢迎拍馬。人人都想升官發財，諂媚上司有用嗎？研究顯示，拍馬屁的力量十分強大，就算老闆心裡明白你這個人說話不誠懇，也一樣有用。加州大學柏克萊分校教授珍妮佛‧查特曼（Jennifer

Chatman）研究拍馬屁何時會有副作用……但找不出這種情形。

菲佛教授則表示，我們必須拋棄「世界是公平的」這種想法，而且講得很白：

> 從保住與丟掉工作的例子來看，只要你讓上頭的人開心，績效其實並不是那麼重要。相較之下，要是你讓老闆不開心，表現再好，也救不了你。

對於希望靠加班到天荒地老，以為只要努力工作就會獲得應有報酬的人來說，這樣的研究結果活生生像在打臉。等等！還沒說完，更糟的還在後頭，不只馬屁精會升官發財，爛人也能混得風生水起。

各位有沒有試過在談薪水時，採取雙贏的互惠態度呢？不幸的是，懂得自抬身價的人領的才多。《哈佛商業評論》（*Harvard Business Review*）指出，「討人喜歡」這項性格特質分數低的男性，每年賺的錢比高分者多 1 萬美元。此外，性格粗魯者得到的信用評分也高。說來可悲，但看來我們似乎都把人善當成好欺負。

我們評估他人的方式，80％和兩個性格特質有關：溫暖與能幹。哈佛商學院教授泰瑞莎・艾默伯（Teresa Amabile）的研究〈傑出但無情〉（"Brilliant but Cruel"）顯示，我們認為溫暖與能幹兩項特質是負相關；也就是說，一個人要是做人太和善，我們就會覺得這鐵定是個無能之人。當個

混蛋，反而讓人覺得你很有能力。在人們眼中，不守規矩者比遵守規則的人有權力。

問題不只在於觀感而已，有時爛人還真的比好人更能在工作上一飛沖天。研究顯示，某些負面特質反而使人更可能成為領袖。升官最快的那些經理人——在工作上最得心應手的那些人，並非是最能團隊合作者，或是最專注於完成工作者，而是最全心全意爭權奪利的人。

雪上加霜的是，除了眼睜睜看著小人平步青雲，當個一直被踐踏的好人，真的會讓人短命。在辦公室沒權沒勢——工作要怎麼做無力過問，或是沒有太多決定權——是冠狀動脈疾病最大的危險因子，風險甚至高過肥胖與高血壓。常常覺得自己薪水太低？這種感受也會增加心臟病的風險。然而，拍馬屁則可以降低職場壓力，改善快樂程度，讓身體更健康。

各位是無法接受前述這一大串壞消息的好人嗎？你感覺訊息量太大，可能是因為在辦公室地位不高，造成大腦的執行功能下降。啥？需要我翻譯一下？意思就是說，無力感真的會使你變笨。

我們從小被教導，好人最終會戰勝一切，就像迪士尼電影的結局。不幸的是，探討各式情境的研究都告訴我們，在真實世界並非如此。直接命名為〈邪勝正〉（"Bad Is Stronger than Good"）的研究顯示，在數量多到驚人的領域，壞事的影響力都大過好事，效果也更為持久，包括「不佳的情緒、不好的父母、不優的評價，影響力都勝過好的，而且人腦處

理壞消息比處理好消息進行得更徹底……幾乎找不到例外顯示正面力量比較強大。總而言之，相關發現顯示，邪惡的力量勝過正，而且這是許多心理現象的通則。」說到這裡，我忍不住要告訴大家一件事：一項非正式的研究顯示，探討道德倫理的書籍，失竊率比一般館藏書高25％。

好了，不講了，因為出版社不肯讓這本書搭售抗憂鬱藥物。為什麼小人會成功？的確，他們有的人心口不一又邪惡，但還是有值得我們學習的地方：他們堅定、有自信，想要什麼就去爭取，而且不怕宣傳自己的成績。

聽起來像是我在鼓勵各位當小人？等等，先別驟下結論，才剛開始而已。爛人的確容易一時得勢，但現在來聽聽另一邊的說法。先從一件事談起，如果你告訴你媽，你打算靠說謊、作弊、欺負別人，還有拍馬屁，一路往上爬，她大概會問：「要是大家都這樣的話，該怎麼辦？」

沒錯，要是每個人都自私自利，人與人之間的信任蕩然無存，會發生什麼事？答案是四個字：「摩爾多瓦」（Moldova）。

一個信任崩解的國度

相信各位常常以為，自己落入世界上最悲慘的境界，不管是小時候念小學，長大後找到爛工作，或是一天過得很不順，有時候你大概會覺得，你是全世界最不快樂的人。然而，除非你人在摩爾多瓦，你講這話，並不符合科學研究的結果。

被譽為「快樂學研究之父」的荷蘭社會學家魯特‧范何文（Ruut Veenhoven）教授，主持了「全球快樂資料庫」（World Database of Happiness），研究全球所有國家的快樂資料，發現不論從什麼角度分析，摩爾多瓦都是倒數第一。

怎麼會這樣？摩爾多瓦這個沒什麼人聽過的前蘇聯共和國，怎麼會奪得這種令人難以啟齒的排行寶座？答案很簡單，摩爾多瓦人不信任彼此。他們互不信任的程度太驚人，幾乎在生活中的每個領域都不可能合作。作家艾瑞克‧魏納（Eric Weiner）指出，該國太多學生為求及格，賄賂老師，以至於摩爾多瓦人不肯看35歲以下的年輕醫生，因為認為他們的醫學文憑都是買來的。

魏納用簡單一句話，總結了摩爾多瓦人的態度：「不干我的事。」要大家一起為了團體付出，似乎是不可能的事，沒有人想做對別人有利的事。缺乏信任，讓摩爾多瓦成為一個自私自利的黑洞。

當老媽問：「要是每個人都這樣的話，該怎麼辦？」通常大家會回嘴：「當然不是每個人都這樣啊！」是嗎？有一種情況很常見：某間公司或某個部門因為自私作祟，大家一起完蛋。研究也證實，不好的行為會傳染，只要一個人做，大家都會做。很快地，你會發現，不只你一個人在混水摸魚。

杜克大學行為經濟學教授丹‧艾瑞利（Dan Ariely）的研究顯示，要是看見有人不誠實卻沒有受罰，組織的整體欺騙程度將會增加；大家會開始覺得，欺騙是可被接受的社會

常態。這種事其實我們都可以理解，畢竟各位這輩子真的都沒有超過速嗎？這就跟那個講道德的古老笑話一樣：世界上有三種事，「正確的事」、「錯誤的事」，還有一種叫「每個人都在做的事」。一旦我們看到其他人做錯事沒被抓到，就會假設可以做那種事。如果沒有人遵守規矩，我們都不想乖乖地當個笨蛋。

研究顯示，期待他人不值得信任，你的預言可能成真。假設別人不誠實，所以你不願付出信任；換句話說，你將不肯出力，這會造成一種惡性循環。也因此，不必訝異，工作團隊裡只要有一顆爛蘋果，績效就會下降三到四成。

一個人搞小手段，確實會得到好處，但過了一段時日之後，其他人也會有樣學樣，然後每個人都受到影響，結果就培養出像摩爾多瓦那樣以自我為中心的文化，沒有人為了全體福祉創造價值。范何文教授指出：「一個社會的素質好不好，比你在那個社會上的地位重要。」為什麼？密西根大學政治學教授羅伯特·艾瑟羅德（Robert Axelrod）解釋：「不當好人，一開始看似有利可圖，但就長期而言，讓你得利的環境也會遭到破壞。」

簡單說，就是當你開始自私、不擇手段，其他人終究會發現。如果你尚未掌握大權，他們就會開始報復，你就慘了。就算你已經成功坐穩地位，還是會有問題，因為你讓大家看到如何靠破壞規矩成功，他們也會開始不守規矩。不好的行為會傳染開來，人們看到什麼有效就會去做，你培養出一幫和你一樣的掠食者，好人陸續離開，掀起漣漪效應。不

用太久，就像摩爾多瓦一樣，你一手建立了連自己都不想繼續待的工作環境。一旦缺乏信任，什麼都不必說了。不論在職場、運動團隊或家庭等各種環境中，人們最希望他人擁有哪種特質？答案就是：值得信任。

如果你希望集結眾人的力量、做事成功，就不能自私，必須培養信任感，讓大家能夠合作。諷刺的是，就算是想當壞人，也得講義氣，不能自私自利。接下來，我們來看看罪犯的世界，就能明白為何過了一段時日之後，自私自利將毀了組織，以及「信任」與「合作」是人類多麼不可或缺的要素。

黑幫啟示錄

今天，是你坐牢的第一天，所以你忙著查看自己收到的禮物籃有哪些好東西。我不是在說笑，進監獄真的會碰上這種溫馨好事。

倫敦國王學院（King's College London）的高級講師大衛・斯卡貝克（David Skarbek）指出，監獄裡各幫派通常會組成歡迎委員會，替同幫派新進來坐牢的夥伴迎新。此外，獄友如果同鄉，通常還會送禮物協助新人適應環境。世界上有多少地方像這樣？雖然我不確定那些禮物是否達到生活大師瑪莎・史都華（Martha Stewart）的等級，但我想不出禮物籃會在哪個地方更受歡迎。

一般人把黑道想成一群無法無天、衝動行事、精神異常的壞人，許多幫派成員的確符合這樣的分類，但出人意料的是，黑道還相當懂得信任與合作。

幫派這種聯盟，其實不像龐德電影演的那樣，由邪惡反派領導，專門惹事生非。事實上，數據顯示，街頭幫派不會製造犯罪，正好相反，是犯罪製造出街頭幫派。同樣地，大多數的監獄幫派之所以結黨，不是為了在牢裡繼續為非作歹，而是為了保護被監禁的成員。奉行白人至上的雅利安兄弟會（Aryan Brotherhood）監獄幫派成員研究顯示，幫派成員並非惡人中的惡人，他們的犯罪紀錄，以及在獄中發生的暴力事件數量，和非幫派成員幾乎沒有差別。

　　從許多方面來說，罪犯由於生活在黑吃黑的世界，其實比你我更明白信任與合作的重要性。各位每天到辦公室上班，不會想著今天會不會被某人一刀捅進脖子裡；對罪犯來說，弄不清一個人到底可不可信，代價將會高昂許多。畢竟，海洛因被偷時，他們可沒辦法報警。

　　我想，有人看到這裡一定會反駁，說罪犯的世界絕對缺乏信任，他們有很多方法可以解決這種問題，例如要是有人敢弄他們，他們會直接取了對方的小命，殺雞儆猴，就能製造出一種秩序。然而，組織犯罪研究顯示，訴諸暴力手段的解決方式其實被大幅高估，道理很簡單，要是你像黑手黨老大東尼·索波諾（Tony Soprano）上身，誰敢惹麻煩就讓他吃不完兜著走，會發生什麼事？人人都會對你畢恭畢敬，但沒人想替你工作。黑幫老大要是太暴力，這個老大做不久。要是有人因為你遲交東西，就在你腦袋瓜送上兩顆子彈，你會想替這種老闆工作嗎？我想是不會。

　　因此，聰明的罪犯必須靠暴力手段以外的方法來維持秩

序。而且，有秩序是好事，愈有秩序愈好，因為就不用動用到其他的方法。加州州立科克倫監獄（Corcoran State Prison）的受刑人表示：「沒有秩序的話，我們將處於無法無天的狀態，在這種時候就有人會死。」

維持安定的秩序，究竟有多麼重要？重要到在多數日常互動依據種族來分的監獄裡，白人甚至鼓勵黑人加入黑人幫派，因為若是孤立、沒人知道你的來頭，獄中暴力就會增加。當每個人都是體制的一份子，就算那意味著對手的人數增加，沒人敢輕舉妄動。

偶爾想作惡一下？好。但如果每天都要偷拐搶騙，還一做就是好幾年，就需要體制。如果隨時都要擔心被騙被殺，交易成本會過高、效率不彰，不管你賣百事可樂也好，賣禁藥也好，想要順利做生意，都需要規矩與合作，也就是信任。

經濟學家稱這為「連續交易的紀律」（discipline of continuous dealings），當你認識、信任某個人時，你們之間的交易會比較順暢，也會比較快成交，交易次數頻繁，市場更具效率，每個人都互蒙其利。監獄幫派其實也一樣，我是說真的。各位可以想成在 eBay 上幫海洛因藥頭留好評：「A++++++ 級的賣家，絕對會回購。」

這種程度的秩序、信任與規矩，最終讓監獄幫派很像企業運作。幫派領導人（俗稱「大哥」）通常會問剛入獄的新人會做哪些事，日後也許有用。國內有類似黑手黨團體的貪腐國家，經濟表現勝過犯罪零散的國家，成長率高，組織犯

罪井井有條。不法團體的確會對社會造成負面影響，但他們帶來的秩序也具有正面外部性。日本有「極道」（yakuza，黑幫）存在的城市，與民事訴訟之間為負相關。研究也顯示，有幫派的美國監獄，運作情形比沒幫派的監獄良好。

　　不過，各位千萬不要誤會我的意思，黑道的確是罪犯，幹的是壞事。然而，犯罪組織要成功的話，就算成員在外為非作歹，內部依舊需要一定程度的信任與合作。混得有頭有臉的罪犯都知道，組織內部不能搞自私自利那一套，甚至因此會對人──至少是自己人──非常好。話說回來，你主管上次送禮物給你，是什麼時候？

超級民主的海盜公司

　　幫派是溫馨大家庭，這不是什麼新鮮事──幾百年前，犯罪團體就是靠彼此照應，才能欣欣向榮。史上最成功的罪犯合作範例是什麼？公海上肩膀站著鸚鵡的叛逆分子。海盜之所以能夠欣欣向榮，是因為他們對自己人很好，採取民主制度，彼此信任。此外，他們還設置健全的經濟體制，讓大家都有好日子過。

　　這群大海上的聰明生意人，並非每個人都是臉上有眼罩的瘋狂神經病。事實上，研究著名海盜黑鬍子（Blackbeard）的專家安格斯·康斯塔姆（Angus Konstam）指出，黑鬍子在整個海盜生涯中，一個人也沒殺過，而且也沒有任何紀錄顯示，任何人曾經走跳板掉進海底餵魚。沒有，連一個也沒有。

那究竟為什麼在我們的印象裡，海盜是一群嗜血之徒？這叫「行銷」。相較於每次搶劫都要打打殺殺，建立令人聞風喪膽的名聲，讓人嚇到自己投降，不是比較簡單、便宜又安全？海盜很聰明，懂得替自己塑造殘暴的品牌形象。

　　當然，海盜不全是和善甜心，黑鬍子也不是羅賓漢，海盜之所以同心協力，不是出於利他主義，而是因為擁有商業頭腦，知道自己需要規矩與信任才能成功，最終打造出公平的誘人體制，打敗採行高壓統治、榨乾海員所有利用價值的英國皇家海軍與商船。如同《海盜船上的經濟學家：為何四百年前的海盜能建立最好的經濟制度？》（*The Invisible Hook: The Hidden Economics of Pirates*）作者彼得·里森（Peter Leeson）所言：「海盜其實與傳統說法不同，過著井然有序、肝膽相照的生活。」

　　各位的內心深處，可能也住著一個海盜。你是否受夠了混蛋老闆，想要自立門戶？你是否認為公司的營運方式，應該讓每個人都有發言權？你是否認為公司有義務照顧員工？企業內不該有歧視？恭喜！你是海盜。

　　海盜和監獄幫派很像，最初團結起來不是為了為非作歹；事實上，可說是被逼上梁山。在海盜興起的年代，商船主人是專制暴君，船長濫用權力是家常便飯，動不動就吞掉船員應得的一份，或是處死船員。人們為了抵抗壓迫，自由徜徉於大海之上，不必擔心被「管理階層」虐待，海盜生活就此出現。

　　海盜船是超級民主的地方，想訂什麼規定，必須全體一

致通過才行。船長隨時可能因為任何理由被趕下台，從暴君搖身一變成為人民公僕。只有在戰鬥廝殺時，所有人才對船長唯命是從，因為在那種情況下，快速決策攸關生死。

結果，海盜組成我們都很想在裡面工作的「公司」——老闆隨時可能會被拉下台，所以相當用心照顧員工，而且收入沒比其他人高多少。里森指出：「在這樣的海盜編制中，分最多和最少的人，拿到的錢只差一份。」此外，海盜船長也沒有奢華特權，不會分到船上較大的鋪位，也不會多拿到食物。

而且，海盜公司的福利非常好，英勇戰鬥或第一個發現搶劫目標的人，可以多分很多戰利品。如果受傷呢？那就申請受傷津貼。海盜提供傷殘補助，凡因打鬥受工傷都可以申請。相關福利讓海盜人資無往不利，歷史紀錄顯示，海盜從來沒有徵不到人的困擾，皇家海軍則得強拉平民入伍。

海盜甚至早早就有員工多元化計畫，比相關概念的普及與正式立法早了數百年。為什麼？並不是因為道德獲得啟蒙，只是因為種族主義不利於團結一致，善待每個人，大家才會齊心協力。英雄不問出身的政策，讓海盜不僅得以招到人才，也能夠留住人才。據估，海盜船上平均 25％是黑人，不論什麼種族，每位船員都有船上事務投票權，而且分到的錢一樣。這可是 1700 年代初期，美國一直要到整整一百五十多年之後，才廢除奴隸制度。

這樣的制度管用嗎？經濟學家稱讚海盜的商業頭腦。里森在〈有法有天：海盜組織的律法與經濟〉（"An-arrgh-chy:

The Law and Economics of Pirate Organization"）中指出：「海盜的治理方式，提供足夠的秩序與合作，成為史上最複雜、最成功的犯罪組織。」

所以，相較於自私自利，好好善待身邊的人，會使你遠遠更為成功——就算目標是作惡也一樣。

也許有人會說我引申過了頭，講什麼監獄幫派，或是很久以前就消失的海盜！聽起來是有道理，但是關現代生活什麼事？

前文已經帶大家看過自私的爛人，也看過聰明到知道不能只顧自己的壞人，那真正的好人呢？我們都想做正確的事，這樣也能成功嗎？好人何時會有好報？為了救人，不惜犧牲自己，值得嗎？

你要跳下去，還是留在月台上？

你隔壁的年輕人摔下地鐵月台，躺在下方軌道，動彈不得，孤立無援。眼看著列車就要轟隆進站，你會跳下去救他嗎？

有人會說，跳下去無異於自殺，不叫救人。你兩個年紀還小的女兒，就站在你的身旁，要是你死了，孩子沒了爸媽，她們的人生會如何？死一個年輕人是悲劇，但死兩個人還留下兩個孤兒，不是更大的悲劇？這個問題，實在很難解。

幸好，在 2007 年 1 月 2 日那天，衛斯理・奧特力（Wesley Autrey）沒有多想。當第一節車廂的燈光在隧道裡

閃耀時，他跳到無助的卡麥隆·霍勒彼得（Cameron Hollopeter）躺著的軌道上。然而，奧特力錯判情勢，列車進站的速度遠快過他的預估。他沒有時間把霍勒彼得移到安全的地方，但也不能眼睜睜看著這個年輕人死。列車的煞車聲劃破耳膜，但駕駛員未能及時讓列車停下來。

列車進站聲震耳欲聾，奧特力一把將霍勒彼得推進狹窄的軌道凹槽裡，然後趴在他的身上，在火車行經兩人上方時，用自己的身體護住他。最後，兩個人都毫髮無傷，不過這真的是千鈞一髮，列車在奧特力帽子上留下油漬。他事後表示：「我沒有想過要當什麼英雄，只是看到一個需要幫助的人，就去做正確的事。」

奧特力那天展現了無私精神，救人對他來說，百害而無一利，他是我們以為只有在電影裡才看得到的那種英雄。難道，這位好人沒有好報？

這一次，好人有好報。奧特力獲頒紐約市民最高榮譽的「傑出公民銅勳章」（Bronze Medallion），先前的得主包括麥克阿瑟將軍（Douglas MacArthur）、拳王阿里（Muhammad Ali）、金恩博士（Martin Luther King, Jr.）。他的女兒收到獎學金與電腦，他本人則拿到碧昂絲（Beyoncé）的後台通行證、一輛新吉普車，還上了《艾倫秀》（*The Ellen DeGeneres Show*），紐澤西籃網（New Jersey Nets）也送他季票。2007年1月23日那天，奧特力和女兒受邀為小布希總統（George W. Bush）國情咨文的嘉賓，小布希總統在全國電視上，讚揚奧特力的無私精神。

這是一則激勵人心的故事，但酸民和憤青肯定還是會說：看吧！就是因為這種事情少得可憐，我們才會記得。如果不算這種特別感人的故事，也不去管酸民們的白眼，實際的統計數字怎麼說？好人真的沒好報嗎？

好人的確沒好報，但也有好報。什麼？好像有點迷糊。其實想想就知道有道理，請繼續看下去。

給予者、互利者、索取者

華頓商學院教授亞當・格蘭特（Adam Grant），檢視落於成功量表最下方的人士，發現了不少好人——這些好人是「給予者」（Givers）。工程師、醫學院學生、銷售人員的研究數據顯示，付出最多的人一直墊底，比別人更容易趕不上最後期限，成績差、成交量少。

格蘭特教授的研究主力在探討道德企業，了解利他行為如何帶來成功，看到這樣的研究結果，他的沮喪之情遠勝於你我。如果他就這樣不做這個題目，的確令人惋惜，但他並未就此打住，我和他聊的時候，他說：

> 然後，我看向光譜另一端，心想：要是給予者墊底，誰會奪冠？答案讓我嚇了一跳，還是給予者。永遠設法幫助他人的人，在成功量表上不只在下方特別多，在上方也特別多。

「互利者」（Matchers，試著平衡給予和索取的人）與「索

取者」（Takers，試圖拿多給少的自私自利者）落於中間，給予者則在最上方和最下方。同一份研究顯示，生產力高的工程師、成績優秀的學生、業績最好的銷售人員，大多是給予者。

這樣的結果其實符合直覺，我們都見過一種人，他們盡力幫助別人，忽略自身需求，卻遭到索取者利用。不過，我們也都見過因為熱心助人，所以大家都很喜歡的那種人。他們處處都能遭逢貴人，因為大家都很感激他們，覺得欠他們一份情。

給予者除了可以是最有效率的人，或是成績表現最好，似乎還擅長讓自己致富。社會科學家亞瑟・布魯克斯（Arthur Brooks）的慈善捐獻與收入研究顯示，捐贈者每捐1美元，收入就多3.75美元，給予和年收入之間有明顯關聯。

此時，有些讀者可能正在搔頭──奇怪？這個結論似乎和本章一開頭講的相反，不是說小人混得比較好？的確，平均而言，爛人得利，但最有成就的，卻是給予者。

收入高峰落在信任他人的人身上，而不是不信任他人的人。有份研究名為〈正確的信任程度〉（ "The Right Amount of Trust" ），請受訪者用 1 分到 10 分，評估自己有多信任他人。結果，回答 8 分的人收入最高，符合格蘭特教授的發現：給予者位於成功量表的頂端。

這項研究的另一項發現，也符合格蘭特教授的觀察：回答分數超過 8 的人，收入比回答低於 8 分的人少了 7%。如同給予者落在成功末段班的研究結果，太信任他人，比較容

易被占便宜。

誰最慘？答案是：最不信任他人者。他們的收入比回答8分的人低了14.5％，等同缺乏大學學歷的收入差距。

不過，給予者當上領導人，會掌控不了大局，對吧？畢竟，領導人要夠強悍才行，前文也提過，某些負面特質反而可以幫助掌權者。軍方的高階將領研究，卻出現正好相反的結論。理論上，最強悍的人在軍事世界獲得獎勵；然而，實際上得分最高者，卻是懂得支持他人的將領，不是想像中的嚴厲將領。

某些研究告訴我們，當老好人的社會壓力，會讓你得心臟病。不過，長期研究也顯示，「好人不長命」這句老話，不是真的。史丹佛大學心理學教授路易斯・推孟（Lewis Terman）所主持的「推孟研究」（Terman Study），追蹤了一千五百多人的一生，發現好人非但沒有不長命，還活得比較久。你可能會以為，一輩子有人幫忙，自然活得久，但研究顯示正好相反：付出較多的人壽命較長。

最後，還有「快不快樂」的問題。雖然數份資料顯示，小人會升官發財，但這群人不一定活得快樂。研究指出，秉著良心做人使人感覺快樂。相較於認為騙人沒什麼的人，無法容忍不道德行為的人，幸福感較高。兩組人感受到的快樂差異，等同「收入微幅增加」、「結婚」，以及「定期上教堂」所造成的快樂差異。

摩爾多瓦人就是這點做錯了，他們因為不信任他人、不幫助他人，錯過了許多讓自己快樂的事。研究顯示，花錢在

別人身上，比花錢在自己身上，更令人感到快樂。此外，就算一週只做兩小時的義工，生活滿意度會增加。更令人想不到的是，貢獻時間幫助他人的人，反而會覺得比較不忙碌，也滿意自己有比較多的空閒時間。

很多時候，一時的小奸小惡可以占到便宜；但時間一長，社會環境就被汙染。很快地，人人彼此猜忌，沒人想為團體付出。當個索取者短期將獲得好處，但這種占便宜的方法天生有極限，最後沒有人會想要幫你，因為他們都知道你的真面目。那麼，誰是索取者最糟糕的敵人？格蘭特教授的研究顯示，答案就是其他索取者。給予者會從其他給予者那裡得到大量幫助，還會得到互利者提供的保護——互利者認為，獎勵好人好事才公平——也因此，給予者只要小心索取者就夠了。不過，索取者就不一樣了，人人都討厭他們，就連其他索取者也一樣不喜歡同類。

索取者必須學習信任他人、與他人合作，否則將永遠無法和一群給予者一樣，團結力量大。互利者有恩報恩，也會因為信任而獲利，但就連互利者都無法像給予者一樣成功，因為他們通常會先等另一方釋出善意，才會決定是否禮尚往來。要是沒人先踏出第一步，雙方都沒好處。

各位可能會覺得，我都挑好的講，不提很多「好心遭雷劈」的給予者。然而，有些給予者成功、有些不成功，這並非偶然。格蘭特教授指出，完全無私的給予者為了幫助他人，可能會把自己弄到筋疲力盡，還慘遭索取者利用，造成他們在成功量表上表現不佳。給予者可以做幾件事，幫助自

己畫出界線，以防自己幫過頭。剛才不是提到每週做兩小時的義工？兩個小時就好，不要多做。正向心理學家索妮亞・柳波莫斯基（Sonja Lyubomirsky）的研究顯示，集中式一次幫助他人，比一直零散式助人快樂，壓力也沒有那麼大。如果給予者一週找一天行善，就不會為了幫助他人，害得自己一事無成。一年 100 個小時，似乎是個恰當數字。

格蘭特教授指出，給予者還掌握了另一項隱形優勢：互利者也是他們的盟友。互利者認為，這個世界應該善有善報、惡有惡報，因此會制裁索取者，保護給予者。如果給予者身處於互利者的圈子，就不必太擔心會被占便宜。

等等，這整個聽起來，好像有點混亂？爛人短期可以占便宜，但最後會自食惡果，因為其他人有樣學樣、一起自私，結果大家一起完蛋。就長期來說，給予者可能得到很多好報，但也可能因為幫助他人，把自己搞得筋疲力盡，落得一無所有。在這場善惡之戰中，到底誰是大贏家？有沒有什麼確切做法，可以讓人既是贏家，晚上也能安枕無憂，覺得自己是個良善的人？

不瞞各位說，還真的有。

精通機率的美國賭神

唐・強森（Don Johnson）一晚賺了六百萬美元。不，不是演《邁阿密風雲》（*Miami Vice*）的那個演員，這位唐・強森是個賭徒，六百萬美元是從純品康納賭城（Tropicana）贏來的，而且他的贏錢紀錄還不只這一樁，最後從同樣位於

紐澤西州大西洋城的多家賭場滿載而歸。

賭博界有一句老話：莊家才是永遠的贏家，但在 2011 年某幾個月，唐‧強森似乎變成莊家。他是賭博界最轟動的成功故事，既沒作弊，也沒算牌，光憑運氣也不可能贏那麼多錢。唐‧強森賭博很成功，是因為他懂牌，更重要的是懂數學，他白天的工作是經營計算賭馬風險的公司。

是這樣的，頂尖的 21 點賭客其實不賭博，他們懂機率，不會想要每一把都贏，甚至會和莊家協商：「如果我輸多少錢，你幫我打幾折」，或是「荷官 X 點必須要牌，而不是 Y 點。」2008 年金融危機過後，賭場生意清淡，不成比例的營收來自大型賭客，還會退回 20％的賭金。唐‧強森和賭場協商之後，賭場不但少了賭桌上的機率優勢，他最多也只會賠八成的錢。只要打牌時沒出任何策略性錯誤，優勢在他手上，他成為莊家。打牌時，你永遠無法確定當下這局會不會贏，但一旦機率對你有利，數學之神說，打得愈久贏的錢就愈多。

唐‧強森談好條件之後，就開始玩 21 點，幾乎一分鐘就玩一局，每次下注 10 萬美元，狠狠地從純品康納賭場那裡撈走了一大筆錢，某次還一局就贏了 80 萬美元。他和其他賭場也達成了類似協議，在波哥大賭場（Borgata）贏了 500 萬美元，從凱撒（Caesars）那裡抱走 400 萬美元。在短短六個月內，他整整從大西洋城贏走了 1,500 萬美元。

唐‧強森既沒變魔術，也不是靠超強賭運或耍詐，他不是每一局都贏，只不過靠著讓機率對自己有利，用正確的方

式打牌，成為長期的超級大贏家。

接下來，讓我們以唐・強森精彩處理 21 點賭局的方式，研究一下道德問題，讓自己握有莊家優勢。別擔心，我不會讓大家算太多數學，這套方法各位從小就很熟悉，而且真的管用。

囚徒困境——誰會背叛誰？

我們知道合作很重要，可是會不會被騙？應該信任他人嗎？不信任的話，我們就變成摩爾多瓦人。但是，太容易信任的話，又很容易變成傻子，該如何處理這個信任的兩難問題？

科學家為了研究信任，玩了「囚徒困境」（Prisoner's Dilemma）的遊戲。玩法如下：假設你和朋友搶銀行，技術太差被逮到，警方同時抓住你們兩個，隔離偵訊，你無法和朋友商量供詞。警方開出條件：如果你作證朋友是主謀，朋友也沒指認你是主謀，你就可以離開，朋友則得坐五年牢。如果你沒說朋友是主謀，但朋友說你是，你得坐五年牢，他獲釋。如果兩個人彼此互咬為主謀，兩個人都得關三年。如果兩個人都拒絕作證，都得關一年。如果你知道自己和朋友可以互相信任，答案很簡單：兩個人都堅持不開口，一起關個一年。你可以信任你的朋友嗎？警方會不會用恐嚇的方式，讓他出賣你？該不會你沒出賣他，他卻說你是主謀吧？結果，他逍遙自在，你卻落得在監牢裡蹲五年。這個遊戲如果只玩一次，作證似乎是聰明之舉。但要是玩個二十次呢？

人生比較接近玩二十次，對吧？我們的命運很少是一次定江山。

　　艾瑟羅德教授就是從這樣的狀況研究起，在美蘇冷戰期間，他探討人們何時會選擇信任與合作、哪種策略最有效。他舉辦錦標賽，讓採取不同策略的電腦程式一起玩囚徒困境，看誰的得分最高。

　　來自心理學、經濟學、數學、社會學及其他領域的研究人員，一共設定了 14 種演算法，外加一個隨機程式。其中一個程式可說是爛好人：就算被背叛，也永遠信任另一方。另一個被命名為「背叛者」（ALL D）的程式則是相反：不論發生什麼事，永遠背叛另一方。其他程式則介於中間，有些比較複雜，多數時候很善良，但偶爾也會為了占上風而選擇背叛。至於「試探者」（Tester）程式，則會觀察其他玩家的舉動，判斷自己能夠背叛到什麼程度，萬一被另一方抓到時就收手。

　　最後，哪種道德系統占了絕對優勢？你可能沒有想到，是最簡單的程式贏得錦標賽，程式碼總共只有兩行，還是我們很熟悉的一句老話：「一報還一報」（tit for tat, TFT）。

　　TFT 程式只做一件事：在囚徒困境的第一局選擇合作，接下來的每一局看另一方先前做什麼，就跟著做。如果對方前一局選擇合作，TFT 就選擇合作；萬一對手背叛，TFT 也跟著背叛。

　　這個簡單的程式大獲全勝，也因此艾瑟羅德教授再度舉辦錦標賽，找來更多專家，這次總共有 62 名參賽者。有些

演算法比較複雜，有些則是各種 TFT 的衍生版本。

誰贏了？還是簡單版的一報還一報。

這個簡單的小策略，究竟有什麼神奇魔力？艾瑟羅德教授判斷，這個兩行程式碼如此特殊、一直勝出的原因，在於幾項關鍵。他的發現和前文探討的給予者利他做法一樣──一開始，好人吃虧。如同〈邪勝正〉那篇研究，在最初的互動，壞人一下子搶占優勢，就連最終的獲勝者 TFT 因為最初選擇合作，一開始也永遠吃鱉。然而，在多玩幾輪之後，壞人的表現就不如合作者。TFT 遇到每次都合作的程式時，得分驚人。就連試探者那樣的程式（會見風轉舵），也學到合作的好處勝過變節帶來的蠅頭小利。

TFT 做的幾件事很有效，包括一開始先選擇合作，展現善意；碰到其他「好人」程式時，很快就合作，增加價值；如果碰到制裁程式，很快就變成好人程式；如果碰上試探者程式，要是對方背叛，TFT 會背叛回去，絕不姑息養奸；也因此，相關程式都會乖乖合作。

此外，TFT 還做了很重要的一件事：原諒。TFT 很簡單，只記住另一方最近做過的事，因此只要不是設定為永遠作惡或全然隨機的程式，在碰上 TFT 之後，幾乎都會改採合作策略。如此看來，TFT 不但是個合作者，也是個制裁者，還是個老師呢！讓其他玩家看到，怎麼做會有更好的結果。艾瑟羅德教授表示，人沒那麼好的程式表現不佳的原因，在於不肯原諒，也因此掉進惡性循環裡。

有了這樣的發現之後，艾瑟羅德教授的研究並未就此打

住，又和其他研究人員探索要如何設計出更好的程式。TFT贏了兩次錦標賽，但如果要打敗頂級掠食者，是否需要加進一些惡，創造出超級程式？答案是：幾乎不需要，需要加的，其實是更多的善——確切來說，是需要更多的原諒。

艾瑟羅德教授等人發現，從完全的一報還一報，變成「有雅量的」一報還一報，可以讓程式更成功；也就是說，從永遠重複另一方的最後一步，改成遭到背叛之後，偶爾還是原諒與合作。雖然改成這種方式之後，碰上「背叛者」等邪惡程式時失分會增加，但有雅量的 TFT，把可能為善的程式救出惡性循環後，因此多得的分數遠遠超過失分。

TFT 會成功的主因是：人好、願意原諒、好相處，而且在必要時會報復。

相信各位已經明顯看出，到目前為止，我們談到的東西有好幾個相似的結論，不過我還是解釋一下這個簡單遊戲的原則，可以如何帶給人生很大的好處。

一生受用的做人四原則

摩爾多瓦就和永遠選擇背叛的「背叛者」程式一樣，如果住在摩爾多瓦的好人遇到彼此，一起合作，要不了多久就能站穩腳步，但那種事永遠不可能發生，因為他們如果釋放善意，試圖找到其他好人，便有如巢中雛鳥唧唧叫，雖然母鳥聽到聲音會想餵食，但雛鳥也等於是把自己的所在地暴露給飢餓的野貓，而在悲哀的摩爾多瓦，野貓的數量遠超過母鳥。

海盜就不一樣了！海盜不會容忍永遠的背叛者，他們有民主制度，每個人分到的戰利品幾乎都差不多，耍詐的人會被踢下船。就算背叛者是老大，也作威作福不了多久，因為船長犯法與庶民同罪，規矩是大家一起訂出來的。完全自私自利的人，很難在船上生存下去。

要是多來一點格蘭特教授的給予者精神，會發生什麼事？也就是說，先不要搶劫那些不是海盜的人，改採合作策略，至少在一開始時先嘗試稍微合作一點，讓不是海盜的人也願意一起合作，會發生什麼事？如果不是一艘海盜船單打獨鬥，或是幾艘海盜船結成小型聯盟，而是大夥兒組成遠遠更強大的海盜共和國，會產生什麼樣的結果？皇家海軍可能毫無勝算。

在艾瑟羅德教授的錦標賽中，壞人的既定策略有兩項錯誤的假設。第一是以為在後面幾輪比賽中，也會像一開始的賽事那樣，但 TFT 等許多程式會留意先前的舉動，並且隨之調整，懲罰不良的行為。在真實人生中也是一樣，人都是有名聲的，人與人之間的來往，大多並非匿名，多數人日復一日和相同的人打交道，要是背叛，他們會記住的。由於背叛破壞了潛在的長期圓滿關係，靠背叛建立的早期成功，價值不高。

第二項錯誤假設就是以為遊戲是零和的。在真實人生中，合作帶來的好處比較多，成本也比較低。怎麼說呢？嗯……答案和柳丁皮有關。商學院時常做一個談判實驗，由兩組人決定雙方都需要的一堆柳丁該如何分配，雙方都拿到另

一方不知情的指示。這個實驗和囚徒困境很像，壞人不會有好下場。學生以為這是一場零和遊戲，自己每多拿到一顆柳丁，另一組就會少拿一顆。然而，如果選擇合作，願意分享，好好溝通一下就會發現每組拿到的指示中，有下列這條：其中一組只需要柳丁果肉，另一組只需要柳丁皮。要是兩組人可以好好溝通，就能輕鬆各取所需、大獲全勝；但要是立刻就開始搶柳丁，兩組人能夠拿到的量，都不如選擇合作。

必須注意一點，那就是「長期」或「短期」也是關鍵。賣二手車的人，以為這輩子只會見到眼前顧客一次，所以建立了那樣的名聲。相較之下，各位的老媽會陪你一生一世（幸運的話），所以老媽有那樣的名聲。預期和一個人打交道的時間愈長，愈能期待會有好表現。

格蘭特教授的研究也證實了這樣的區別，給予者通常在短期內會被欺負，但就長期而言，當他們遇到其他給予者，還獲得互利者的保護時，大家都會知道他們的為人，他們也就變得愈來愈好，從成功量表底部躍升到上方。

不過，TFT 不是很像格蘭特教授的互利者嗎？其實，有兩項關鍵差異。TFT 第一次會合作，互利者則不一定，通常要等別人先對他們好，才會投桃報李，這種消極的態度大幅減少了他們的互動次數。給予者則是到處對人好，在索取者那裡吃一點虧，從互利者那裡拿回公平的量，但要是碰到其他給予者，就中大獎了！給予者光是做自己，就能廣結善緣，而遲疑的互利者，還要等別人先釋出善意。

從 TFT 的成功，艾瑟羅德教授提出了四項忠告，讓我們學習做人的原則：

1. 不要眼紅

人生大多不是零和遊戲，別人贏，並不代表你輸。有時別人需要果肉，你需要的是果皮。有時造成你這回合小輸的策略，在下回合可以狠狠地贏回來。有件事很不可思議：TFT 在任何一回合的遊戲中，從來不曾得到比對手高的分數，一次都沒贏過，但所有分數加起來，卻勝過在許多回合都只是險勝的「贏家」。艾瑟羅德教授解釋：「TFT 之所以贏得錦標賽，並不是靠打敗其他玩家，而是靠引導其他玩家做出對雙方都有利的行為。」所以，別去想別人做得如何，只要擔心自己就好。

2. 人不負我，我不負人

影響力大師羅伯特・席爾迪尼（Robert Cialdini）教授指出，想要有影響力、讓別人喜歡你，互惠是關鍵，不過你得先主動。互利者只是等別人對他們好，錯過太多機會。索取者貪圖近利，換來長期損失。記住，所有的大贏家都是好人，所有的大輸家都靠背叛起家。

3. 投桃報李，也要以牙還牙

一開始永遠不要背叛任何人──為什麼要讓別人懷疑你的動機？不過，要是有人欺騙你，別傻傻當個受害者。在

艾瑟羅德教授的錦標賽中，挑起戰爭得低分，但報復會增加得分。

4. 不要算得太精

「試探者」的策略聽起來很合理：看看能占多少便宜，有多少算多少。但這種策略不像 TFT 那麼清楚，試探者偶爾得利，但代價是失去好名聲。其他的複雜策略，也都表現不佳。TFT 是複雜對策中最簡單的一種，如果想要更上一層樓，唯一的方法就是除了一報還一報，還要加上偶爾的「原諒」。想要維持關係，就必須讓打交道的對象知道：你跟我合作，我就跟你合作；你背叛我，我就背叛你；規則就是這麼簡單。太過精明露骨會讓人猜不透你，可能會對你抱持懷疑的態度，但如果因果關係十分清楚，大家就比較可能配合，知道每個人都能從中獲利。如果是西洋棋那種零和遊戲，你要讓人猜不透你的下一步，但如果是重複玩囚徒困境則是相反，你要讓對方看見你在做什麼，讓他們加入你，人生比較像後者。

出社會一定要懂的六件事

好了，在這一章，我們看了爛人、好人、監獄幫派、海盜與電腦模擬，學到了很多東西，非常好。但是，還有沒有什麼原則，可以實際運用在生活中？有的，下列幫大家總結一下，如何當個成功的好人，不會因為人善被人欺。

#1：老話一句，要選對池塘

　　千萬別搬到摩爾多瓦去——不論是真的摩爾多瓦，還是概念上的摩爾多瓦，都不要。我問史丹佛商學研究所教授羅伯・蘇頓（Robert Sutton），曾經給過學生什麼最好的建議？他的回答如下：

> 當你在選擇工作機會時，好好研究一下你以後會共事的人，因為你大概會變得跟他們一樣，不是他們會變得跟你一樣。你改變不了他們，如果你不是那樣的人，是無法長久的。

　　前文提過，不好的工作環境，會讓你跟著沉淪，還過得不愉快。艾瑞利所做的〈近墨者黑：一粒老鼠屎壞了一鍋粥效應〉（"Contagion and Differentiation in Unethical Behavior: The Effect of One Bad Apple on the Barrel"）研究證實，欺騙會傳染。看到同儕偷雞摸狗，你跟著模仿的機率就會提高。當身邊的人看到大家都這麼做，也就更可能無視於規則，你們離摩爾多瓦就愈來愈近。

　　幸好，環境的影響是雙向的。「推孟研究」的發現顯示，我們身邊的人，通常會決定我們將變成什麼樣的人。當我們看見身邊的人都展現無私舉動時，我們就更可能利他。當大家都是好人時，我們就能放心當個給予者，既能獲得頂尖給予者得到的成功好處，又不必擔心被占盡便宜。在艾瑟羅德教授的錦標賽中，「好人」程式能夠打敗群雄，是因為和其

他給予者打好關係。如果你目前身處於不良環境中，那就與其他好人結盟。程式在互動時，只需要持續 5% 是和其他「好人」程式互動，就能勝過壞人程式。在日常生活中，可能不一定是 5%，但的確也會出現轉捩點。

只要池塘選對了，甚至能讓我們嚐嚐當小人的甜頭。如果你真心仰慕上司，拍馬屁就不算不道德，也不噁心。下次在面試時，請記得找出以後的頂頭上司，請求和對方見面，研究一下他們是怎樣的人。研究顯示，我們的快樂與成功受到上司影響的程度，遠勝過公司整體對我們的影響程度。

#2：先合作

在艾瑟羅德教授的競賽中，所有成功的程式一開始都先合作。給予者由於自請幫忙，表現勝過互利者，不必等別人來問，就先出手做好事。其他多項研究，同樣支持這樣的說法。席爾迪尼教授表示，率先幫忙是帶來互惠感的關鍵，而互惠感又是說服與博得好感的基礎。

哈佛商學院教授迪帕克・馬哈特拉（Deepak Malhotra）在教談判時，第一課不是「要強悍」，也不是「要讓對方知道你是玩真的」。他給學生的第一條建議，就是「要讓別人喜歡你」。

讓別人喜歡我們的意思，不是逢人就發千元紅包，隨時做做舉手之勞就可以。我們經常忘記，有些事情對我們來說，不費吹灰之力就能做到，例如花幾分鐘幫忙寫信引介，卻能帶給別人莫大的好處（也許是得到新工作）。順手幫一

下剛認識的人，可以讓其他給予者知道，你也是給予者，而且互利者也會願意保護你。去吧！去送剛來的獄友禮物籃，以後放風的地方要是出現刀子，很多人會幫你看著後背。

#3：無私者不是聖人，是傻子

整體而言，信任他人是好事，但就像21點賭桌上的唐・強森，有優勢也不代表每一把都會贏。我們無法預測在特定互動情境下，合作能有多成功，但贏的次數會多過輸的次數。別忘了，在信任的力量研究中，最成功的人把自己信任他人的分數打8分，不是滿分10分。

事實上，研究人員指出，有一種新版本的TFT，表現同時勝過一般版的TFT與懂得原諒的TFT。新版有哪裡不同？如果另一方不管發生什麼事都永遠合作，那就利用那一方。這招管用聽起來有點可悲，但是我們都懂。人性就是這樣，你要是做太多，永遠選擇默默吞下，別人很容易就會認為那是理所當然的。如果你不是百分之百的聖人，那當然OK，因為當個完美聖人，是很糟糕的成功策略——這樣聽起來，有沒有感覺舒服一點？

艾瑟羅德教授發現，報復是程式在錦標賽中勝出的必要條件，但放到真實世界中，要怎麼做會比較好？制裁職場索取者最好的方法，就是老派、但很有用的方法——傳八卦。提醒其他人小心索取者，不但會讓你覺得痛快一點，還能讓對方收斂不好的行為。

此外，就像格蘭特教授說的，付出太多會害自己精疲力

竭。一週幫助他人 2 小時，就足以達成最大效用。沒有必要有罪惡感，也不必犧牲自己——不過，你就再也沒藉口說，你沒有時間幫助別人。

#4：努力工作，但是一定要讓別人看見

就算不當小人，還是可以從小人身上學到什麼？研究一再發現，小人勇於要求，他們很懂行銷，也會談判，總是設法讓人注意到他們。不當小人，也能做到這些事。或許你無法和小人一樣，處處占便宜，但秀出自己總是好事，而且不需要道德淪喪也能做到。

你需要做到讓人看見你，讓老闆喜歡你，這不代表這個世界冷酷無情，這就只是人性。如果老闆不知道要獎勵誰才正確，你拚命工作當然沒用。完全不行銷的好產品，難道會大賣？通常不會。

那要怎麼做，才會剛剛好？每週五寄封電子郵件給上司，總結一下自己當週做了什麼事。你不需要寫得天花亂墜，簡單提一下目前的進度就好。你可能會以為主管當然知道你在幹什麼，但其實他們很忙，有自己的問題要解決。主動告知進度，他們會感謝你，聽到好事（當然是從你這邊聽到），就會想到你的功勞。此外，到了該談加薪（或更新履歷表）的時刻，只要回顧一下相關的電子郵件，就知道你為什麼是個好員工。

#5：把眼光放遠一點，也提醒別人眼光要放遠一點

千萬別忘記，不良行為能占得一時便宜，但是日久見人心，良善的行為長期而言最有利。把眼光放遠一點，盡力締結長久的合作關係，鼓勵別人做出你在日後能夠提供協助的行為。要是感覺這輩子只會見一次面，人們就有動機欺騙你。互動愈多，或是共同的朋友愈多，再次碰頭的機率就愈大，對方也就愈有動機善待你。這就是為什麼中世紀國王會讓兒女與其他王室通婚——現在，我們都是一家人了！我的孫子也是你的孫子，我們得好好善待彼此。

艾瑟羅德教授稱這種手法為「提醒大家都在同一條船上」，東北大學（Northeastern University）社會情感小組（Social Emotions Group）主持人大衛・迪斯特農（David DeSteno）教授表示：「人們永遠試著評估兩件事：能否信任潛在的合作夥伴，以及兩人是否將會再次碰頭？這兩個問題的答案，深深影響了我們當下做事的動機。」

#6：原諒

還記得讓 TFT 得分增加、變得更好的要素嗎？偶爾原諒。原諒可以避免惡性循環。

艾瑟羅德教授的錦標賽是概念式的比賽，應用到真實人生中，這可能會有點過度簡化，但是「原諒」這堂課在日常行為中，遠比在遊戲中更為重要。人生有很多紛擾，這個世界非常複雜，我們手上並未充分掌握他人的資訊，也不明白別人的動機。我們不信任一個人，可能只是因為事情尚未明

朗。承認吧！就連我們自己，也不是永遠都能夠信任。你說你要節食，但同事帶甜甜圈到辦公室，你就破功。那就代表你這個人沒有信用，永遠不該信任嗎？當然不是。TFT 永遠不會只玩一局就獲勝，但整體而言卻是最終贏家，原因之一就是靠著給第二次的機會，教對手合群。你不完美，其他人也不完美，大家總是會有糊塗的時候。

逃得了一時，逃不了一世

最後，在我們進入下一章之前，還有一件事，各位還記得史萬葛嗎？那個殺人魔醫生。他的確沒有逃過法律的制裁，最後終於有人做了正確的事，另一名醫生喬丹・柯翰（Jordan Cohen）把史萬葛的事，傳真給全美各大醫學院，引發 FBI 的關注。史萬葛潛逃到國外，1997 年回國時，在芝加哥歐海爾機場（O'Hare Airport）遭到逮捕。

2000 年 9 月 6 日，史萬葛坦承犯下謀殺與詐欺，以逃過死刑。他被判了三個連續無期徒刑，目前被關在科羅拉多州佛羅倫斯的高度安全管理監獄。史萬葛不在乎他人性命，他身邊的人也很自私，但是逃得了一時，逃不了一世，許多人的一世英名，也因為他而毀於一旦。就算其他人都很自私，當連續殺人犯鐵定不是什麼理想的長期成功策略，當好人則可以是有效的成功策略。這又引發了另一個問題：我們怎麼知道一件事情該堅持到什麼程度呢？英文有句諺語：「退縮者永無勝利，勝利者永不退縮」，果真如此？

我們都見過一種人，浪費了多年的寶貴光陰，在永遠不

會成真的事情上──拜託！她真的認為辭職當瑜伽老師能夠養活自己？想當然耳，我們也碰過自己太快放棄，日後後悔為何要半途而廢的事──我當初為啥沒把大學念完？學歷真的有差。

　　要繼續撐下去？還是放棄？我們怎麼知道何時該算了，何時又該咬牙忍耐？下一章見分曉。

第 3 章

退縮者永無勝利，
勝利者永不退縮？

海豹部隊、電玩、媒妁之言、蝙蝠俠教我們的事，
當成功看來遙遙無期時，你要繼續撐下去，還是放棄？

一切始於一本漫畫。

從前從前，在墨西哥迷你村莊帕拉果（Palaco），有一個貧窮的小男孩，名叫艾福瑞多・奇歐內斯・伊諾荷塞（Alfredo Quiñones-Hinojosa）。漫畫裡的超級英雄卡理曼（Kalimán），深深鼓舞著這個小男孩。卡理曼為了正義而戰，擁有超能力，卻靠苦幹實幹和嚴以律己拯救世界。在無數個下午，艾福瑞多試著模仿卡理曼神乎其技的異國蓋世功夫，希望有一天能和心目中的大英雄一樣。

超級英雄卡理曼給了小男孩精神寄託，艾福瑞多一家人原本開加油站為生，但經濟不景氣奪走了一切。他母親為了養活一家人，到地方妓院替小姐做衣服，接著妹妹又病死。要是他們住在美國，而不是墨西哥距離鄉下診所也要一個小時路程的地方，害死他妹妹的病，原本只是小病，很容易就能夠治好。艾福瑞多想要更好的人生，有一天，機會臨門。

艾福瑞多 15 歲時，叔叔在加州牧場當工頭，收入很不錯。艾福瑞多知道這是一個好機會，夏天時和叔叔一起工作，拚死幹活，一下子瘦到 42 公斤，但是只要做兩個月，帶回墨西哥的錢，就夠全家人接下來一年不必發愁。

該如何長期計畫很明顯，如果艾福瑞多想要更好的生活、幫助自己的家人，就得再次穿越邊境。他做好規劃、等待，死命往前衝……然後一下子，就被防守的巡邏人員抓到送回家。然而，艾福瑞多得協助親愛的家人，難道英雄卡理曼會讓巡邏人員阻擋自己嗎？不會，所以艾福瑞多也不會。

這次，他做了更多的準備，以完成不可能的任務，成功潛入了美國，落腳加州史塔克頓（Stockton），在當地打工寄錢給家人。艾福瑞多不會說英語，他知道這樣下去不行，因此除了一天工作 12 個小時，每週工作 7 天，最初睡在車上，晚上還跑去社區大學上課。進教室時，他全身聞起來像顆臭雞蛋，因為他一整天忙著把硫磺鏟到火車上。儘管歷經千辛萬苦，艾福瑞多屢屢登上表揚成績優秀學生的院長嘉許名單，很快就拿到副學士學位。

艾福瑞多帶著漂亮的成績單與師長的祝福，轉學到全美最頂尖的學府之一——加州大學柏克萊分校，勇敢面對歧視。他現在晚上進教室時，聞起來不像臭雞蛋，而是像他一整天在港口忙著刮下的魚油，但他還是拿到心理學學士學位，而且還是榮譽畢業生。

對於一輩子都待在氣候溫暖的墨西哥和加州的艾福瑞多來說，麻州劍橋市（Cambridge）的冬日有點恐怖，但他在

就讀哈佛醫學院時學會對付冬天。各位要是覺得寒冬只是很冷嘛，沒什麼呀？請仔細想想艾福瑞多幾年前才開始學英文，居然有辦法念完醫學院，還有時間順利迎娶夢中情人，成為美國公民。當他拿到醫學院的學位時，懷中抱著六個月大的女兒蓋比（Gabbie）。

現在被暱稱為「Q 醫師」（Dr. Q）的艾福瑞多，已是全美最頂尖的腦部外科醫師，大概也是全球第一把交椅。他每年在經常排名全美第一的約翰・霍普金斯醫院，執行數百場手術，也有自己的實驗室，在醫學院教授腫瘤學與神經外科學。他或許沒靠著拳腳功夫救人，但卡埋曼一定會以他為傲。

艾福瑞多的故事，帶出了一個非常重要的問題：出生在貧苦鄉間、後來跑到農場打工的非法移民，怎麼可能搖身一變，成為全球最傑出的腦部外科醫師？他怎麼有辦法忍受辛苦的工作，忍受折磨、忍受歧視、忍受挫折，一路苦撐下去，甚至是在連英語都不會說的時候？我們大多數人光是節食，可能都撐不過四天，一年就上那麼一千零一次健身房，他卻有辦法千山萬水歷盡艱辛，這是怎麼一回事？

人生的究極能力

明明日子已經很難過了，我們的文化還叫我們要有恆毅力（grit），說什麼成功的祕訣，就是堅持到底，努力不懈，永不放棄。通常是這樣沒錯，當智商一樣、天賦一樣的時候，人的成就高低，關鍵就在於恆毅力。還記得第 1 章提過

GPA 才 2.9 的富豪嗎？有件事很有趣，雖然他們的在校成績不怎麼樣，但在接受訪談時，他們大都會提到自己在學生時代，被老師稱讚為「最可靠」的學生。換句話說，這群人擁有恆毅力。

但那種我們稱為藝術家的人呢？那群不曉得活在哪個次元裡的怪咖？哈佛大學心理學家哈沃德·加德納（Howard Gardner）在《創造心靈》（*Creating Minds*）一書中，談到自己研究過的最有創意的藝術家：

> 創意人士形塑自身經驗，這種人野心勃勃，但不一定都會成功。當他們失敗時，並不會花時間怨天尤人、怪東怪西，也不會極端到乾脆放棄。他們覺得失敗只不過是一次學習經驗，這次雖然失敗，但之後就會知道如何不重蹈覆轍。

聽起來，這又是一段很像在鼓勵恆毅力的話。

當然，一切不是只跟賺錢有關，安琪拉·達克沃斯（Angela Duckworth）在賓州大學的研究顯示，有恆毅力的孩子比較快樂、身體比較健康，在同儕中也比較受歡迎。「雖然一再受挫但繼續嘗試的能力，讓我們的研究對象有 31％擁有樂觀的人生態度，42％有更高的人生滿意度。」

聽起來，結論很明顯，有恆毅力就會比較成功。接下來的問題很簡單，我們好像都知道這件事，但究竟為什麼就是做不到？

原因之一是，我們以為自己知道恆毅力的源頭是什麼——等一下就會提到我們錯了。原因之二是，雖然恆毅力「可以」帶來成功，但有件事家長沒有告訴孩子，老師也不會告訴學生：有時候，放棄才是最聰明的選擇。在正確的時候放棄，能讓我們超級成功。

讓我們先從原因一講起：恆毅力究竟是如何來的？答案經常是「說故事」。各位不需要成長於墨西哥的貧窮小鎮，但需要一本卡理曼的漫畫。什麼跟什麼？這個答案聽起來像在胡說？讓我們先看一群比任何人都懂得永不放棄的鐵漢——美國海軍海豹部隊。

不入地獄不成兵

詹姆士・華特斯（James Waters）一直夢想進入游泳全美隊，但他知道自己的資質普通。所以，他非常努力，不斷地拚命練習，樂觀向上，覺得有一天會進步。某一天，他的能力似乎終於好到得以圓夢。

華特斯是大學游泳隊高年級的學生，在一場力抗布朗大學的賽事上，生平第一次，他進入全美隊的美夢似乎觸手可及，但在游最後一趟時，他不小心撞到池邊，手臂傳來了一陣劇烈刺痛。幾個小時後，X光證實他骨折了，接下來兩週都無法上場。他再回泳池時，必須帶著石膏訓練，手臂根本划不大動，趕不上訓練進度。華特斯這輩子所有的國家大學體育協會（NCAA）美夢，就這樣煙消雲散。

不幸的是，無望還不是最慘的，慘的是這輩子雖然沒機

會了，夢想卻一直不肯離開。華特斯告訴我：「後來，我連續做了兩年噩夢。我一直夢到，每次一碰到任何東西，我的手就會碎掉。我的腦子無法擺脫那個畫面。」

儘管有未竟之志，他一直告訴自己樂觀的故事，那不符合現實中發生的事，便成為他的執念。全美隊或許是進不了了，但是心結必須打開。這就是為什麼在六年後，在將近五千公里外，他又在游泳了。但這次的場景完全不一樣，他這次游泳，是為了接受海豹部隊地獄週基礎水下爆破的魔鬼訓練。

在地獄週，受訓者連續 110 小時都不能睡覺，訓練項目是頭上舉著木頭數小時、永無止境不停地跑步，以及不斷地游泳。華特斯身高 188 公分，體重 100 公斤，肩膀寬闊，體格健美、壯碩，有如好萊塢版本的海豹部隊。電影演的與現實總是不一樣，真正的海豹部隊成員，大多數的身材都不是這樣，所以他的日子更難熬了。當小隊扛船跑步時，由於他身高傲人，表示船身大部分的重量都落在他的身上，然後還有人人聞之色變的泳池能力訓練。

泳池能力訓練要求學員穿戴潛水裝備下水，教官會一把扯掉你嘴邊的呼吸調節器，把你的呼吸管打結，在你不斷掙扎、想吸空氣時，不停地騷擾你。你的大腦在不斷地狂喊：我快要死了！但你必須遵照正確流程調整裝備，而教官會繼續在一旁阻撓你。這樣的魔鬼訓練，為的是模擬碰上洶湧海洋迴流時必須面對的漩渦，此時你的大腦充滿恐懼。基礎水下爆破訓練的挑戰者，一共有四次通過泳池能力訓練的機

會──因為真的需要四次才會通過，只有不到兩成的人一次就過關。

這是什麼樣的生活？明天又有更多沙地長跑，更多睡眠遭到剝奪。對了！可能還得跳下飛機，很多人──根據統計數字，其實是大多數的人──都舉白旗投降。

華特斯好幾次都快撐不下去了，但每次都想起晚上那個揮之不去的夢魘，以及畢生的夢想。自己一定能夠做得更好的樂觀信念再次浮現，所以他又回到水下。

海豹264班的退出率是94％，一開始班上有256人，最後只有16人制服上曾別著海豹部隊的三叉戟標誌畢業。詹姆士・華特斯是其中一員，他的噩夢再也沒來侵擾過。

為什麼有些人可以通過基礎水下爆破訓練，有些人卻舉白旗投降？海軍一度也不明白，而且困擾不已。在911悲劇過後，軍方需要擴編海豹部隊，但要是靠著降低錄取標準才能招到人，簡直沒有意義。軍方需要找到答案，究竟應該招募什麼樣的人？又該教些什麼，學員才能通過嚴苛挑戰？

最後，他們找到的答案相當違反直覺：他們不需要更多雄赳赳、氣昂昂的壯漢，比較聰明的做法，可能是招募更多保險員。對，你沒看錯，就是保險員。各位可以想想為什麼。

海軍研究指出，有恆毅力的人會做幾件事，而且通常是在無意間辦到，因此再辛苦也能撐得下去。其中一件事一再出現在心理學的研究中，那就是「正向自我對話」（positive self-talk）。海豹部隊成員的確得是硬漢，但關鍵是他們的思

考也必須像童書《小火車做到了！》（*The Little Engine That Could*）一樣，不斷地告訴自己：「我知道我可以的。」

我們在腦海裡，每分鐘對自己說 300 到 1,000 個字，有些正面（我可以），有些負面（天啊！我要放棄了。）腦中的話如果正面，將深深加強我們撐下去的毅力，軍方人員的研究也證實了這個說法。於是，海軍開始教水下訓練的挑戰者，對自己說正面的話，再輔以其他心理學方法，結果通過率增加近 10％。

通過基礎水下爆破訓練是體能方面的挑戰，至於放不放棄則是心理方面的挑戰。各位可能會問，這又跟賣保險的有什麼關係？想想看，人們在想起保險員時，反應通常是「哼」的一聲。世界上不只是海豹部隊成員得忍受來自四面八方的攻擊，保險員也得經常遭受拒絕。

各位可能會以為，優秀的保險員靠性格外向成功，交際應酬應該很在行。但研究顯示，光是生性樂觀，就能夠當個好保險員，「樂觀程度前 10％的保險員賣出的保險，比最悲觀的 10％高 88％。」

樂觀使人向上，這點我們都相信，但很難相信會有如此強大的效果。想知道背後原因的話，我們來看看人類最好的朋友。

如果你一直被電，你會怎麼做？

現場的狗兒就是不肯動，研究人員麻煩大了，要是牠們就一直坐在原地，實驗完成不了。

馬丁・塞利格曼（Martin Seligman）等賓州大學的研究人員，正在做巴夫洛夫制約研究。實驗犬坐在大箱子一側，和另一側隔著一道矮牆。一個聲音響起後，地面就會傳出微弱電流，狗兒如果跳過矮牆，跑到箱子另一側，就不會被電到。研究人員試著讓狗兒明白，電擊前永遠會出現聲響，如果一聽見聲音就跳牆，就不會遭受痛苦電擊。理論上，這應該很簡單，狗兒通常一下子就能學會。

然而，眼前的這群實驗犬，卻動也不動地待在原地哀嚎。聲音響起，電擊開始，但狗兒什麼也沒做——像這種時刻，就是研究人員扶著額頭深思，自己是否該轉行了。

塞利格曼教授突然發現，在前幾輪的訓練中，研究人員一定有哪裡做錯了，沒讓聲音與電擊之間的連結夠清楚，所以狗兒感覺電擊是隨機的，不曉得聲音是警訊，學到自己無力掌控、感覺無助。狗兒雖然大概沒和你我一樣，腦海裡每分鐘會想 300 到 1,000 個字，但絕對不笨——既然不管怎樣都會被電，幹嘛繼續試？

就這樣，狗兒學到的是多做無益，成為悲觀者，放棄了。那天做的巴夫洛夫制約實驗沒什麼大進展，卻帶來恆毅力的啟示。相關研究也在人類身上做過實驗，人類的反應通常和狗兒一樣。

這聽起來十分合理，如果你走到自家草坪上，試著像超人一樣飛起來，結果每次都在花圃裡摔個狗吃屎，用不著多久，你就會明智地判斷自己和鋼鐵英雄又少了一個共通點，改為開車上雜貨店。你會告訴自己：這件事我做不到。

事情通常都是這樣不知不覺發生在日常生活中的，我們放棄，幫自己找理由，接受「命運」。不過，常常在午夜夢迴時，還是忍不住會想，當初為什麼不能夠再做得更好一點，或是多做一點？我們判斷自己做不到，有時是錯誤的判斷，其實還有其他方法，只是我們沒有發現，因為我們放棄了。

　　值得慶幸的是，在人類身上做相同研究時，有三分之一的人並未變得無助，會一直試著找出為什麼會出現電擊、自己可以做些什麼，並且認為每次失敗都是因為哪裡做錯了，所以會繼續嘗試。最後，這種人出現兩種十分合理的結果：（1）完全幻滅；（2）遠比你我成功。

　　一切要看我們告訴自己什麼故事。有些人會對自己說：「我不是這塊料」，「這些事我一向做不來」。有些人則是告訴自己：「只要努力就會成功」，「只要抓到更好的訣竅，我就能成功」。幾乎在任何情境下（除了跟超人一樣會飛），這四種說法都可能發生，但我們會選擇哪種說法、哪些是我們的預設想法，以及我們多常與何時會做出不同解釋，每個人不同。

　　塞利格曼認為，關鍵在於樂觀或悲觀，看你認為自己有能力改變事情，或是覺得自己辦不到。無助是悲觀的結果，要是認為事情不會好轉，繼續努力並不合理，你會聳聳肩，拍拍屁股走人。當然，如果事情沒有好轉的可能，放棄是正確選擇。但如果只是困難、並非不可能（也就是需要堅持下去的時刻），悲觀會扼殺恆毅力，你會說出：「放棄，回家

吧！」，而不是「再試一次，我可以的」。

塞利格曼發現，自己其實不是在研究無助，而是在研究悲觀。此外，他還發現，憂鬱是放大的悲觀主義，當我們一而再再而三地感到無助，就會出現臨床上的憂鬱症狀，感覺人生無望，全然放棄，不再嘗試做任何事。

令人意外的是，在做預測時，沮喪者的準確度高過樂觀者，這叫做「抑鬱現實主義」（depressive realism）。這個世界很殘酷，樂觀者是在對自己說謊，但要是不再相信事情可能改變，就真的不會有任何改變。我們需要做點夢，才有辦法走下去。

研究顯示，樂觀好處多多：

- 樂觀與健康長壽有關，甚至可以預測哪位心血管疾病患者，比較可能再次心臟病發作。
- 期待談判將出現正面結果，將使各方更容易開心達成協議。
- 樂觀者比較幸運，研究顯示，正向思考可以讓人堅持到底，為自己創造出更多機會。

對樂觀的人來說，這些真是好消息，但悲觀人士該怎麼辦？萬一你這輩子向來悲觀，覺得自己生性如此，又該怎麼辦？聽好了，你這個憂鬱王子／公主，塞利格曼的研究顯示，心態不是由基因決定，一切要看我們如何向自己解釋這個世界，你可以改變你告訴自己的故事。

樂觀者和悲觀者解釋這個世界的方式十分不同，塞利格曼用「解釋風格」（explanatory style）來探討這個主題，最

後歸納出 3 個 P:「永遠都一樣；持久性」(permanence)、「到哪裡都一樣；普遍性」(pervasiveness)、「是我自己的問題；個人化」(personalization)。悲觀者告訴自己,不好的事情具備 3P 特徵:

- 將會維持很長一段時間,或者永遠都一樣(我這輩子不可能做到);
- 統統都一樣(這些人全部不能信賴);
- 都是自己的錯(我這個真的不行)。

樂觀的人則是告訴自己:

- 不好的事只是暫時的(偶爾會發生,沒關係);
- 壞事發生是有原因的,不是都一樣(天氣好轉以後,就沒問題了);
- 不是自己的錯(我其實很擅長,只是今天不走運)。

塞利格曼發現,讓自己的解釋風格從悲觀轉成樂觀,心情就會好一點,也比較能夠撐得下去。而且,不只個人如此,團體也是一樣。他分析美國職棒大聯盟球員接受新聞採訪時講的話,研究某年的態度能否預測下一年的賽績。

> 我們分析球員說的話,計算 1985 年 12 支國家聯盟(National League)隊的解釋風格。統計上,在 1986 年,樂觀隊伍的勝投率,優於 1985 年的表現,悲觀隊伍則表現得比 1985 年差。相較於平日的表現,1985 年展現樂觀的隊伍,在 1986 年碰上壓力時打擊率很不錯,而悲觀隊伍在遭遇壓力時則

是一塌糊塗。

聽起來有點令人難以置信？塞利格曼用棒球選手在1986 年說的話，再次做了研究，預測 1987 年的賽績。然後，他又用籃球選手說的話做了研究，發現真的不只是某年碰巧如此，樂觀的解釋風格可以預測成功。喔！對了，拉斯維加斯的賭博業者們，不用謝我了。

詹姆士・華特斯樂觀向上，他在心中告訴自己的話，讓他得以超越肉體上的苦難，有辦法完成海豹部隊的基礎水下爆破訓練。他的恆毅力讓他接下來成為海豹部隊排長，還拿到哈佛的 MBA 學位，在白宮擔任行程辦公室副主任。

這麼說來，恆毅力只是我們告訴自己未來一切美好的樂觀故事？不是的，對自己說故事的效力有時比這更為強大許多，不只能夠幫助你成功，還能幫你在人間煉獄活下來。

超越自己，想想他人

接下來的例子，再度從噩夢開場。

一旁的室友在睡夢中翻來覆去，維克多原本想喚醒他……但想一想，還是算了。不論夢到多可怕的夢，也不會比醒來時要面對的現實恐怖。當時是 1944 年，地點是納粹的奧許維茲集中營（Auschwitz）。

1,500 人擠在僅能容納 200 人的建築物裡，窗外是鐵絲網與警衛塔，每名囚犯一週只能靠兩片麵包活下去，也難怪鍋裡會出現人肉，吃人是絕望下的選擇。

集中營的慘狀看不到盡頭，許多囚犯「奔向鐵絲」，靠通電圍牆自殺，而且誰會是下一個放棄生命的人，一眼就能看得出來——在抽菸的那個人會死。在集中營內，菸就等於錢，可以交換食物，交換協助，幾乎什麼都能換，不會有人真的拿來抽。抽菸的人只想享受片刻時光，忘記自己身處地獄的痛苦，那是他們決定結束生命前的一點小樂趣。

　　集中營和海豹部隊的水下訓練不一樣，那不是模擬，生死就發生在眼前。誰會活下來？身強力壯並不會活得比較久，年紀輕也不會活得比較久，勇敢不會活得比較久，乖乖聽話也不會活得比較久。身處集中營的維克多·弗蘭克（Viktor Frankl）發現，在人間最悲慘的地方還能夠堅持活下去的人，知道自己人生的意義：

> **一個人如果知道，自己對另一個人有責任，有愛自己的人在等自己，或是有尚未完成的使命，就永遠不會放棄自己的生命。他知道自己為何存在，也因此幾乎能夠忍受任何處境。**

　　超越自己、知道自己活下去是為了其他原因的人，比較能夠撐得下去。其他人則是在抽完菸之後，最後一次奔向圍牆。

　　弗蘭克一直想著自己的妻子，他甚至不曉得太太是否還活著，但沒關係。在勞改鋪鐵軌時，他想著她自言自語。他對自己說的故事，比身體上受的苦難更強大，支持著他活

下去。

相較於只是為了自己，如果是替他人完成一件事，我們會更努力。母親願意為孩子做的事，有錢也買不到，士兵願為國家犧牲性命。

要是活著只是為了享樂，當人生不再有趣，或是短期內看不到什麼好處時，我們很容易就會放棄。然而，超越了舒適生活、為了比私人利益更崇高的理想活著，可以讓我們承受更大的痛苦，把痛苦當成一種犧牲奉獻。弗蘭克指出：「照亮世人者，必得忍受燃燒。」因為如此，我們就比較不會放棄。

我們告訴自己的故事，讓我們能夠繼續走下去。那些故事可以是超越個人層次的事實，很多時候甚至不必是真的。

人人都是大編劇家

科塔爾症候群（Cotard's syndrome）患者相信自己死了，他們會坐在你的面前，看著你的眼睛，說自己已經離開人世。科塔爾症候群是一種相當罕見的心理疾病，各位要是想說服這種患者他們還活著，只能祝你好運。他們永遠有理由解釋為什麼你說錯了，就算他們手臂上的肉沒有腐爛，也沒有像《陰屍路》（*The Walking Dead*）一樣在街上當喪屍，還是會說自己早已命喪黃泉。

心理學家稱此類回應為「虛談症」（confabulation），他們不是要騙你，甚至也沒意識到自己講的話不正確，有時會提出荒謬至極的回應。阿茲海默症患者想不起事情時也常虛

談，會重新建構事實，以填補空缺，心智為了自圓其說而捏造說法。阿茲海默症患者很少會說：「說得好，我也不曉得自己為什麼會相信這種事。」相信各位也認識很多死都不肯說「我不知道」的人。

心理學家丹尼爾·康納曼（Daniel Kahneman）研究認知偏誤，榮獲諾貝爾經濟學獎，指出我們腦中有演化而來、可以加速決策過程的小捷徑，這些捷徑通常可以幫上忙，但不一定理性。以「損失規避」（loss aversion）的例子來講，從邏輯上來看，得到一塊錢的快樂，應該與損失一塊錢的痛苦程度相當，然而我們的大腦不那樣運作。失去一塊錢造成的痛苦，遠勝過得到一塊錢帶來的快樂。這種現象其實很好理解，損失太多錢可能就完蛋了，但是賺很多錢的話……。不過，有很多錢很好沒錯，但很快就會出現快樂報酬遞減。演化讓我們恐懼失去的程度，遠勝過喜愛獲得的程度。

有一件事很好玩，受康納曼啟發的杜克大學艾瑞利教授，在課堂上談偏見，但台下的人通常會告訴他：「沒錯，我知道很多人都會那樣，但是我就不會。」這真是太諷刺了，我們的認知偏誤，讓我們無法理解認知偏誤。艾瑞利教授因此調整了授課方式，在談論人類天生帶有偏見之前，會先給大家看視覺錯覺圖。各位應該都看過那種圖：乍看之下，兩條線好像不一樣長，但實際測量後，其實長度一樣。艾瑞利教授讓大家不只聽課知道不能相信自己的大腦，還帶大家親身體驗，當我們看到自己犯錯，就比較能夠接受自己也有偏見。

人類大腦的預設模式是設法合理化，「意義」是人類作業系統的一部分，我們需要感覺這個世界合乎邏輯、有辦法掌控，我們的大腦不喜歡隨機。那麼，什麼是「意義」？對人類心智來說，意義來自於我們如何靠著說故事，向自己解釋這個世界。這就是為什麼許多人相信命運，會說某件事是命中注定。擁有點出人生意義的故事，將使我們得以面對難關。我們不只是天生從故事角度看世界，坦白說，我們沒辦法不講故事。如果我問各位：今天過得如何？你和另一半如何認識？你會告訴我什麼？你會告訴我故事。請問你在履歷上寫了什麼？一個故事。人類甚至在睡夢中也會講故事──你會做夢。研究顯示，你每天大約做 2,000 個白日夢，不停告訴自己各式各樣的小故事。

　　人生不論是職涯或人際關係，幾乎每個面向都有我們告訴自己的故事，只不過這些故事通常是在無意間形成的。這樣的故事論，聽起來很像是嬉皮會講的話，很抽象、很虛幻，但事實恰好相反。故事其實暗中推動著我們的成功，影響了人生最重要的各種面向。

　　預測一段感情會不會成功的最佳指標是什麼？不是性愛，不是金錢，也不是擁有相同目標。華盛頓大學心理學教授、著名兩性專家約翰・高特曼（John Gottman）發現，光是聽夫妻如何談起兩人在一起的故事，就能以 94％的準確率，預測兩人是否會離婚。

　　孩子的最佳情緒幸福感預測指標是什麼？不是好學校、時常給予擁抱，或是皮克斯電影。艾文理大學（Emory

University）的研究人員發現，孩子是否知道自己的家族史，是最重要的指標。

什麼樣的人會感覺職涯圓滿、有意義？認為自己的工作「只不過是份工作」的醫院清潔工，並不會從職涯中獲得深層滿足感，但如果清潔人員告訴自己，這份工作是「天命」，是在幫助病人好轉，就會感覺自己的工作有意義。

猶太人與基督徒有寓言，印度教與佛教有箴言，幾乎所有的宗教領袖都會布道。故事，故事，統統都是故事。故事提醒著我們做人處事的道理，鼓勵我們持之以恆。就算你不信教，大眾文化也填補宗教空缺。加州大學洛杉磯分校電影學院教授霍華・蘇伯（Howard Suber）指出，電影是「給世俗社會的神聖戲劇」。如同宗教寓言的作用，我們會把故事中的英雄，當成見賢思齊的目標。研究顯示，我們對虛構的故事人物感到高度認同時，更能克服自己遇到的阻礙，努力完成目標。

同樣地，也要考慮快樂的問題。研究顯示，許多人感覺自己的人生過得不好，是因為並不覺得自己碰上的好時光，符合他們設想的自我。他們的人生按照故事來活，當壞事發生時，他們會覺得自己就是那樣的人，快樂時光則是可以忽略的例外。

就連自殺這種最深沉、最沮喪的憂傷也是一樣。佛羅里達州立大學心理學教授羅伊・鮑邁斯特（Roy Baumeister）發現，自殺者通常並未處於最糟糕的情境，但不符合他們對自己的期待，他們的人生不符合自己腦裡的故事。如同弗蘭

克在奧許維茲集中營觀察到的現象，故事決定著誰將撐下去，誰又會奔向通電鐵絲網。

許多證據都顯示，故事支配著我們的思考，還能預測許多領域的成功與否，不過背後的原理是什麼？

健康的心靈會告訴自己美好謊言

研究顯示，小說會讓我們「利社會」（prosocial），變得更仁慈、不吝於給予，原因是小說會帶來較「不」精確的世界觀。宗教及帶來個人意義的故事，可以協助我們面對這個世界，電影或電視等故事也是一樣。故事使我們心生嚮往，悄悄地讓我們以經過美化的觀點看世界。

喬治梅森大學（George Mason University）教授兼暢銷作家泰勒・柯文（Tyler Cowen），也同意這樣的說法。他引述了一份研究，指出當人們被問及自己的人生時，經常提到「旅程」或「戰役」等詞彙，但很少人提到「混亂」。然而，我們的人生有時的確是一團混亂。柯文指出，故事是濾鏡，讓通常處於混沌狀態的世界出現秩序。故事移除了資訊，讓回憶變得不精確。故事是刻意塑造出來的東西，但人生通常不是。

柯文教授說的沒錯，這個世界每秒鐘發生了成千上萬的事，但我們只會挑出某些元素（「那次我給了一個流浪漢 1 美元」），忽略了其他元素（「那次我把堂弟推下樓」），然後得出自己的人生故事（「我是好人」）。

經濟學談的「有限理性」（bounded rationality），基本上

就是說人類並非完全理性，永遠有局限性，例如有辦法掌握多少資訊，或是有多少時間可以仔細思考等。這個世界在同一時間內發生太多事，我們的小腦袋瓜無法百分之百處理全部，一定得去蕪存菁。

研究顯示，當我們「自認為」了解自己時，會感受到人生的意義。請注意，是「自認為」，真的有自知之明，並不會帶來意義。「覺得」自己了解自己才有用，不需要是精確的故事才會有效，這聽起來令人有點不安，甚至氣餒，對吧？

然而，如果目標是擁有恆毅力，這是好事。如果我們依據機率做一切決定，那麼這輩子都不會冒險，甚至連試都不會去試。然而，如果要和弗蘭克一樣，在人間煉獄活下去，靠的就是故事的不精確性。這種現象和樂觀研究講的一樣，樂觀者告訴自己的故事，可能不是真的，但讓他們得以支撐下去，還通常做到不可能的事。心理學家雪萊・泰勒（Shelley Taylor）表示：「健康的心靈會告訴自己美好謊言。」悲觀者看事情比較清楚、比較實際，結果就是陷入憂鬱，畢竟實話會傷人。

這也是為什麼相較於其他職業，律師憂鬱的機率是 3.6 倍。律師為了保護客戶，一定得考量所有可能出錯的地方，在設想案件將如何發展時，律師不能告訴自己不精確的開心故事。悲觀者在法學院的表現勝過樂觀者，但這樣的人格特質也造成他們十分不快樂。法律是全美最高薪的行業，但 52％ 的律師在受訪時表示，不滿意自己的工作。各位可以

想像這種不滿之情將對恆毅力造成的影響：法律這行的流失率很高。正如本特利大學（Bentley University）商法教授莉茲・布朗（Liz Brown）所言：「我從來沒見過哪個行業和法律一樣，還有助人離開這一行的副業。」

故事並未精確描繪這個世界，但也正是因為如此，故事可以激勵我們成功，讓我們繼續走下去。故事是一種預言，我們並未「天生注定」該做什麼，但要是故事說我們「生下來」，就是為了某某事，我們就會努力堅持下去，畢竟這可是我們的命運。

也因此，故事和職涯有關。哈佛商學院教授艾默伯在《進步原理》（*The Progress Principle*）一書中指出，「做有意義的事」是人們最想從工作中得到的東西。沒錯，甚至排行在「薪水」與「升遷」前面。賈伯斯當年是如何說服約翰・史考利（John Sculley）放棄美好的百事可樂執行長一職？他問他：「你想一輩子賣糖水，還是改變這個世界？」當然，所謂的「有意義」，不一定要是崇高的濟貧扶幼，或是治癒傷者，只要你的故事對你自己來說有意義，便已足夠。

那麼，我們要如何設想自己的故事？很簡單，想著自己會死。這不是觸你霉頭，這是讓你嚴肅。

履歷表與追悼文

現代人似乎沒人想花時間想死亡的事，這實在是太觸霉頭了，我們認為自己應該會長命百歲。然而，許多文化其實視死亡為人生的完整環節，崇敬死亡，甚至會過慶祝死亡的

節日，例如墨西哥有「亡靈節」（*Dia de los Muertos*），基督教有「諸聖節」（All Saints' Day），日本有「祖靈」（*Sorei*），印度有「祭祖」（*Shraaddha*）概念等。

設想死亡，可以提醒我們人生中真正重要的事。《紐約時報》專欄作家大衛・布魯克斯（David Brooks）提出價值觀有兩種，一種是「履歷表價值觀」（résumé values），另一種是「追悼文價值觀」（eulogy values）。「履歷表價值觀」可以帶來外在的成功，例如升官發財等；「追悼文價值觀」則與品格有關──我是個仁慈、值得信任、勇敢的人嗎？我們的腦袋瓜通常心心念念的都是「履歷表價值觀」，為了找份好工作花四年時間念大學，學習使用 Excel 或 PowerPoint，還會閱讀成功勵志書籍。至於「追悼文價值觀」，我們通常只會在事後想起，幫事情找出合理的說法：沒錯，我是個好人。各位要是具備雄心壯志（你應該是，因為你在看這本書），其實不大需要擔心履歷表價值觀，因為你原本就無時無刻不在想著那些事。為了你的長期職涯與人生著想，請各位現在就開始想想你的「追悼文價值觀」，這就是我剛才提到需要思考死亡這件事的原因。

請想像一下你自己的告別式。愛你的人全數到齊，送你最後一程。大家在讚揚你的獨特之處，也就是他們最想念你的事之後，你希望他們說些什麼？

想一想你希望人們在你的告別式上說什麼，就可以找出你的「追悼文價值觀」，這能引導你在一些重要關頭做決定。賈伯斯在他著名的 2005 年史丹佛大學畢業典禮演講上提

到：「記得自己很快會死，是我用來做人生重大決定的最重要工具。」

這個領域的相關研究，屬於「恐懼管理理論」（terror management theory）的範疇，這個名稱聽起來令人退避三舍，有一項名字較為平易近人的〈史古基效應〉（"The Scrooge Effect"）*研究顯示，花一點時間思考死亡，我們待人就會比較和藹可親、慷慨一點，會暫時放下短期的目標，思考自己真正想當的人並且行動。想著死亡，聽來有些病態，但是想著人生終點，反而會讓人做出更健康的行為，因此可以更長壽，還能增加自信。你們常常在談「大圖像」思考嗎？沒有什麼比死亡還重大，這也是在談「命運」（fate）與「天命」（destiny）。

我們常常以為「命運」與「天命」是一樣的，加州大學洛杉磯分校的蘇伯教授指出兩者其實不同。命運是無可避免之事，不論多努力逃離，依舊降臨在身上。天命則是我們必須追求的事，靠自己才能成真，也就是我們努力的方向。當發生不好的事情時，命運的概念會讓我們好過一些。相較之下，花時間思考「追悼文價值」，則可以幫助我們多思考天命。成功不是來自雙手一攤，接受事情就是無可奈何，說什麼「注定如此」；成功是主動追求好事，靠自己譜寫未來。懂了嗎？少一點「命運」，多一點「天命」。

---

* 史古基是狄更斯名著《小氣財神》（*A Christmas Carol*）的主角，是個守財奴，最後悔悟。

要是我們的故事行不通，該怎麼辦？你好像覺得知道自己是誰，也知道哪些事才重要，但是你並不快樂，或是沒有達到自己想要的境界。此時，你可能必須改編一下故事，嘗試一下別的人生劇本。治療師會帶病患經歷「故事編輯」（story editing）療程（這個名稱取得真好），幫助他們做到這點。維吉尼亞大學心理學教授提摩西·威爾森（Timothy Wilson）做過研究，由治療師協助表現不佳的學生重新詮釋學業挑戰，從「我做不到」，變成「只要我找到正確方法」，結果隔年學生成績變好，輟學率下降。研究顯示，我們可以把故事編輯當成抗鬱劑，有時效果甚至更勝一籌。

有了重新編輯過的故事之後，接下來要做什麼？答案是：把故事「演出來」。大量的心理研究顯示，不是先有信念，才有行為，我們的信念經常來自我們的行為。如同「坐而言，不如起而行」這句諺語，威爾森教授稱之為「做好事，就會變成好人」（do good, be good）。人們當了義工之後，就會對自己改觀，開始把自己看成會為他人做好事的善人。

在馮內果（Kurt Vonnegut）的經典小說《夜母》（*Mother Night*）中，小霍華·W·坎貝爾（Howard W. Campbell, Jr.）是二戰期間混進納粹當宣傳員的美國間諜。他成為納粹德國的廣播「代言人」，表面上讚揚德意志國，真正的任務是把加密訊息傳回美國。坎貝爾的本意良善，但他逐漸發現到，自己廣播出去的「假」納粹訊息，激勵敵人的效果勝過自己協助同盟國的祕密情報工作。馮內果透過這則故事告訴讀者：「我們假裝成什麼樣子，就會變成什麼樣子，因此必須

小心自己假裝的樣貌。」

所以，不是立意良善就好，要確定自己的日常行為，符合你的完美故事主角會做的事，才不會成為馮內果筆下的人物。於此，你可以參考一下另一號小說人物——唐吉訶德（Don Quixote），小說家塞凡提斯（Miguel de Cervantes Saavedra）透過唐吉訶德的故事告訴我們：「如果想當騎士，行為就要像個騎士。」

當殘酷的現實告訴我們：「該放棄了！」，意義能夠支持我們走下去。我們的故事通常比我們堅強，有了有意義的故事，我們就有辦法白折不撓。

弗蘭克最後活著離開奧許維茲集中營，沒有抽菸，也沒有奔向鐵絲網，活到 92 歲的高齡，還創立了在全球開枝散葉的新心理學體系。他分享自己存活下來的故事，他的故事帶來勇氣，讓其他人也能努力走下去。

說故事是人類的天性，你告訴自己什麼故事？那個故事幫助你達到理想的境界了嗎？好啦！恆毅力不是都那麼嚴肅，即便在最絕望的情境下，恆毅力有時只不過是場遊戲。

雪地求生——我要活下去！

扛著登山裝備的喬・辛普森（Joe Simpson），坐在 30 公尺的冰原裂口底部發抖。周圍一片漆黑，伸手不見五指。他好冷，但手抖不是因為寒氣逼人，而是因為恐懼。

喬無助地呼喊：「賽門！」然而，四周寂然無聲。他一動就全身抽痛，呈現長短腿的狀態，一條腿折成不自然的恐

怖角度，他的小腿脛骨穿過膝蓋，卡在大腿骨上。

喬再次呼喊賽門，但天地之中顯然只有他一人，不會有人來救他了。

兩天前，喬和賽門在安地斯山脈，攀登標高 6,344 公尺的高峰修拉格蘭德山（Siula Grande）。高 1,372 公尺的西側，從來沒人攀爬過，喬和賽門是史上第一人。兩人興高采烈，不過也累壞了，現在只需要回到山下。然而，登山有八成意外發生在折返途中……1985 年 6 月 8 日早晨，喬一個不小心絆倒，一路往下滑，小腿骨折。回到山下的路還很長。在這種高度摔斷腿，又沒有搜救隊的情況下，喪命是遲早的事，不過兩人假裝自己還有生還機會。由賽門當固定點，靠繩索一點一點降下喬，接著幾乎完全動彈不得的喬，在原地等賽門下來。兩個人的下降速度有如蝸牛移步，大雪紛飛，賽門甚至看不清楚自己把喬垂降在哪裡。

兩人就這樣緩緩下山數小時，直到喬突然間一下子滑了下去，差點把身上依舊綁著繩子的賽門也拖了下去。賽門腳一插，穩住自己。

喬盪在半空中，身上只靠繩索支撐，甚至碰不到山壁。上方落雪紛飛，看不見賽門身影，下方則是深達數百英尺等著吞噬自己的裂谷。喬無助地掛在半空，身體依舊傳來劇痛。繩索每隔幾秒就晃動一下，賽門努力撐住，以免兩人一起掉進死亡深淵。

接著喬掉下去了。想像一下高 15 層的大樓，喬就是掉了那麼遠，但沒有一下子撞到山底，而是一直墜，一直

墜⋯⋯掉進黑漆漆的冰縫之中。

神奇的是，喬還活著。他落進一個雪堆，用手電筒往下一照，發現自己在一座冰橋上，冰縫裂口在上方約 152 公尺處，下方是無止境的黑暗。剛才要是掉在右邊 60 公分的地方，差那麼一點點，就不會停住，會一路掉進深不見底的深淵。

喬身上的繩子還在，他拉了拉繩子，另一頭依舊連著賽門⋯⋯或是賽門的屍體。當他繼續扯動，感到繩子一鬆，最後繩子軟綿綿地落在手裡，上頭割痕清晰可見。看來，賽門以為登山夥伴已經死亡，不會來救他了。

喬不怪賽門，連他自己都沒想到還能活著。他一遍又一遍試著往上爬，但每次一動，骨折的小腿就傳來椎心刺骨之痛。既然不可能往上爬⋯⋯往下走，是唯一活路。

喬手指凍到發黑，幾乎不可能靠打繩結讓自己往下降，也無法往下看，判斷洞穴究竟有多深，但他的確知道繩索的長度有限。

登山者通常會在繩尾打結，當身體降到最底時，繩結會像剎車一般，讓人不會繼續往下滑。不過，這次喬沒打結，萬一繩子不夠長，就能一舉痛快了結。他緩緩探入黑暗之中，時間一點一滴過去，接著眼前的景象令他驚喜。

有陽光！右方有一個可以出裂口的斜坡，看來自己並未困在洞穴中。這是喬第一次看見希望，如果能夠爬上斜坡，就能出去。然而，那個斜坡高約 40 公尺，還呈 45 度角。地上都是積雪，他的腿又斷了，那將有如匍匐在沙地，但是一

想到可以出去，他的心中便生出勇氣。

　　喬像嬰兒一樣，緩緩爬了數個小時，最後終於爬出裂口。陽光灑落身上，他興奮極了，但只高興了一秒鐘。他環視山腳，發現營地還在 9.7 公里以外的地方，賽門不見蹤影。他的腿依舊在抽痛，先前經歷的一切，只是暖身活動而已。

　　喬‧辛普森和塞利格曼實驗室的狗兒一樣，眼前無望，毫無努力下去的理由，但他還是繼續奮鬥，究竟他是怎麼辦到的？在世上最九死一生的危險情境下，喬做了最瘋狂的事，他把活著離開當成一場遊戲，開始設定目標：我能在 20 分鐘內，爬到那座冰川嗎？成功時興奮，不成功時沮喪，但沮喪之情只會讓他更不肯認輸。他說：「我興奮到發抖，覺得自己一定要突破這場難關。遊戲已經開始，不能不過關。」

　　喬撐起變形的身體，奮力單腳往前跳。每跳錯一步，就痛到全身僵硬……但只剩 10 分鐘可以跳到前方那座雪堤，這場小遊戲他非贏不可。

　　喬費了一番工夫找到最佳爬行路徑。先前他和賽門登頂時留下的腳印，在雪中依舊清晰可見。他露出笑容，像追蹤麵包屑一樣，跟著那些腳印。然而狂風呼嘯，新降下的白雪很快就蓋過足跡，喬飽受折磨的身體跟不上，絕望再次籠罩。不過，喬回到自己的遊戲：設定目標，他確認手錶時間，繼續玩下去，要在時間內趕到下一關。他的爬行速度幾乎慢到有前進跟沒前進一樣，但他依舊一直爬、一直爬，直

到身下雪地變成岩石地，距離營地愈來愈近。然而，風雪依舊不依不饒，每當他的腿不可避免地擦過地上泥石，劇痛又回來了，不肯放過他。

把遊戲玩完！下一關就在眼前，這次是湖。喬的心中充滿希望。我可以的！但營地裡還有人嗎？時間已經過去四天，先前賽門割斷繩子，一定是以為自己死了，會不會已經離開了？夜晚即將降臨，喬幾乎沒睡過。他回到玩遊戲的設定上，這是他唯一能做的事，現在唯一的目標，就是不要獨自一人死去。20分鐘內要趕到那座湖，讓遊戲破關。

黑夜降臨，喬重重倒下，精神錯亂，或許他睡著了，他再也分不清自己究竟是醒著，還是在夢中，接著一股惡臭傳來，是……糞便。喬看了看四周，發現自己人在營地廁所，瞬間清醒，大喊：「賽門！」

什麼事都沒發生，但接著……

遠處出現亮光，朝著他而來，還有聲響。喬大聲叫喚，光線愈來愈近，照得他睜不開眼，接著賽門一把抓住喬的肩膀，緊緊抱住他。

喬・辛普森贏了這場遊戲。

認知再評估

說喬・辛普森因為在修拉格蘭德山把困境化為遊戲，救自己一命，聽起來很荒謬，但是我看過研究、做完訪談之後，一再聽見類似的事。還記得海豹部隊的詹姆士・華特斯嗎？我和他聊過他是如何通過基礎水下爆破訓練的，他說：

「很多人沒發現，那場訓練是在評估你處理困境的能力，以及不屈不撓的程度。那是一場遊戲，你必須享受樂趣，目光緊盯大方向。」

當學校分班與評分以遊戲方式呈現時，學生的表現出現改善。紐約州壬色列理工學院（Rensselaer Polytechnic Institute）有位教授，把課堂打造成有如《魔獸世界》（World of Warcraft）的遊戲，學生的認真程度增加，上課更專心，甚至不再作弊。

我們不禁要問，玩遊戲耗費心力，還不斷地令人感到挫敗，聽起來和工作有夠像，但為什麼玩遊戲樂趣無窮，工作卻……很容易讓人感到厭煩？為什麼孩子討厭做重複性高又困難的功課，卻會開開心心地逃離功課，跑去玩好像也是重複性高又困難的遊戲？為什麼解謎很有趣，報稅卻很討人厭？什麼元素會讓一件事情遊戲化，雖然卡關也不會厭煩到不想玩？

事情出了問題，我們都會很煩、很焦躁，但偶爾也會好奇眼前的問題是怎麼一回事，跑進愛麗絲夢遊仙境的兔子洞裡一探究竟，試圖解決問題。我們碰上的「不便」因此變得有趣，就像偵探破案一樣。

柯文教授指出，個人故事會過濾掉生命中的混亂，遊戲也是一樣，遊戲其實就是置於一群活動之上的架構。有了這樣的架構之後，表面上十分無聊的事，就可以變得超級有趣，令人成就感十足，甚至會上癮。

因此，只需要加進幾個元素，就能讓報稅變成有趣的體

驗。第一個元素是聽起來很高深的「認知再評估」（cognitive reappraisal），意思其實就是「告訴自己不同版本的故事」。各位看過吧，原本不肯吃東西的小嬰兒，在湯匙變成飛機之後，就突然願意張開嘴巴？其實，我們大人和小朋友，幾乎沒什麼兩樣（很抱歉）。

各位大概都聽過人格與社會心理學家沃爾特・米歇爾（Walter Mischel）的棉花糖研究，不過通常是意志力方面的探討。如果沒有的話，簡單來說，就是孩子如果能抵抗現在吃一顆棉花糖的誘惑，研究人員答應等一下會給他們兩顆；能夠忍住不吃的孩子，展現出較強大的意志力，日後較為成功。該實驗的另一項有趣元素，則是許多孩子如何成功抵抗誘惑。大部分的孩子並未靠咬牙忍耐來展現過人的意志力，他們靠的其實是「認知再評估」，也就是透過不同的角度來看事情，讓事情變成一場遊戲。米歇爾解釋：「孩子把棉花糖想像成漂浮在空中的鬆軟雲朵，而不是好吃的零食。我看著他們坐在椅子上，一動也不動地盯著眼前的甜食和桌上的鈴，直到我和研究所學生再也忍不住。」

靠著「認知再評估」告訴自己不同版本的故事，就可以顛覆意志力模式。一些研究顯示，意志力就和肌肉一樣，過度使用會疲累，但只有在掙扎時，才會大量消耗。遊戲可以把掙扎轉換成別的東西，讓整個過程有趣起來。米歇爾的研究顯示，我們有可能堅持得更久，但不需要咬牙消耗意志力。

舉例來說，如果我在各位面前擺了一堆古柯鹼（這裡就

假設各位沒有毒癮），你聽說過用了會飄飄欲仙，畢竟人會吸毒是有原因的，對吧？但各位大概會回答：「不用了，謝謝。」為什麼？因為古柯鹼不符合你的故事，你不是癮君子，你會說出各種拒絕的理由，而什麼是理由？就是故事。你會需要閉上眼睛，握緊拳頭，求我拿走古柯鹼嗎？大概不需要。拒絕古柯鹼並不需要動用到你的意志力。

然而，要是古柯鹼換成鮮嫩多汁的牛排，尤其恰巧你肚子餓了？各位如果平日就愛吃牛排，這下子會發生什麼事？你會掙扎，耗損意志力，但要是換成吃素的人，反應又不一樣了，不需要拿出意志力，立刻就能夠拒絕，休想用一塊牛排來考驗我。故事變了，行為就會改變，而遊戲正是另一種版本的故事，而且是有趣的那一種。

好吧，科學研究什麼的很好，但讓我們來談談人生。為什麼你的工作不有趣？答案其實很簡單：今日的工作，真的是一場很爛的遊戲。

WNGF：遊戲化讓一切變有趣

作家大衛・佛斯特・華勒斯（David Foster Wallace）說過：「只要不怕無聊，就什麼事都辦得到。」從許多層面來看，這句話講的沒錯，要是各位從不無聊，你朝當台電腦又躍進了一大步。電腦替人類執行各種無聊事務，還做得又好又快，不需要遊戲機制，不會感覺無聊，也不會失去做事的動機。然而，我們也把辦公室設計成好像人類是機器一樣──但我們不是。研究人員與遊戲設計師珍・麥高尼格

（Jane McGonigal）指出，效率會移除勞動設計中的遊戲機制；換句話說，我們移除了工作中的樂趣。

馬克思（Karl Marx）提出的經濟理論問題重重，不過我們現在知道有些事他的確說對了：當你讓人們對自己的勞動不再有感情，只把人類當成可以產出效能的機器，靈魂就會死去。

我們能讓情緒元素再度歸位嗎？當然可以，坦白說，其實還不是那麼困難。耶魯大學的學生創業社團「創新聯盟團隊」（Innovation Alignment Team）想知道，能否增加學生在學校餐廳的飯後洗手人數。團隊是否用文宣轟炸學生，或是遊說行政單位強制規定大家都得洗手？沒有。他們決定讓洗手變得有趣。

團隊在洗手乳容器上，裝上幾台擴音器和一台 iPod。每當有人使用，就會發出好玩聲響——那種電動得分的音效。在裝上音響裝置之前，有 13 個學生使用洗手台，裝完之後有 91 人洗手。只不過是裝了一台搞怪小裝置，來點「樂趣」，就能讓使用人數幾乎瞬間變成七倍。

我們也可以在生活中應用遊戲機制，讓無聊時光有趣起來。這麼做能否讓自己在工作時更有毅力，人生因此成功？可以，工作真的不必是一場爛遊戲。接下來，讓我們來看為什麼工作爛死了，遊戲卻棒透了，以及如何讓前者變成後者。來吧！讓我們來「玩玩體制」。

請你在心中想像下列畫面：「哀嚎的去勢山羊在飛」（Whiny neutered goats fly）。好了，各位已經記下所有好玩

遊戲的共通點：WNGF，這些遊戲的共通點都是「有可能贏」
（Winnable）、是「新鮮挑戰」（Novel challenges）、可以「設定目標」（Goals），而且能夠「提供反饋」（Feedback）。

任何時候，只要事情令人沮喪，大概是因為至少缺乏這四種元素中的一種，下列逐一說明。

W：有可能贏（Winnable）

好玩的遊戲有可能贏，不會設計成玩家不可能破關。每一場遊戲都有明確規則，我們直覺就知道背後一定有方法，要是堅持下去，就有機會破關，所以有理由樂觀。遊戲讓我們和華特斯一樣，有辦法通過海豹部隊的基礎水下爆破訓練。

「合理的樂觀」（justifiable optimism）讓困難的事變得有趣。遊戲通常比真實人生困難，但困難的遊戲很有趣，簡單的遊戲反而無聊。玩家體驗設計專家妮可・拉索羅（Nicole Lazarro）的研究顯示，遊戲 80％的時候無法破關。麥高尼格解釋：

> 玩家大約每五次有四次無法完成任務，可能是時間不夠，謎題沒有解開，打輸對手，分數不夠，撞爆了，或是死了。你不禁要懷疑，難道玩遊戲的人其實喜歡輸？的確是這樣沒錯……我們玩設計得當的遊戲時，失敗並不會讓我們灰心喪志，反而會以一種相當獨特的方式感覺開心：我們會感到興奮、有

趣，最重要的是會保持樂觀。

從這種角度來看，利用遊戲心態來通過海豹部隊的水下訓練，就很有道理了。水下訓練有可能贏，總是有人通過。此外，要是真的溺水，原本在池中扯掉你嘴邊呼吸調節器的教官，其實會救你。到底為什麼學員會通不過？因為恐懼。他們忘記那是一場遊戲，以為自己真的會死。喬·辛普森不曉得自己能否從山中活著回家，但可以在 20 分鐘內，把自己拖行到下一塊石頭。那場遊戲有可能破關，獲勝的可能性支撐他爬下去。

此外，我們玩遊戲時必然有掌控權，我們做了什麼很重要。我們的行為會帶來不同結果，也因此知道自己的時間沒有白花。研究人員證實，擁有掌控感能夠減少壓力，就算只是「以為」有控制權，壓力也會大幅下降。

相較之下，辦公室則不一樣。辦公室令人感覺是一場沒有贏面的遊戲，你不一定能感受到自己可以控制什麼，可能會覺得怎麼做都沒差。誰想玩這種遊戲呀？艾瑞利教授所做的研究顯示，當我們感覺不管自己怎麼做都無濟於事時，動力與幸福感就會大幅下降，成為塞利格曼實驗中的狗兒。

好消息是，其實我們可以改變這種情況。你或許無法改變公司做事的方法，但就和喬一樣，你可以替自己訂出有可能贏的遊戲。你的遊戲是否是盡量在辦公室學習，為升遷做好準備？你想讓自己更會做簡報，或是學習其他技能？這些事全都可能辦到。

但要是主管討厭你，或是你在職場上面對歧視？那種遊戲是贏不了的，換個遊戲吧！找出你能破關的遊戲。

N：新鮮挑戰（Novel Challenges）

好遊戲會一直有新關卡、新敵人、新成就。大腦熱愛新鮮感，好遊戲會提供稍微有變化的東西，不斷地刺激我們，讓我們保持專注。

遊戲讓我們迎向挑戰，進入正向心理學大師米海伊·契克森特米海伊（Mihály Csikszentmihályi）探討的「心流」（flow）狀態：當我們全神投入一件事時，時間飛逝。我們不會感到無聊，永遠不會被擊倒，因為好遊戲會取得完美平衡，有點難、又不是太難，簡單、但永遠不會太簡單，熟練後遊戲難度就會增加。我們一直練功，練到廢寢忘食。麥高尼格解釋：

> 契克森特米海伊的研究顯示，最可靠又最有效的心流製造法，就是整合遊戲的基本架構，包括自己選擇目標、最適合自己的障礙，以及源源不絕的反饋。契克森特米海伊寫道：「遊戲是明顯的心流來源，玩是最高等級的心流體驗。」

喬面對了眾多挑戰：腿斷了，沒食物，飲水不足。他爬的山則提供了新鮮感：裂口、大雪、岩石。喬不斷地面對新的「關卡」，遊戲因此好玩。

各位可以回想自己第一天上班的情景，那天絕對不無聊，有許多事要學、許多新東西要記住。雖然可能有點暈頭轉向、搞不清楚，但新鮮感十足，極具挑戰性。不過，在六個月後，一切大概不再那麼有趣，就像如果一天得玩十個小時、每週得花五天玩同一關遊戲，還一玩就是好幾年，那個遊戲保證不好玩。

　　職場要我們擅長自己的工作，這點可以理解，然而工作也因此變成我們過於熟悉的遊戲，很無聊。好玩遊戲的失敗率高達八成，好讓我們一直努力下去，但辦公室不喜歡失敗，失敗率等於零，也代表樂趣等於零，這世上有太多忙碌工作，完全不提供挑戰，員工又怎麼有辦法全神投入？

　　好消息是，我們依舊可以做點什麼。研究顯示，我們通常不會做讓自己快樂的事，而是撿好做的來做。例如，我們可能懶得和朋友出去，必須先強迫自己走出大門，但一旦到了外頭，就會玩得很高興。我們以為自己想休息了，但真正想要的，其實是不同類型的挑戰。

　　我們渴望輕鬆，但刺激才能真正使我們快樂。當我們開始減少投入工作的心力，混水摸魚，得過且過，那是倦勤的徵兆。此時，需要的不是減法，是加法，加入新鮮挑戰就會讓人想玩。

　　艾瑞利教授提供了一個有趣的例子，貝氏堡公司（Pillsbury）自 1940 年代起生產現成蛋糕粉，但銷路不是很好。公司感覺很奇怪，明明蛋糕粉讓做蛋糕變得簡單，為什麼民眾不愛？後來，才發現在人們心中，做蛋糕不單純是無

聊家務，其實具有意義。做蛋糕是在展現自己對他人的愛，也因此貝氏堡的對策是讓蛋糕粉變得麻煩一點，還得自己加蛋，結果銷路飆升。

所以說，想讓工作變得有趣，就得持續加入新鮮挑戰。要讓一件事情有意義的話，一定得立下自己的目標，讓自己全心投入。如果你給自己設定的遊戲有可能會贏、你能控制，而且能夠帶來挑戰，但又不是完全不可能克服，你會更享受這場遊戲。

G：設定目標（Goals）

不論是瑪利歐要奮力解救公主，或是《決勝時刻》（Call of Duty）的特種部隊士兵在最新一關任務殺光敵人，好遊戲都讓你知道需要做什麼才能獲勝，促使你專心做一件事、知道該做什麼決定。

喬替自己設下時間限制，20 分鐘內要趕至下一關。20 分鐘是隨意設定的數字，但他也因此知道如何判斷這一關是輸是贏。套用前文柯文教授的話，目標讓人生中的「混亂」，變成前後連貫的故事。

辦公室雖然提供了明確目標，但那是你的目標嗎？公司得到公司想要的東西，你也得到你想要的東西嗎？嗯……好像沒有。我們必須花時間決定自己想要什麼，才可能得到自己想要的東西。設定目標令人卻步，因為我們都不喜歡失敗，所以常常乾脆不設目標。然而，如果讓自己的遊戲有可能贏，設定目標就不會那麼令人恐懼。如同拉索羅的研究發

現，遊戲就算沒破關也沒關係，失敗反而增添樂趣。

F：提供反饋（Feedback）

玩家要是做對，就會得到分數獎勵，或是可以解開新的能力。要是做錯，就會被懲罰，而且獎懲都是立即出現。《加入遊戲因子，解決各種問題》一書作者亞倫・迪格南（Aaron Dignan）指出，我們永遠知道自己在哪一關，掌握自己的遊戲表現，也知道該做什麼才能更上一層樓。研究顯示，最鼓舞人心的事，就是有意義的工作出現進展。

在電訪中心工作是苦差事，民眾粗魯掛斷你的電話，你一而再、再而三地遭到拒絕，還得繼續念一模一樣的腳本。不過，我們在第 2 章碰過的格蘭特教授，用一個很簡單的方法，就讓大學電訪中心的員工士氣大振。他找了一名因為電訪中心領到獎學金的學生，請那位學生告訴工作人員，他們做的事有多重要、他本人有多感激；換句話說，就是讓工作人員得到反饋，知道自己做的事有意義。結果呢？在學生造訪完辦公室之後，工作人員募到的金額整整變為五倍。

不需要是重大進展也能鼓舞我們，哈佛商學院教授艾默伯發現：「我們在企業內部所做的研究指出，日復一日激勵人們最好的辦法，就是創造進展，就算只是小事也好。」數據甚至顯示，接連出現的小進展，比偶爾的大獲全勝，更能帶來快樂：「相較於只對重大成就感興趣，持續獲得小成就的人，對人生感到滿意的可能性高了 22％。」

拿破崙說過：「幾條緞帶就能讓士兵持續奮勇殺敵。」

遊戲提供的獎勵，通常不過是枚可愛的過關獎章，或是一段簡單的動畫，但那些小玩意兒就能讓我們繼續玩下去。

　　能夠咬牙撐到最後的人，共通特質就是他們會慶祝「小小的成功」，這也是匿名戒酒會（Alcoholics Anonymous）成功的原因。保持清醒一天沒喝酒，就是一次小小的成功。如同《美國心理學家》（*American Psychologist*）雜誌論文所言：「一旦小小成功一次，我們就會士氣大振，想要再贏一次。」

　　好玩遊戲靠著提供頻繁的即時反饋，讓人欲罷不能。但我們的工作呢？很多好像是一年才評估一次。麥高尼格在她的書中指出，研究顯示，許多頭銜中有「長」這個字的高階主管，在上班時會玩電腦遊戲。為什麼？「因為想要感覺更有生產力。」喔，真是諷刺。

　　我們需要用更好的方式，在工作這場遊戲中得分。艾默伯教授建議，每天下班時可以問自己：「明天我可以做什麼事，讓重要工作有所進展？」這樣，就會有努力的目標。如同喬訂下的 20 分鐘，我們必須清楚讓自己知道，如何幫自己的目標評分，以及如何達成這個目標；如此一來，就會有一套自我激勵的機制。

　　如果你的目標是加薪或升遷，那就尋求反饋，經常和主管聊聊自己的表現。我們在第 2 章看過史丹佛商學研究所菲佛教授的研究：巴結上司確實有用，在巴結時，你也可以做得很有誠意，同時還順利得分，只要定期詢問自己的表現如何，怎樣可以做得更好就可以了。如果你是老闆，某個員工又經常問：「我還可以怎樣做，幫助您解決一些煩惱，讓日

子過得更順心？」你的感覺如何？懂了吧。

把工作變遊戲其實很簡單，不必大幅改造，只要改變觀點，就能成功。不過，我們大多為了一個原因不會那麼做，那就是感覺起來好像很蠢。

遊戲讓人感覺好像是小孩子的玩意兒，有什麼重要的？然而，如果仔細研究我們平日用熱情在做的事，找出當中悄悄存在著多少遊戲成分，採取遊戲觀點就不會那麼令人感覺幼稚。請問，你靠Fitbit健身手環，多走了很多路嗎？打《夢幻美式足球》（Fantasy Football），變成你很享受的副業嗎？我有個朋友故意從「錯誤」方向從日本飛加州，理由是他太想取得「行政白金卡」（Executive Platinum）了，而那是最快的方法。

遊戲令人上癮，把工作改造成遊戲，就能靠著正向反饋循環成功又快樂。如同麥高尼格所言：「很顯然，這是一場就算輸了也是贏的遊戲。」而且，除了工作之外，我們也可以利用遊戲架構的觀點，讓生活中的其他領域「升級」，靠著 WNGF 成為更理想的伴侶、家長、朋友、鄰居，只要做可能贏的事、給自己新鮮挑戰、設定目標，再取得反饋。此外，有玩伴的話，遊戲永遠會更好玩。

喬・辛普森完成不可能的任務，他在高山上一路拖行自己，經歷了我們無法想像的痛苦。他和賽門團聚時，體重只剩 45 公斤，腿部需要動六次手術，但後來還是繼續登山，那真的是恆毅力。

不論是樂觀主義、意義，或者只是簡單的遊戲，能否撐

下去，永遠要看你腦中的故事。不過，在我們結束恆毅力這個主題之前，還得再看一件相關的事。

喜劇演員 W・C・菲爾茲（W. C. Fields）曾經說過：「如果一開始不成功，那就試第二次、第三次……然後放棄。沒必要愚公移山。」前面講了這麼多努力不懈的好處，接下來要看為什麼放棄是好事。

人生就是一場取捨

史賓賽・葛萊登（Spencer Glendon）令人肅然起敬，他是傅爾布萊特獎學金（Fulbright Scholar）得主、哈佛經濟學博士、芝加哥南區慈善機構發起人，目前還是麻州最大型的貨幣管理基金合夥人。然而，這些亮眼頭銜，並不是他令人印象深刻的原因。

真正令人想不到的是，史賓賽在做這麼多事的同時，幾乎都處於重病狀態。他在高中時得到慢性潰瘍性結腸炎（chronic ulcerative colitis），引發嚴重的進行性肝臟問題，最後需要移植器官，幸好摯友救了他一命。然而，器官移植需要免疫抑制療法；也就是說，史賓賽基本上沒有免疫系統。感冒只會讓你我鼻塞，史賓賽卻得整整臥床一週。

平常人要是身體有點不舒服，大多會靠咖啡和意志力撐一下，但史賓賽的身體沒有商量餘地。生病就是會倒下，就是得躺在床上。聽起來很糟，對吧？然而，史賓賽今日能成為令人敬佩的人士，就是因為有這麼糟糕的身體。

史賓賽的口頭禪是：「我這輩子向來認為自己身體不

好，實在是很好運。」

各位的反應大概和我一樣：「蝦毀，你說什麼？」

史賓賽在高中病到奄奄一息時，曾去看治療師，因為他想做所有年輕人都想做的事，像是參加派對、約會和打球等。然而，令人心碎的是，照他的身體狀況來看，答案通常是絕對不行。

治療師無法說謊安慰史賓賽，因為他實在無法過同齡人的生活。不過，那也不代表他就得進入悲慘世界。治療師教他專心一天只要完成一件事就好，只要做到那一件事，他就會感到開心。史賓賽精力有限，但如果專心只做一件事，依舊可能做到一些他想做的事。就這樣，史賓賽開始遵照治療師的建議。

有時，那一天中的一件事，就只是煮煮晚餐。如果當天晚上能夠煮上一頓飯，就已是一種成就。雖然史賓賽得放棄許多活動，但依舊可以完成一件事。

史賓賽做完一天中的一件事，隔天再做一件，翌日再做一件。即使他的身體狀況真的很糟糕，他依舊會煮晚餐——所以，他也理所當然很會煮飯。

與疾病和平共處，教會史賓賽一件幾乎所有人都忽略的事：我們在生活中所做的每一件事，都是取捨。選擇做 A，代表無法做 B。史賓賽說「我想做 A 這件事」時，一定也得說「為了做 A，我願意放棄 B」，沒有商量的餘地。

一位經濟學博士以如此深刻的方式，體會到學術理論所說的「機會成本」（opportunity cost），實在是不無小小諷刺。

如同哲學家亨利・大衛・梭羅（Henry David Thoreau）所言：「每一件事的代價，就是看你用多少生命來交換那件事。」

我們不喜歡設想局限，但只要是人，就有極限。如果說恆毅力通常與故事有關，放棄則一般與局限有關——我們必須打破局限、最佳化局限，但最重要的是，要了解局限。史賓賽無法否認或無視於自己的局限，他被迫取捨，把虛弱的精力用在真正重要的事情上，其他的一律不做。

許多成功人士都採取這種取捨觀點。一份奧運選手研究引用運動員的話：「每件事都是機會／成本。如果我休息時跑去看電影，沒去爬山，成本是什麼？如果沒爬山，選擇看電影，對我的划水有幫助嗎？還是有害？我得做出判斷。」

「有毅力」的相反，不一定是「放棄」，有一種放棄叫做「策略性放棄」（strategic quitting）。一旦找到自己有熱情的事，放棄次要的事其實有好處，你將有更多時間做重要性排行第一的事。每當你希望自己能有更多時間、更多金錢等，就可以策略性放棄。萬一你非常忙碌，策略性放棄還可能是唯一選擇。

少即是多，做出選擇

每個人都會放棄，但我們通常不會刻意做出明確決定放棄，通常會等到畢業之後，還是等媽媽叫我們停止，或是感覺無聊了，才會真的停止做一件事。我們這麼做是因為害怕失去機會，但諷刺的是，我們就是因為未能趁早放棄不會有結果的事，才沒有機會做真正重要的事，或是無法嘗試可能

重要的事。

　　人們時常發出一種感嘆：當初應該早點辭掉那份工作，或是早該結束那段感情。放棄行不通的事，就有時間做可能行得通的事。我們聽過很多持之以恆就會成功的故事，很少聽過放棄帶來的好處，但是在跳傘時，你不會想要太遲才拉下開傘索。

　　人們也說，時間就是金錢，但是這種說法並不正確。蓋爾・佐博曼（Gal Zauberman）與約翰・林區（John Lynch）兩位研究人員，請受訪者評估自己未來有多少時間與金錢，結果兩者不相等。人們預測自己皮夾會多出多少錢的時候一貫保守，但被問及時間的話，總是覺得還有更多明天、還有下週，還有明年。

　　這就是為什麼我們全都感覺好匆忙、好累，覺得完成的事不夠多、不夠有進展。每個人一天就是只有 24 小時，如果花了 1 小時做這個，就沒有時間做那個。然而，我們的行為卻像是一天有無限個小時。我們選擇多做 1 小時的工作，其實就是在選擇少和孩子相處 1 小時。我們無法什麼都做，還什麼都做得好。晚一點，並不會再多冒出一點時間。時間不等於金錢，錢有辦法多賺，但時間就只有那麼多。

　　故事一遍又一遍告訴我們，偉人因為堅持不懈成功。很少有故事告訴我們，歷史上有哪些偉大的放棄者。如果說，堅持有很大的好處，難道真實世界的成功人士，從來不放棄嗎？

　　正向心理學大師契克森特米海伊曾經想做一個研究，召

集全球最有創意的成功人士，包括 275 位諾貝爾獎得主、美國國家圖書獎（National Book Award）得主，以及其他領域顯然非常傑出的頂尖人士。那是一項由知名學者主持的大型研究，將被大書特書，光是受邀參加，就是十分光榮的一件事，不過那場研究後來發生什麼事？

超過三分之一的受邀者表明不參加，許多人甚至連回都沒回，他們有自己的工作要做。契克森特米海伊也邀請了管理大師杜拉克，杜拉克的回應如下：

> 希望你不要感到我傲慢無禮、自以為是，擁有生產力的祕訣……其實就是準備一個超大的廢紙簍，把所有像你這樣的邀請統統丟進去。

契克森特米海伊早該料到這樣的結果。杜拉克會受邀參加這項研究，就是因為他是全球知名的效率專家。杜拉克認為，時間是最寶貴的資源，避免浪費時間的第一道防線，並不是安排更好的行程，而是擺脫所有不會讓目標有進展的事。

杜拉克在《杜拉克談高效能的 5 個習慣》（The Effective Executive）一書中解釋：「想讓自己和組織具備效率的主管，監督著所有計畫、所有活動、所有任務，永遠都在問：『這件事還值得做嗎？』不值得就刪掉，專注於少數幾樣做得好，就會讓工作成果與組織績效很不一樣的事。」

《從 A 到 A+》（Good to Great）作者詹姆・柯林斯（Jim

Collins）多方研究轉危為安的企業，結果發現最大的起死回生變化，大多不是新方案，而是改變不該再做的事。

據說，專家靠著刻意練習 1 萬個小時精通一件事，這個數字聽起來有點遙不可及，不過一旦了解成功人士為了挪出時間讓自己進步，放棄了多少其他事，就會了解這個理論有道理。時數真的很重要。

光是知道一名學生在大學花多少小時學習，就能預測日後收入。這不是什麼驚人結論，他們原本可以把念書的時間拿來參加派對，從事課外活動；他們在不知不覺中做出選擇。

一旦進入職場也差不多，我想各位大概猜到了，成功人士的工作時數很長。哈佛商學院教授、領導與變革大師約翰・科特（John Kotter）研究頂尖企業領袖，發現他們平均一週工作 60 到 65 個小時。

如果一天練習 1 小時，要 27.4 年才能達到 1 萬小時的專家門檻。然而，要是不做比較不重要的事，一天練習 4 小時呢？這下子，就只需要 6.8 年了。要是 20 歲才開始練習，一天 1 小時，變成專家時已經 47 歲。若是一天練習 4 小時，到了 27 歲就會變成專家。以棉花糖實驗著稱的知名學者米歇爾表示，自己能夠成功，要感謝祖母教他的一個意第緒詞彙：「*sitzfleisch*」，意思是「屁股」。想要成功，方法就是「屁股坐進椅子裡，開始做重要的事」。

所以，第一步是什麼？就是找出自己的第一要務，別做其他沒那麼重要的事，看看會怎樣。很快地，你就會發現，某些事是否比你想的更重要。

史賓賽現在人生很快樂，身體好多了，不過他對待時間的態度並未改變。一切都是機會／成本與取捨，他選擇重要的事來做——坦白說，他願意接受我的訪問，讓各位知道他的故事，令我受寵若驚。

　　為什麼我們很容易放棄某些事？我們責備自己，說自己真是懶惰、意志力不夠堅定，或許是吧，但通常原因不是那樣。不是每個人都能當超模或打 NBA，許多我們渴望的事，確實算是痴人說夢。研究顯示，選擇放棄追求不可行的目標，會讓人比較快樂、壓力下降，也比較不容易生病。哪種人壓力最大？就是事情明明行不通，卻不肯放棄的人。

　　我們必須放棄不該做的事，接著才展現恆毅力。史賓賽解釋恆毅力的壞處：「我認識很多人，恆毅力是他們的負擔，因為他們以不能放棄為由，堅持做讓自己或他人人生悲慘的事，長遠來說不會達成任何理想目標。我們做的事，應該是帶給自己或他人最多喜悅，或是最具生產力。」

　　我們總以為自己需要更多——更多協助、更多動力、更多精力。然而，在現今世界，答案經常正好相反：我們需要更少一點——少一點干擾、少一點目標、少一點責任。但是這麼做，是為了能夠多看一點電視嗎？不是。我們需要少做一點不重要的事，才能夠把所有精力投入優先事項。我們該問的是，要少做一點什麼？各位要放棄什麼、拒絕什麼，才能把時間留給最重要的事？

　　想像一下，你處於史賓賽人生最低潮的時刻。如果你病了，每天只能做一件事，你會做什麼？恭喜！你已經知道對

你來說哪些是最重要的事，也知道什麼事該花最多小時優先來做。你知道自己的恆毅力應該用在哪裡，也知道哪些事該放棄。英文有一句諺語：「一旦不再試著事事兼顧，就什麼事都辦得到。」

各位可能會問：「但是，如果一直放棄，難道不會變成老是半途而廢，結果一事無成？」事實上，見好就收，也是成功的不二法門。

從普林斯頓到中國少林寺

在堪薩斯州托彼卡（Topeka）長大的麥特・波利（Matt Polly），體重只有將近 45 公斤，從小是典型的弱雞。如同每一個校園出氣包，麥特幻想著有一天，能夠成為武林高手、超級英雄、男人中的男人。對多數孩子來說，這種夢就只是一個夢，但麥特不是一個會放棄的人。

不肯放棄的麥特在 19 歲時，做了一件只能用「瘋狂」來形容的事：他決定從普林斯頓大學休學，搬到中國少林寺求藝，學習武功。

麥特的爸媽氣到七竅生煙，寶貝兒子的人生道路接下來應該是讀醫學院，不是變成李小龍電影裡的查克・羅禮士（Chuck Norris）。這根本是瘋了！但麥特知道，學校總是可以回去，父母會原諒自己，畢竟他還沒結婚生子、背房貸，還有餘裕嘗試這個瘋狂點子，看看會發生什麼事。

當時是 1992 年，還沒有網路，也沒有 Google 地圖，更沒有 Yelp 能夠告訴你到哪間寺廟習武會比較好。麥特在學

校學過中文，但他對於亞洲文化的認識，大多來自嘻哈樂團武當派（Wu-Tang Clan），連少林寺在哪裡都不知道。

但是，為什麼不試一試？試試看就知道了，對吧？就這樣，在寒風呼嘯之中，一個身高 190 公分的 19 歲白人，在天安門廣場遊蕩，手裡抓著拿反的地圖，逢人就問少林寺在哪裡。

最後，他找到了。掌管寺廟的住持，看起來不像禪師，比較像二手車業務，但只要麥特肯月繳 1,300 美元，他們願意讓這個來自堪薩斯的瘋子，跟著僧侶一起受訓。

麥特遭受到極大的文化衝擊，他是生於中產階級的美國孩子，從小是天之驕子，現在卻住在只有一條電話線的貧窮村莊，晚上村民餓著肚子入睡。麥特是個嬌生慣養的外人，是中國人口裡的「老外」，但他知道，要是真心想學武功，成為令人聞風喪膽的俠客，就得被同儕接受。他要怎麼做？

沒有別的，就是「吃苦」，千錘百鍊。別的僧侶一天練 5 小時，他就練 7 小時，每天晚上精疲力盡倒在床上，醒來時渾身痠痛，想得到、想不到的地方都是瘀青。練功夫，可不是在觀光度假，寺內和尚注意到他有多努力，他的功夫也的確突飛猛進。

麥特告訴爸媽自己只會離家一年，但一年過去後，他還沒有成為男人中的男人，所以繼續留在中國。他的爸媽切斷經濟援助，但麥特繼續受訓。

麥特渾身是傷，飽受痢疾折磨，還一再地被揍成豬頭，最後師夫把他拉到一旁。鄭州國際少林武術節即將開幕，全

球武術大師都會出席，師父要麥特代表少林寺出賽。師父選中他！那個小時候在學校整天被揍的出氣包！那個沒有珍貴可口可樂就活不下去的瘋狂老外！成績榜上有名的參賽者，可是接受過近十年訓練，麥特覺得自己連一場都贏不了，不過既然師父相信他，他願意接受挑戰。

接下來的八個月，用瘀青的眼睛一眨眼就過去。麥特心驚膽戰地走進容納一萬人的體育場，靠著靈活動作贏了第一回合。這個體重 67.5 公斤的西方人，靠著一記引發歡呼的漂亮頭部迴旋踢，擊敗了韓國參賽者。

然而，那只是第一回合。這是一場錦標賽，麥特一天就得打好幾場，而且接下來要對上武術節常勝軍。麥特和朋友先去觀摩那位冠軍的第一場比賽。

大家的下巴都掉下來。只見冠軍用膝蓋瞬間踢中對手鼻子，一招就獲勝。倒在地上的俄國選手，被擔架抬了出去。

麥特的朋友轉頭看他：「別擔心，他們不會用擔架把你抬出去的。」

「真的嗎？」

「你太高，中國的擔架裝不了，他們會把你留在擂台上。」

麥特整張臉發青，在學校操場上被霸凌的恐懼又回來了。他衝進廁所，全身抖個不停。天啊！他給自己找了什麼麻煩？他不可能打敗那個怪物。或許，他不是當武林高手的料。

但也許不是也沒關係，這是一場瘋狂實驗，只要他能和冠軍纏鬥到最後一秒，那就值了。只要不把自己弄死就好。

不過，不要死在台上，好像不大容易，因為他一出場時，群眾紛紛大喊：「打死老外！」

幾秒鐘後，麥特被揍到頭暈眼花，但依舊不放棄。他來這裡尋找自己的勇氣，他和電影裡的洛基一樣，沒想著要贏，唯一的目標只有撐到最後……以及不需要加長型擔架。

麥特對上冠軍的每一回合都輸，輸了兩人間的對戰，但在比賽結束時，他依舊站著。當他接下銀牌時，笑容是冠軍的兩倍大。

接著，就跟當初從普林斯頓休學一樣，他又不幹了。

他輸了整體的大戰爭，但贏了對上自己的戰役。麥特知道，自己這輩子不可能成為天下第一的武林高手，永遠有更厲害的人。現在，他已經試過超酷的事，還找到自己的勇氣、達成目標，該是時候回家了。如同他所想的一樣，爸媽原諒了他。不久後，麥特就把普林斯頓文憑拿到手，還領到羅德獎學金（Rhodes Scholarships），前往牛津讀書。

麥特這場瘋狂少林寺之旅，只是一時年少輕狂嗎？不是的，這場旅程後來改變了他的人生。幾年後，麥特寫下《少林很忙》（*American Shaolin*）一書，佳評如潮，受邀上全國公共廣播電台（NPR），電影公司和他簽訂選擇權合約，成龍很感興趣。麥特年輕時的實驗，最後讓自己得以展開作家生涯。

普林斯頓與牛津的光環，並未造就麥特的未來，19歲時做的一件瘋狂事卻辦到了，所以或許並不瘋狂。有人說：「麥特・波利之後成為成功作家，只不過是走狗屎運。」不

過，各位知道嗎？所謂的「運氣」，背後其實有科學。

讓人變得更幸運的方法

英國赫特福德大學（University of Hertfordshire）心理學教授李察·韋斯曼（Richard Wiseman）研究幸運兒與倒霉鬼，找出運氣是否只是隨機的機率、神祕的魔法……也或者，的確有不一樣的地方，真的會造成生活中不同的結果。韋斯曼教授最後發現，運氣與緣分無關，也不是什麼超自然現象，主要看人們做出什麼選擇。

韋斯曼研究了一千多名受試者，發現幸運兒給自己最多機會。研究顯示，幸運兒願意接受新體驗、比較外向、比較不神經質，能夠聽從直覺。韋斯曼表示，最重要的是，幸運兒覺得試試也無妨。聽起來的確有理，如果把自己關在家裡，有多少令人興奮的新鮮事物會發生在你身上？不會太多。

那麼，運氣會不會有一點遺傳成分？也沒有。韋斯曼發現，運氣主要和選擇有關後，做了另一項實驗，他開了一間「運氣學校」（Luck School）。如果讓不幸的人行為更像幸運兒，會出現相同結果嗎？答案是：「會」。運氣學校八成的畢業生感到自己就此轉運，而且不只運氣轉好，還變得快樂。

幸運的人嘗試很多事，但這樣壞事發生的機率，不也提高了嗎？的確是，但常言道：「沒做的事最令人後悔。」康乃爾大學心理學教授、行為經濟學家湯瑪斯·吉洛維奇（Thomas Gilovich）發現，沒行動帶來的後悔是兩倍。為什麼會這樣？因為我們會合理化自己的失敗，但無法合理化完

全不曾試過的事。此外，隨著年紀的增長，我們傾向記住好事，忘掉不好的事。因此，光是做更多事，年紀大了就會愈快樂——也會有更酷的故事可以告訴孫子。

幸運兒不會一直困在失敗的經驗中走不出來，他們能夠看到壞事好的一面，通常也會從中學習，擁有與正向心態棒球隊類似的樂觀解釋風格。許多研究都證實了這種解釋，名字取得妙的〈別忘了祈禱！〉（"Keep Your Fingers Crossed!"）研究指出：「靠著講吉祥話、做祈福動作，或是幸運符，來刺激人們心中可以招來好運的迷信思維，可以改善高爾夫球、靈活度、記憶力、字謎遊戲等活動的表現。」然而，表現改善並不是因為真的有魔法，而是增加幸運的動作帶來了自信，有自信就能夠表現得更好。所以，別忘了祝你的朋友好運，因為真的有用。此外，樂觀也讓幸運兒更不屈不撓，更可能嘗試新事物，也因此在一段時間之後，就會發生更多好事。只要不做風險太大的事，找出偶爾發生的壞事的背後原因，就能夠產生正向循環，最後總有擊出全壘打的一天。

所以說，不斷地嘗試新事物吧！你會變得幸運。如果永遠都在做一樣的事，結果永遠會一樣。當成功之路不明、沒有範例可參考時，嘗試瘋狂事物可能是解決問題的唯一方法。

有個例子是「義大利麵難題」（Spaghetti Problem），那是一項很簡單的挑戰，參加者必須用義大利麵條，蓋出可以支撐棉花糖的東西，愈高愈好，不能依靠外力支撐。你的團

隊有 18 分鐘可以想辦法，能利用的工具如下：

- 20 條乾義大利麵
- 1 公尺長的膠帶
- 1 條線
- 1 顆棉花糖

「義大利麵難題」是彼得‧斯基爾曼（Peter Skillman）設計的創意練習，此人有一個超酷的頭銜，他是微軟的「聰明總經理」（General Manager of Smart Things）。他在五年間邀請了七百多人參加這個小遊戲，包括工程師、經理人、MBA 學生組成的團隊，各位知道誰打敗群雄嗎？答案是幼兒園的小朋友。沒錯，6 歲小娃兒打敗了所有的人，MBA 學生甚至是表現最差的一組。那麼，是小朋友做比較多計畫準備嗎？不是。還是，他們特別懂義大利麵或棉花糖？也沒有。他們的祕訣是什麼？答案就是：直接跳下去做。他們和韋斯曼研究的幸運兒一樣，嘗試的東西多，雖然立刻就失敗，但也立刻就學到東西。

小朋友的方法是做出原型並測試，做出原型並測試，做出原型並測試——直到時間到了為止。沒有標準答案時，這套方法勝過其他方法，這其實也就是矽谷耳熟能詳的座右銘：用小成本的方式快速失敗。（Fail fast and fail cheap.）研究顯示，這種靠著嘗試大量小型實驗找出路的方法，也適合身高超過 120 公分的人，例如你我。

所以，為什麼不試一試呢？真的很簡單。我們通常害怕失敗，但失敗真的有什麼好怕的嗎？

多試幾次，沒什麼大不了的

要回答這個問題，就得看另一個幼兒園小朋友經常思考的事：變成蝙蝠俠。變成蝙蝠俠絕對不是一件簡單的事，但我們知道需要做哪些準備：最主要得和麥特一樣，孜孜不倦地學習武術。此外，另一個遠遠更值得思考的問題則與成功有關：要怎麼做，才能一直「活著」當蝙蝠俠？能夠回答這個問題，就曉得我們為何如此害怕失敗。

蝙蝠俠是最接近你我這些凡人的超級英雄，他沒有任何超能力，主要靠著身為億萬富翁打造出來的超炫裝備成為英雄。然而，有錢有裝備，也無法解決「可以一直活著當蝙蝠俠」的問題。蝙蝠俠一次也不能輸，職業拳擊手如果 30 勝 1 輸，已經是超厲害的紀錄，但黑暗騎士只要輸 1 次，就得去拜見死神。高譚市（Gotham）的壞人可不會讓裁判停下比賽，也因此當蝙蝠俠的人永遠不能輸，永遠不行，一輸就完蛋。好了，所以如果你想盡辦法成為黑暗騎士，你能夠維持完勝紀錄多久？幸運的是，我們可以從研究中找答案。沒錯，有人研究過這種事——天呀，我真是愛死科學了！

維多利亞大學神經系統科學和運動機能學教授 E・保羅・策爾（E. Paul Zehr）研究可互比的運動員，得出約略答案。他研究頂尖拳擊手、MMA 綜合格鬥選手與 NFL 美式足球跑衛，這些人可以不因受傷退賽，立於不敗之地多久？也就是說，一個人可以當蝙蝠俠多久？

答案是三年。沒錯，就只有三年。

我們最好祈禱在高譚市的罪犯中，愣頭愣腦的笨蛋多，有智慧的犯罪大師少，因為經過十多年的特訓、練就一身功夫之後，你沒有多少時間可以掃除城裡的罪犯。

幸好，各位努力的目標不是當蝙蝠俠，但你我卻太常表現得像是要當蝙蝠俠，還以為自己永遠都得拿出完美表現，只要失敗一次，這輩子就毀了！然而，我們都不是蝙蝠俠，可以失敗、可以放棄、可以學習。事實上，跌倒後再站起來，是我們唯一能學到東西的方法。

喜劇演員太明白這個道理，今天他們的表演有沒有辦法成功，最大的威脅在你我的口袋裡：我們的智慧型手機。脫口秀主持人戴夫・查普爾（Dave Chappelle）甚至禁止觀眾攜帶手機，讓我來告訴大家為什麼。

超級喜劇演員克里斯・洛克（Chris Rock）並非天生脫口而出，就總是能夠說出令人捧腹大笑的幽默話語。他的HBO 特輯並非是 1 小時的即興表演，比較像是整整 1 年的實驗結果。從創投業轉作家的彼得・席姆斯（Peter Sims），在《花小錢賭贏大生意》（*Little Bets*）一書中解釋洛克的方法。首先，洛克會帶著一本黃色筆記本，沒有事先宣布就直接跑到當地的喜劇俱樂部演出，丟出自己想到的笑話，看看觀眾的反應如何。他大部分的笑話，都讓人笑不出來，台下的人不是一陣不屑，就是一片冷場。洛克會在筆記本上寫下反應，然後再試著丟出更多笑話，偶爾會有一兩個笑話引發哄堂大笑，他會再度記錄觀眾的反應，繼續嘗試下去。

觀眾還以為自己看到洛克演出失敗，其實不是，他是在

測試，嘗試一些東西，行得通的留下，不行的就放棄。就這樣，每週五個晚上，做過六個月到一年的測試，觀眾就能夠欣賞到精彩的特別節目，連續一個小時笑不停。洛克在訪問中提到：「少數幾個人天生就適合吃這行飯，可以寫出完美腳本後直接上台。不過，其他人只能靠一而再、再而三地嘗試……有時場面會很難看……如果你覺得自己沒有犯錯空間，就會打安全牌，變成講話不夠辛辣的單口相聲演員。」

所以，當觀眾掏出智慧型手機，錄下喜劇演員的實驗，喜劇演員就尷尬了。不僅如此，在 YouTube 上看到那些影片的粉絲也尷尬了，因為那不是表演，而是實驗。喜劇演員需要知道哪些笑料不好笑，才能去掉那些材料，他們必須知道要「放棄」什麼。喜劇演員不失敗的話，就無法成功。再次引用洛克的話：「喜劇演員需要實驗與改進的空間……沒有喜劇演員會在一個笑話失敗後，還一直講同一個笑話，史上沒有喜劇演員會這麼做，一個也沒有。」

洛克有時會誤判，結果卻歪打正著。原本他以為會被噓的笑話，結果卻獲得滿堂彩。他採取民主精神，信任觀眾的判斷勝過相信自己。史上不乏這樣的前例，像威而鋼（Viagra）原本是心絞痛藥物，但後來藥物研發人員發現了有趣的……嗯，副作用。席姆斯表示：「大多數的成功創業者並不是在一開始就想出精彩的好點子，他們是後來發現了好點子……經過嘗試後，找到自己該做的事。」

你要是失敗，會發生什麼事？大概不會像蝙蝠俠一樣死翹翹，所以也不該表現得像蝙蝠俠一樣，完全不能失敗。請

多嘗試像喜劇演員或幼兒園小朋友那樣，去試一下，行不通就放棄，然後才拿出恆毅力。

科學研究找出的結論，符合喜劇演員與幼兒園小朋友原本就知道的事。史蒂芬・強森（Steven Johnson）指出，史上的專利紀錄研究顯示：「量大，質就會出來。」多試一點東西就對了。古有明訓：「愈努力，愈幸運。」

好了，說了這麼多，結論到底是什麼？我們得採取策略性放棄，還要成立「個人研發部門」。

用 5％的時間做實驗

看到這裡，可能有的人會不高興了：你是怎麼搞的？先是告訴我們要懂得機會／成本與放棄的道理，挪出時間專注於一件真正重要的事，現在又叫我們要做很多不同的嘗試，究竟哪個才對？

很簡單，如果還不知道該對什麼事有毅力，你就需要大量多方嘗試，找出答案。很多東西可以試過就算了，但一找到應該專注的事，請挪出 5％到 10％的時間做點實驗，讓自己不斷地學習，不停成長。這樣一來，就有辦法兼顧兩者，魚與熊掌兼得。這是一種策略，先嘗試，然後放棄不該做的事，找出值得繼續做的事。你並不是在半途而廢，只是在有技巧地試水溫。

如果你和一天只能做一件事的史賓賽一樣，那麼依據「機會／成本」的概念，你應該放棄的事，就是每天或每週都在做，但是沒有創造出任何價值的事。你可以先做一些不

花時間的小實驗，嘗試看看某些事，例如先去上瑜伽，但不要簽約買一年的會員資格。嘗試能夠帶來新機會、創造好運，如同哲學家愛默生（Ralph Waldo Emerson）所言：「生活就是一場實驗，多實驗有好處。」用當今矽谷的流行語來說，就是我們要用小成本的方式快速失敗。

就連最著名的恆毅力研究專家達克沃斯博士，也認同這樣的做法。她在〈恆毅力：帶著熱情，奮力追求長期目標〉（"Grit: Perseverance and Passion for Long-Term Goals"）一文中提到：「強烈渴望新鮮感與容易陷入沮喪，能夠幫助人們趁早找到人生方向。在追求陷入困境後，選擇不同方向繼續努力，就能夠發現更有希望的道路。」

你可以安排5％到10％的時間，像創投公司運用資金般利用這些時間。創投公司會投資成功率低，但只要成功就會大發利市的標的。他們在投資十家公司時，預期七家會破產，兩家打平，剩下的一家就是明日的Google或Facebook。

話是這樣說沒錯，但這真的適用在真實世界中的你我嗎？以跳槽為例，尤其是事業早期的跳槽，可以幫助我們賺到更多錢，找到真正的天命，還可能成為人人嚮往的執行長。加拿大經濟學家蕭亨利（Henry Siu）表示：「在事業早期更常換工作的人，到了工作的黃金期，通常薪水與收入較高。事實上，經常換工作與高收入有關，原因是找到更合適的工作——真正的天命。」

此外，變換職務也讓人更可能擔任領導高位：

史丹佛商學院教授愛德華・拉澤爾（Edward P. Lazear）在 1997 年調查 125,000 名商學院校友，分析 5,000 名受訪者先前做過的工作。在工作年資至少有 15 年的人當中，回答自己只有兩項以下的職務經驗者，只有 2% 的機會最終成為「長」字輩的領導高層，擔任過五種以上者，則有 18% 的機會躍升高位。

那在正職以外，做點別的事呢？就像麥特跑到中國一樣？數據顯示，嘗試專業領域之外的活動與重大成就相關。普通科學家擁有嗜好的可能性和一般大眾一樣，但傑出科學家的機率則是約為兩倍，例如英國皇家學會（Royal Society）或美國國家科學院（National Academy of Sciences）的成員。那麼，諾貝爾獎得主呢？幾乎是三倍。強森發現，美國開國元勳班傑明・富蘭克林（Benjamin Franklin）與達爾文（Charles Darwin）等歷史上的天才也是一樣，嗜好多到不行。在不同情境下面對不同的挑戰，讓他們得以獲得不同視野，挑戰成見，突破現狀。讓各種點子一起激盪，是得出創意的關鍵。

成功的公司也是一樣，小小的嘗試如果開花結果，整間公司可能因此脫胎換骨。各位想得到嗎？ YouTube 一開始是約會網站，eBay 最初專賣貝思（PEZ）糖果匣，而 Google 起先則是整合圖書搜尋的計畫。

所以說，別害怕做點實驗，行不通就放棄，但很棒的東

西可能因此就冒出來。放棄過，才能找到應該繼續堅持的東西。抱著有捨有得的心態去嘗試，通往成功的幸運與機會才會臨門。

麥特至今仍在嘗試瘋狂的實驗，說他瘋狂，實在是過於輕描淡寫。幾年前，他女友的家人問，身為前少林弟子的他，要是參加「終極格鬥冠軍賽」（UFC）會發生什麼事？當時，麥特已經 35 歲左右了，體重比在中國時重了近 45 公斤，他覺得要是現在再去比賽，大概不會有當年那麼好的成績。

但是，他需要寫下一本書的靈感，而且對新事物永遠躍躍欲試。再說了，男生想在女生面前露一手的時候，願意做的事情可多了。於是，麥特重披戰袍，其後兩年跑到紐約與拉斯維加斯接受 UFC 冠軍指導。當然，這條路同樣很難走，他再度被揍到頭暈眼花，再度「吃苦」，花了點時間才找回自己遺失的武功。教練罰他只要在訓練時低頭，暴露出臉部弱點，一次罰 20 美元。六個月後，麥特欠了教練 580 美元。

2011 年，麥特以 38 歲的高齡，在三百位觀眾面前，參加第一場綜合格鬥（MMA）賽，對手比他年輕 16 歲。在第二回合時，麥特一邊的隱形眼鏡被打飛，在半盲狀態下繼續拚鬥，但這次不是放棄的時候，應該展現恆毅力，繼續揮拳。

到了第三回合，裁判搖頭，技術擊倒（TKO）！對手撐不下去，麥特贏了。

然後，麥特寫了一本書，順利把女友娶回家——由於麥特需要的訓練多過預期，婚禮因此延期一年，不過女友和他爸媽當年一樣，最後還是選擇原諒……在道歉了一千萬次之後。大家很好奇，下次麥特會做什麼實驗？在 60 歲時和北極熊摔角？誰知道？

把 5％的時間拿來嘗試新事物，先做好最後也許行不通的心理準備，你也能碰上好機會——當然，不是所有嘗試，都要把自己搞到腦震盪。

各位現在知道，有時該展現恆毅力，有時應該放棄，這兩者都能通往成功。但棘手的地方在於，應該如何判斷？你怎麼知道在何時應該放棄？就像有首歌唱的一樣：「我該留下，還是離開？」（Should I stay or should I go?）接下來就為各位解答。首先，我們來解決所有人都會碰到的問題：何時該定下來結婚，不再遊戲人間？沒錯，科學連這種事都有解答。

把愛情想像成一段旅程

我們再次面對人生有極限的問題，你知道自己總有一天得定下來，不再約會，但那一天是什麼時候？有些人會說：「等我遇見對的人，就不再約會。」但我們怎麼知道，下一個人不會更好？更老實的回答該不會是：「等我遇到還算不錯的人，又厭倦了約會這種麻煩事，就不再約會。」

有趣的地方就在這：數學家已經替我們解決這個問題，有一個簡單公式可以明確告訴我們，還需要再約會多少次，

以及如何選擇正確的另一半。那些搞數學的傢伙,稱這類問題為「最佳止步問題」(optimal stopping problem)。

我們需要和多少人約過會,才能找到完美的另一半?麥特・帕克(Matt Parker)在《第四象限該做的事》(*Things to Make and Do in the Fourth Dimension*)一書中替大家解答。首先,評估一下你得跟多少人出去,大概的數字就好。你顯然得睡覺,不可能每晚都跑出去約會,也希望在 112 歲前就結婚,所以數字沒有想像中大。為了計算方便,假設是 100 人好了。

我們需要找出那個數字的平方根——沒錯,智慧型手機上的計算機 APP,可以幫助你找到真愛。如果是 100 的話,平方根是 10。好,請跟 10 個人約會,然後禮貌拒絕對方:「抱歉,我們不大適合。」在過程中,你要記下在那群人中誰最完美,然後繼續約會,直到碰到比那個人還令你更神魂顛倒的人。從數學上來說,這個人就是你的真命天子/天女——不用邀請我參加婚禮了,但我還是很高興各位沒有忘記我這個媒人。這個方法有多準確?還滿準確的,帕克說在 100 個潛在伴侶中,有九成機會可以找到最佳配對。

太神奇了,對吧?但老實說,我們可能不會真的去幹這種事,因為實在是太不浪漫了。最後,我們還是會靠「感覺」來挑選伴侶,那是人類的天性。

許多人喜歡「靈魂伴侶」的概念——世界上有一個命中注定的人,他是我的完美天作之合,寬容、體貼、慷慨大方,會送一大堆禮物給我,還不會忘記倒垃圾。就算世界上

真的有靈魂伴侶，你遇到那個人的機率有多高？網路漫畫 XKCD 畫家與前 NASA 機器人工程師藍道・門羅（Randall Munroe）幫我們算好了，情況並不樂觀，各位遇到真命天子／天女的機率是，「每一萬次轉世，可以碰到一次。」

天呀！我知道，這令人想哭，但這樣的資訊其實相當實用，因為安德莉婭・洛克哈德（Andrea Lockhart）的研究顯示，期待自己的愛情將有如童話故事的人，相較於沒有期待的人，將會一遍又一遍地感到失望。

問題出在哪？出在我們做夢時，並未將現實納入考量，未能未雨綢繆，考量生活中將出現的種種難題。除了得想好如何找到另一半之外，我們還得思考怎麼樣才不會相愛容易相處難。當我們認為，我們和另一半是「天生注定」時，很容易就會以為不需要努力就能維持關係，而在這個離婚容易、外頭選項又多的年代，也難怪離婚——感情版的放棄——不是什麼新鮮事。我們不會說：「我得到我的夢幻工作了！從現在起，我再也不必工作」，卻會以這樣的態度來面對感情，誤以為兩個人在一起是「上天的旨意」，直到發現其實並非如此。

那要怎麼辦？另一種極端的婚姻制度可以帶來啟示：媒妁之言。等等！我可沒叫各位去跟陌生人結婚。耐心一點，繼續看下去。「因愛而結合的婚姻」，在早期會比媒妁之言婚姻快樂。以學術上的「愛情量表」（love scale）來看，如果滿分是 91，兩者的得分分別是 70 與 58。這樣的結果並不令人意外，對吧？然而，隨著時間過去，事情會變得不一樣。

十年後，因媒妁之言結婚的人變成 68 分，而自由戀愛的人卻降至 40 分。

　　發生什麼事？當然，一定是發生了許多事。關鍵是因媒妁之言結婚，從結婚的第一天起，就得面對現實。你不會說「我們是靈魂伴侶」，然後因為宇宙並未送來幸福婚姻而感到失望。因媒妁之言而結婚，通常會讓你思考：「我和這個人在一起了，得想辦法和平共處。」也因此，隨著時間過去，通常都會想出辦法。各位可別以為這很容易，任何結過婚的人都能告訴你，要找到兩個人的相處之道並不容易。

　　做夢不是壞事，但不管是感情或事業，想要成功的話，不能光是靠做夢，還得面對生活中的挑戰，不能跟鴕鳥一樣，把頭埋進沙子裡。研究也證實，做童話故事的美夢會產生問題，但如果把愛視為一場「旅程」，則是相當理想的心態。「情侶要是認為雙方是天造地設的一對，的確是很浪漫沒錯，但一旦發生衝突，現實戳破了幻象的泡泡，就會產生嚴重的副作用。相較之下，如果把愛想成總有高低起伏，但最後可以通往終點的旅程，吵架起衝突的結果就不會那麼嚴重。」

WOOP 幫你達成目標

　　如果你想努力讓美夢成真，可以採取什麼方法？怎麼知道哪些事該放棄，哪些事又該堅持下去？研究人員提出一個簡單到不可思議的方法，叫「WOOP」。

　　紐約大學心理學教授賈布里歐・歐廷珍（Gabriele

Oettingen）是懷疑論者，不相信光是心中想著自己要什麼，快樂就會裝在聯邦快遞（FedEx）的盒子送到家門口。所以，她做了研究，發現自己是對的，而且她還發現，做夢不僅不會讓人心想事成，甚至還會有反效果。抱歉了，各位，《祕密》（*The Secret*）那套行不通。

基本上，我們的大腦搞不大清楚「幻想」與「現實」，那就是為什麼看電影可以使我們情緒激動。我們在做白日夢時，大腦灰質還以為已經心想事成，所以就不再動用必要資源來激勵自己，變得鬆懈下來，努力程度降低，達成的事更少，夢也因此一直只是夢。光有正向思考，顯然還不夠。

各位是否幻想過，在完成節食計畫之後，穿上新泳衣的自己，身材非常完美？會做那種夢的女性，比沒做夢的人，少瘦了將近 11 公斤。想像你獲得一份完美工作？會做這種夢的人，寄出的履歷份數少，最後得到的工作機會也少。同樣地，幻想自己這學期會拿到 A 的學生，花比較少時間念書，成績比較差。

如果做夢壞處多多，為什麼我們愛做夢？因為做夢會讓大腦喝得醉醺醺的，當下感覺很棒，但後續不會帶來好事。歐廷珍教授的研究顯示，做夢讓我們自我感覺良好，但接著沮喪之情將會增加。幻想讓大腦在達成任務之前，就先獲得獎勵，結果是提不起勁來努力。今日做的夢愈多，明日的成就就愈少。

幫自己加油打氣，抱持樂觀的態度，的確可以使我們更不容易放棄，但並不保證就一定能夠達成目標。這樣說吧，

做夢本身不是什麼壞事，但做夢只是第一步，接下來還得面對掃興的「現實」，以及現實世界中一定會出現的難題。

在做完夢之後，請記得想一想：是什麼事阻撓我完成這個美夢？我要如何克服？這樣的思考在心理學領域有一個高深的詞彙，稱作「執行意圖」（implementation intentions），但像你我這樣的普通人稱為「計畫」就好了。

紐約大學心理學教授彼得・戈爾維策（Peter Gollwitzer）與薇洛妮卡・布蘭茲達特（Veronika Brandstätter）所做的研究發現，光是計畫一些基本的事，例如何時要做（when）、在哪裡做（where）、怎麼做（how），學生努力達成目標的可能性，就會提高將近四成。

「如果」（if）與「就」（then），是兩個神奇的關鍵字。遇到任何困難，請記得設想：「如果發生 X，我就做 Y 來處理那件事」，能讓結果大為不同。這兩個簡單的詞彙，威力到底有多強大？就連身陷嚴重行為問題也能獲益，例如染上毒癮、正在經歷戒斷的人士。少了「如果……就……」的執行意圖，沒有人能把履歷寫好，一旦用上了這兩個神奇詞彙，八成的人準備好應徵工作。

究竟是什麼原因，讓「如果……就……」如此強大？答案是，這兩個關鍵字可以啟動大腦無意識的部分，不是等以後發生問題再說，大腦會開啟自動駕駛，養成慣性反應。

從古代的哲學，一直到現代的精英軍事團體，各領域都有「如果……就……」法的蹤影。斯多葛派人士（Stoics）利用「事先思考壞事」（*premeditatio malorum*）來預做準備，

問自己：「最糟會怎樣？」預先設想或許會發生的麻煩，就能防患未然。美國陸軍特種部隊（U.S. Army Special Forces）每次在執行任務之前，也會先做某種版本的「如果……就……」推演。作家科伊爾解釋：「他們會花一整個早上，討論任務中每個可能出錯或失敗的環節，每個可能搞砸的點都遭到無情檢視，找出適當的處理方法。萬一直升機迫降，我們就……。如果降落在錯誤地點，就……。萬一寡不敵眾，就……。」

歐廷珍教授幫大家整理出一套簡單的方法，名字是「WOOP」，正式名稱是「心智對比」（mental contrasting），但 WOOP 比較朗朗上口，對吧？WOOP 是指「希望」（Wish）、「結果」（Outcome）、「障礙」（Obstacle）、「計畫」（Plan），我們大部分的目標，不論是事業、感情、運動，還是減重，WOOP 都可以助上一臂之力。

首先，你得要有一個夢，你希望得到什麼？你想要的是什麼？（我想要一份超級棒的工作！）好，請你在心中想著那個夢，得出具體的「結果」（我想進 Google 當 VP。）接下來，請你面對現實，前方有什麼障礙？（我不知道如何獲得面試機會。）找出障礙之後，請你設法解決。你的計畫是什麼？（上 LinkedIn，看看有沒有認識的人在裡頭工作，幫我推薦一下。）

很簡單，對吧？這個流程的好處，在於跟「只是做夢」不一樣，可以讓我們保持幹勁。除此之外，WOOP 還有一個更大的好處，一個幫助我們決定「撐下去」或「放棄」的

關鍵，但諷刺的是，這個附帶好處正是 WOOP「不」適用於每個人的原因，而且適不適用並非隨機。歐廷珍教授的研究發現，如果是可能達成的目標，心理對照會帶來動力，但如果目標不可能成真，動力就不會增加。心理對照就像個人的可行性測試，當你想要的東西屬於合理範圍（我想到 Google 工作，我符合資格，但不確定下一步該怎麼走），WOOP 會讓你設想出方法，同時冒出動力執行計畫。但要是你的目標不切實際（我想在本週四之前成為澳洲君主），你會發現自己意興闌珊，因為你也知道不可能。

所以，與其宣布：「我們是靈魂伴侶！」，最好還是暫退一步，想想你希望得到什麼？一段美好婚姻。美好婚姻可能會有什麼樣的結果？家庭幸福，沒有爭吵。你可能遇到什麼障礙？我們在 IKEA 一直吵，到底該添購哪些東西。所以，你的計畫是什麼？以後如果我們開始爭論，究竟要買什麼顏色的被單時，我會聽聽看他／她的想法，認真考慮一下。如果想好了以後，你感覺精神振奮，很想趕快和另一半跑到瑞典家具店去大買特買，恭喜你，太好了！萬一你想好了以後，反而更提不起勁和另一半解決問題，嗯……科學剛剛也是幫你少走了好幾年的冤枉路，你們這段感情大概行不通。花時間走一遍 WOOP 心智練習，可以讓我們知道自己的目標是否不切實際，還可能開始考慮「放棄」或「撐下去」，不再追求不可能達成的願望，減少日後的追悔。

WOOP 可以讓我們看出哪件事需要拿出毅力，激勵自己前進，也能告訴我們哪些事該算了，以較為無痛的方式度

過轉換期。我不確定熟悉最佳止步問題的數學家,婚姻是否比一般人的快樂,不過各位可以運用一下 WOOP 方法,釐清自己到底應該堅持下去、還是放棄。

好了,先是少林寺,又是喜劇演員、肝病、媒妁之言什麼的,接下來我們來好好整理一下,了解到底該從哪裡著手、何時應該放棄、何時又該拿出毅力,最後才能抵達你心中的目的地。

六道心理測驗題,帶你找到人生方向

每個人都需要見賢思齊的模範,我建議大家可以學學多倫多浣熊。多倫多浣熊翻垃圾箱的毅力與隨機應變的能力,實在到了令人嘆為觀止的程度。加拿大城市居民因為這群小壞蛋,變成集體受害者。

加拿大約克大學(York University)的浣熊行為研究專家蘇珊・麥當諾(Suzanne MacDonald)教授表示:「城市浣熊太令人驚奇了,總有辦法克服種種難關,無所畏懼,堅持到底。為了找出一個地方的食物,花上無數小時。」

多倫多人不論怎麼努力阻止浣熊,始終不敵對手,牠們就是不肯放棄,不斷智取所有的防範方法。多倫多市民什麼都試過了!包括封住垃圾桶的蓋子、藏起垃圾箱,但就是屢戰屢敗。地方心理學教授麥可・佩帝特(Michael Pettit)表示:「我們想出五花八門的法子來保護垃圾,全以失敗告終。」

浣熊大戰可不是小問題,多倫多市政府已經辛苦打了超

過十年的仗。《華爾街日報》（*The Wall Street Journal*）的報導指出，多倫多在 2002 年時，甚至花錢找人研發「浣熊掰掰」垃圾桶。成效如何？嗯⋯⋯ 2015 年時，市政府再度花了 3,100 萬美元製造重新設計過的垃圾桶，聽起來好像不好。

這些調皮的小強盜，到底是如何辦到的？浣熊的腦袋瓜不大，卻能做到本章討論的諸多原則，牠們毫無疑問擁有樂觀向上的態度，而且挖垃圾對牠們來說，或許是個有趣的遊戲。此外，史賓賽與杜拉克會為牠們超級專注的態度感到驕傲，這些小壞蛋在碰到試圖阻撓自己的新嘗試時，也永遠以不同方式突圍。牠們的各種「小實驗」，顯然十分奏效。

多倫多人的努力，是否對這群大自然的搗蛋鬼，造成任何負面影響？幾乎沒有。美國心理學會（American Psychological Association）網站指出：「浣熊引發關注的原因，在於牠們面臨人類地盤擴張時並未消失，反而欣欣向榮。」這些小賊甚至不只欣欣向榮，人類帶來的挑戰還使得牠們變聰明。麥當諾教授研究「多倫多都市浣熊」與「牠們生活在野外的兄弟」解決問題的能力差異，發現「都市浣熊在智力與能力上，都勝過住在鄉下的親戚。」麥當諾除了研究浣熊，本身也是受害者之一，曾經有一隻小傢伙為了找到她的垃圾桶，開了她的車庫。

與其對抗浣熊，不如向浣熊學習。與其把問題當作不可能解決，不如和多倫多浣熊一樣，靠著眼前需要克服的挑戰，讓自己變得更聰明、更成功。多倫多市可沒有放棄數十多年來的努力，市長莊德利（John Tory）告訴媒體：「浣

熊國的成員很聰明，牠們肚子餓、有決心……但是我們不能認輸。」

我幾乎可以看見多倫多浣熊在摩拳擦掌，等著克服下一個挑戰。「你們這些沒毛的猿人在說什麼？『浣熊掰掰』？好，儘管放馬過來。」

我們來總結一下本章提到的研究，讓那些研究變得有趣一點，像是一個遊戲。請回答下列問題，這些心理測驗將帶你複習一遍本章的內容。

1. 你知道自己需要對哪件事拿出恆毅力嗎？

A. 知道！

B. 不確定，但可能是某幾件事。

C. 你剛才問什麼？我分心了。

如果各位的答案是 A，請直接看下一題。

如果你的答案是 B，是時候運用 WOOP 了。試試每個可能性，走一遍「希望」（Wish）—「結果」（Outcome）—「障礙」（Obstacle）—「計畫」（Plan）流程。在得到答案之後，好好考慮一下最令你感到摩拳擦掌、躍躍欲試的那一個。讓你猶豫「嗯」地一聲那個，就算了吧。

如果你回答 C，「小實驗」的時間到了！你需要多嘗試一些東西，直到某事令你感覺興奮。等你找出令你有感覺的事物之後，再走一遍 WOOP。

2. 你樂觀嗎？

A. 當然！

B. 我們全都會孤獨死去，電視連個好看的節目都沒有。

各位要是選 A，太棒了！請直接看第 3 題。

如果你選 B，你該檢視一下自己的解釋風格。悲觀的兩難在於，悲觀者看事情其實比較準。沒錯，憤世嫉俗者通常是對的。我們在第 1 章也看過，勇於冒險、敢於不同，就能創造不凡，尤其如果你賭的是自己的人生。但一直樂觀可能會活在美好的幻覺中，這也是為什麼塞利格曼研發出一套平衡的方法，讓我們不至於完全異想天開，他稱為「彈性樂觀」（flexible optimism）。偶爾悲觀一下，能讓我們正視現實，但要是風險非常低（老實說，大多數的事情風險都不高），或是報酬非常高（例如找到一生都想奉獻的志業），那就樂觀一點吧！重點是要取得平衡，多練習就能夠抓到平衡。

如果是小事，請你拿出樂觀心態，畢竟沒什麼好損失的。如果是足以改變一生的大事，樂觀可以幫助你戰勝機率。在風險似乎很高、報酬很低的時候，請你善用悲觀的力量，別當過於良善、天真的天使。

想和優秀的保險業務一樣，總是不屈不撓嗎？喔，抱歉，這聽起來好像不大誘人。好，換一個：想和海豹部隊一樣，能為人所不能為者、忍人所不能忍者，驍勇善戰嗎？請記住塞利格曼的 3P，別把壞事想成永久發生（permanent）、到處都一樣（pervasive）、都是自己的錯（personal）。

成功不再跌跌撞撞

3. 你對自己說的故事有意義嗎？

A. 應該會讓弗蘭克大師引以為傲吧！

B. 我的故事像比爾・莫瑞（Bill Murray）的電影一樣。

各位回答 A 嗎？請跳到下一題，你沒問題的。

如果你的回答是 B，可能得想一想，你希望別人在你的告別式上說些什麼？你希望別人如何記得你？你希望親朋好友珍惜你什麼、懷念你哪些特質？事情不順利時，那些特質會提醒你自己是誰。故事不必百分之百真實，重點是把故事當成起點，花時間好好努力，讓故事成真。

你對自己說的故事很個人，源頭可能十分嚴肅，例如：宗教、愛國情操、親職責任等，但也不一定都要這樣，只要對你來說有意義，能讓你超越自己、對外連結就可以了。研究顯示，光是想著超級英雄，就能讓我們在健身房鍛鍊出更好的體格，但前提是，你要對超級英雄有感。你對自己說的故事會影響身體肌肉，也會影響你腦中的意志力。

當故事告訴你：「這件事值得做」，你就會更努力，更能撐過重大挑戰。就跟在集中營存活下來的弗蘭克一樣，有時故事是真的，有時不是，但都能讓我們走下去。如果你想給自己多一點動力，那就寫下自己的故事。研究顯示，我們的人生快樂程度，會因此增加 11％。

4. 你是否將目標遊戲化？

A. 請叫我超級瑪利歐。

B. 我還在等年度考績下來呢。

你的答案是 A 嗎？還是請你直接看下一題。

萬一 B 比較符合各位的狀態，請記得「WNGF」這四個英文字母，你需要「有可能贏」（Winnable）的遊戲、新鮮挑戰（Novel challenges）、設定目標（Goals），還需要反饋（Feedback），才能夠更全心投入。

各位有沒有想過，為什麼我們看別人的問題很清楚，看自己的卻看不清？距離感會讓你跳脫身為主角可能會有的情緒，能讓你把問題看作有趣的挑戰，原本是顆壓力手榴彈，換個角度來看，就變成很酷的謎題了。學會重新架構問題，當作像遊戲般的挑戰，可以增加你的耐受力，減少一些壓力。

蘋果橘子經濟學（Freakonomics）做過一個很有趣的實驗，研究辦公室裡的《呆伯特》（Dilbert）漫畫數量，然後比較公司士氣。結果發現，辦公室小隔間裡的《呆伯特》漫畫愈多，員工感覺不投入的程度就愈高。記住，這是你的遊戲，不要等別人將你的工作或人生變得有趣，你可以善用WNGF，自己當家作主。很多人在聽完喬・辛普森的故事之後，想的是怎麼會有人想去爬那麼高的山，做那麼危險的事？這個問題很好，喬的答案很簡單，因為爬山很有趣。

5. 你有恆毅力，但你是否常以病人的心態思考？

A. 我知道最重要的事是什麼，也專心在做那件事。

B. 目前沒空回答喔！待辦清單上有三百件事。

如果各位的答案是 A，你知道你該做什麼。

如果你的答案是 B，哪些活動與瑣事花了你很多時間，卻沒有創造出多少價值？美國資深媒體人安迪・魯尼（Andy Rooney）發現自己似乎囤積了許多不必要的東西之後，決心改變。他加一加房貸、水電費、稅金，計算房子每個月總共要花自己多少錢，然後除以每平方英尺，算出家裡擺放的每樣東西得付多少「租金」才能留在原地。冰箱值得嗎？值得，冰箱很有用。地下室那台從來不用的老舊生鏽運動器材呢？不值得，那就丟掉。各位可以替自己的寶貴時間做一下類似計算，不要再做沒什麼價值、無法協助達成目標的活動，請善用因此多出的時間，讓真正重要的事情能有所進展。

我們不可能事事兼顧，不會有結果的事就別再做了，集中精神做有意義的事。

6. 最後一題，你需要多做點「小實驗」嗎？

A. 我已經打包好行李，準備去少林寺了。

B. 我甚至不看新的電視頻道，誰知道會有什麼鬼節目？

你的答案是 A 嗎？你還在這裡幹什麼？快去征服世界。

你的答案是 B？別再以為自己是蝙蝠俠了，別想事事都做到完美。學學在「義大利麵難題」中打敗群雄的幼兒園小朋友，儘管放手去試，然後從失敗中學習。我是說真的，研究顯示，當我們的思考跟小孩一樣時，最有創意。

我們不願意承認，其實我們通常不曉得自己究竟要什麼。研究顯示，「只有6％的人從事小時候立志要做的行業」，有三分之一的人做的工作和自己大學念的無關。勇敢走出去吧！學學韋斯曼教授研究的那些幸運兒，多方嘗試。當然，你不必中斷普林斯頓的學業，搬到中國──但其實那不是太糟糕的點子。

我們會不會有毅力、該不該放棄，要看這兩件事：「故事」與「局限」。專注於這兩件事，就能和多倫多浣熊一樣天下無敵──但當然會成功到不必靠翻垃圾桶為生。

你現在知道，該對哪些事情有毅力，至少知道該如何找出那些重要的事了。你多少還是需要一點助力才能成功，對吧？也或者，你需要的只是請所有人暫時別來打擾，以便能夠專心做事？在下一章，我們要討論的是，成功究竟是靠人脈，還是憑本事？請各位繼續看下去。

第 4 章

你認識誰比知道什麼更重要
（除非你真的很懂）

向人質談判者、一流喜劇演員及史上最聰明的人，

學習人脈的力量

保羅・艾狄胥（Paul Erdös）出生時，3 歲與 5 歲的兩個姊姊同時死於猩紅熱，母親怕兒子也出事，從小不准他上學，連出門都不行。艾狄胥一個朋友也沒有，他說：「數字變成我最好的朋友。」

艾狄胥是兩個數學老師的孩子，大部分時間都是一個人待在家，身旁圍繞著數學書籍，很快就顯露天才兒童資質，3 歲就能乘三位數，4 歲一聽見某個人的年齡，就能算出對方目前活過幾秒，21 歲取得數學博士文憑。

長大後的艾狄胥靠安非他命，一天工作 19 個小時，只做自己唯一熱愛的事：數學。他的生產力非常人能及，有時一年就產出五十多篇學術論文——對大部分的數學家來說，一輩子加起來要是能有五十篇就謝天謝地。

然而，如同蜘蛛人時常提醒我們：「能力愈大，責任也愈大。」數學能力愈強的話，嗯……人也愈怪。真的找不出別的形容詞了，艾狄胥這個人真的超怪。《時代》（*Time*）雜

誌介紹他的文章，標題甚至就叫〈怪咖中的怪咖〉（"The Oddball's Oddball"）。

如果你是艾狄胥的朋友，他會半夜跑到你家，想來算數學，宣布：「我的大腦現在有空」。然後突然間，你家多出一名不速之客好幾天，這位貴客不洗衣服，你得幫他洗。如果他想在早上五點研究數學定理，他會大聲敲鍋碗瓢盆，直到你睡眼惺忪下樓。他稱小孩為「ε」（epsilon），因為這個希臘字母在數學上指的是「小數字」。

艾狄胥像有強迫症一樣工作。同事保羅・溫克勒（Paul Winkler）形容：「艾狄胥來參加我家雙胞胎的成人禮，手上拿著筆記本……我岳母試著把他趕出去，以為這個衣衫襤褸、腋下夾著記事本的人是街上闖進來的遊民。他非常可能在儀式過程中證明了一或兩個定理。」事實上，艾狄胥這輩子除了數學，幾乎什麼都不做，自從 1940 年代就沒讀過小說，1950 年代就沒看過電影。人生就是數學，沒了。

艾狄胥絕對算得上成功人士，一生發表的論文數量超過其他所有數學家——史上無人能超越。有些論文甚至在他死後才發表，也就是說艾狄胥在翹辮子後，依舊整整發表了七年論文，一生至少得過 15 個榮譽博士學位。

然而，人們懷念艾狄胥，不是因為他的豐功偉業，而是他和其他人一起做的事。講得更明確一點，是他帶給他人的影響。艾狄胥不是刻板印象中的數學家，足不出戶，整天待在辦公室裡面彎腰駝背證明定理。他是一個有安非他命助陣的實體巡迴數學人脈網，熱中與人合作。他隨身攜帶旅行

箱，固定遊走 25 國，最終和全球 500 位以上數學家合作過。他共事過的人實在太多，有時記不住：

> 有一次，艾狄胥碰到一位數學家，問對方是哪裡人？對方回答：「溫哥華。」「喔？那你一定認識我的好友艾略特·孟德爾頌（Elliot Mendelson）。」對方回答：「我就是你的好友艾略特·孟德爾頌。」

沒錯，艾狄胥是天才，但那不是許多人容忍他詭異性格的原因。借用格蘭特教授的術語，他是個給予者，會拉你一把，鼓勵你，協助你。他要是半夜跑到你家門口，那就像數學界的《星際大戰》尤達（Yoda）大師來見你，說要把你訓練成偉大的絕地武士……只不過是數學界的就是了。

此外，艾狄胥比誰都懂數學是寂寞的遊戲，但他把數學變成追尋之旅，一趟你可以和朋友一起出發的旅程。就好像走遍全球協助其他數學家、跟大家一起合作還不夠一樣，艾狄胥甚至鞭策他們得獎。他和出錢買兇的黑道老大一樣，自掏腰包懸賞，要大家解決困難題目或難解定理，有時一出就是 1 萬美元，讓大家有動機參與數學家的寂寞工作。

費爾茲獎（Fields Medal）是數學家的最高榮譽，艾狄胥本人從來沒得過，但好幾人在他的協助下獲獎，也因此出現艾狄胥最為人津津樂道的一件事：「艾狄胥數」（Erdös number）。不，那不是什麼定理，也不是什麼數學工具，只是用來說明你和他有多近的數字，各位可以想成凱文·貝肯

（Kevin Bacon）的六度分隔理論（Six Degrees），只不過「艾狄胥數」是書呆子專用。如果你和艾狄胥合作過一篇論文，你的艾狄胥數是 1。如果你合作的對象，和艾狄胥合作過，你的艾狄胥數是 2，以此類推下去。艾狄胥的影響力很大，幫過太多人，數學家排名自己的方法，是看他們和艾狄胥合作的密切程度。

研究顯示，平均而言，你和艾狄胥關係有多近，可以預測你是多優秀的數學家。兩位諾貝爾物理學獎得主的艾狄胥數是 2，14 位得主是 3。艾狄胥是偉人製造機。

1996 年 9 月 20 日那天，艾狄胥去世，享壽 83。套用他極富個人特色的話來講，他不是死亡，而是「離開」，他說人不做數學後就是「死了」。依據定義來看，艾狄胥自己的數是 0，感覺是很孤單、令人傷感的數字，不過我覺得這個數字很有道理，0 象徵艾狄胥是如何無私把自己奉獻給身邊所有人。重點不是他本人數字多少，重點是他給了多少人數字。

一個成長時期沒朋友的男孩，最後卻擁有數學界最無遠弗屆的人脈，甚至可能空前絕後。以他的名字命名的數字，是他歷久不衰的遺產，所有數學家都靠他來排名。在數學的世界，他的朋友比誰都多，太多人欠他一份情，懷念他，愛他……就連在他死後，受惠於他的人數依舊在增長：依照艾狄胥數來看，目前他影響過的數學家，預估超過 20 萬人。

看來，成功真的和人際網絡有關，對不對？重點是人脈，能力倒是其次。然而，如果成功真要靠人脈，我們應該

成功不再跌跌撞撞

和艾狄胥一樣嗎？交遊廣闊的人，就會比較成功嗎？

讓我們來一探究竟。

外向者 vs. 內向者

我老媽告訴我，在外面走跳要「廣結善緣」。不過，老實告訴大家，我不是那種開朗外向的人。拜託，我可是孤燈下一個人寫著這本書，非常孤獨。

每個人都喜歡好友在旁的感覺，但也需要一些獨處時間，這不用我說，大家也知道。不過關鍵是你如何充電？你覺得跑趴比較好玩，還是讀書？你喜歡一次和一位好友見面就好，還是「人愈多愈熱鬧」？

「內向—外向」是心理學最行之有年的研究，許多細節依舊存有爭議，下列只討論社交面向，也就是這個領域比較有共識的環節：外向者會從社交活動中，以及當萬眾矚目的那個人，獲得較多的「酬賞價值」（reward value）。

有些理論指出，內向者大腦活動較豐富，當然這裡的意思不是說，外向者就比較腦袋空空。內向者腦子裡面轉的可能是負面事物，例如焦慮，重點是吵雜熱鬧的地方，一下子就會過度刺激內向者。外向者則是相反，少了環境中的刺激，就會感到無聊。舉例來說，我本人相當內向，我研究所時期的女友卻很愛上夜店跑趴，愈吵的地方她愈 HIGH，對我來說則有如歷經聽覺的殘酷水刑。一起開長途車時，我津津有味地聽著播客，她在 30 秒內必定睡死，相信各位不會意外，我們已經分手。

老媽會鼓勵孩子「多交朋友」是有原因的，性格外向可以獲得許許多多的好處。大部分的人每天很多時候都要和人打交道，相處得好不好，通常就是成功的關鍵。我們在第2章看過什麼是與人相處的最佳方式，格蘭特和菲佛兩位教授採取不同立場，不過沒人否認人際關係一般是成功的重要元素。

　　好吧，既然這是一本講成功學的書，我們來談談錢的事：各種研究都顯示，外向者收入較高。史丹佛做了自家MBA學生長達20年期的研究，發現多數MBA都是典型外向者。性格可以一路回溯至童年時期，另一項研究發現，「童年時期的外向，可以正向預測……外在的成功。」某人念高中時要是從人緣最差排行前五分之一，變成人緣最好排行前五分之一，成年收入會增加10％。

　　不過，不只是錢而已。想要步步高陞嗎？研究顯示，「外向與職業生涯的事業滿意度、薪水高低、升遷次數呈正相關。」

　　就連外向者的不良習慣，都透露出他們財務成功的祕訣。如果喜歡抽菸、喝酒，賺的錢會比較多嗎？答案是：飲酒讓人賺比較多錢，抽菸則不會。喝酒的人，收入比不喝酒的人高10％。一個月至少上一次酒吧的男性，收入又會再增7％。為什麼喝酒會帶來更多收入？喝酒和抽菸不同的地方，在於喝酒主要是社交活動。論文作者推測，酒喝得多，「社會資本」（social capital）也多：喝酒代表你大概是在外頭廣結善緣。

多數人認為，領導者是外向人士，就是因為大家都這樣認為，這種看法又成為自我應驗的預言。想當執行長？想當老大？某項針對 4,000 位經理人做過的研究顯示，外向程度屬於「非常高」（very high）的管理者不符比例地高。此外，位階愈高，同質性也愈強。在整體人口中，外向程度「非常高」者僅占 16％，高階主管則有 60％超級外向。

　　可能的原因是什麼？答案其實有點嚇人。研究顯示，不需要真的能力過人，就可能被視為領袖。光是第一個發言與經常開口——一種相當外向的行為——人們就會視你為老大。其他研究也顯示，在團體中一開始表現害羞者，頭腦會被視為比較不聰明。菲佛教授指出，想成功，就得懂得自我宣傳，而這種事對外向者來說，就像吃飯喝水一樣自然。此外，想被視為領袖的話，懂得推銷自己其實比能力更重要。

　　要是你不想待在原本的組織了，正在找新工作，想跳槽呢？此時，外向者再次具備優勢。史丹佛大學社會學家馬克・格蘭諾維特（Mark Granovetter）突破性的「弱連結」（weak ties）重要性研究顯示，下一個好機會通常不會來自好友，因為你們聽到的消息是一樣的。擁有其他交情沒那麼深的朋友，反而比較會聽到較廣的消息，得知新的可能性。此外，得到工作後，擁有龐大的人際網絡依舊有好處。一項研究發現：「多層次分析顯示，人脈與共同薪資有關，而共同薪資又與一段時間後的薪資成長率有關。」

　　各位甚至可以主張，公司可以把應徵者的人脈多寡，當成重要的錄取依據，因為人脈會影響利潤。MIT 的研究顯

示：「IBM 員工人脈愈廣，表現就愈佳，這樣的差異甚至可以加以量化：平均而言，每位電子郵件聯絡人的價值，等同營收增加 948 美元。」

我們很難低估大型人脈的價值，舉個有趣的例子來講，想想世界上利潤最好的生意——一個賺錢容易、但風險也超高的生意：販毒。這一行的好處是很有賺頭，但壞處是可能身陷囹圄。

各位大概猜到了，研究顯示，人脈對於非法行業來說，重要性甚至更加明顯。令人莞爾的是，多數毒販因為害怕失風被捕，遵守「低調一點，搞小一點」的建議，然而加拿大西門菲莎大學（Simon Fraser University）的研究顯示，人脈廣的毒販賺的錢多，也比較不容易被抓。至於所屬犯罪組織的大小則沒有影響，不論是在街角兜售毒品，還是當到卡利犯罪集團（Cali）的高級幹部，其實沒差，你在這一行認識多少人才有差：

> 相關研究的結論很明顯：擅長經營人脈的犯罪者，犯罪所得高出許多……毒販的核心犯罪網絡大小與生存之間呈顯著相關。此外，網絡大小也是保護因子，毒販的人際網絡愈大型，生存時間就愈久。

交遊廣闊可以讓毒販免於牢獄之災，「弱連結」則是提供做生意的機會。好，在內向與外向的殊死戰中，誰是贏家很清楚了。但要是不談工作，內向與外向對我們的整體人

生，產生了哪些影響？

還記得上一章韋斯曼教授的幸運研究嗎？各位知道嗎，韋斯曼也發現外向者比較幸運。幸不幸運，很大一部分與碰上新機會有關。人際網絡大，就容易聽說新的工作機會，但其實不只是工作機會，你會接觸到各式各樣的新機會，那就是為什麼荷包滿滿的外向股票交易員永遠在講電話。

內向者在這方面再度被逼到絕境，被外向者打到鼻青臉腫。好了，致命的一擊來了！很重要的是，外向者也比內向者快樂。「外向與快樂（主觀幸福感，subjective well-being，SWB）之間的關係，是主觀幸福感文獻中最一致、最可靠的發現。」外向者甚至在獨處時，都比內向者快樂。研究顯示，內向者假裝外向時，也會比較快樂。媽啊！

外向者賺的錢多，升遷次數多，更可能成為領導者，比較快找到新工作，還既幸運又快樂。一切證據都指向相同結論，既然如此，我們就很想問了：為什麼這世上，還有人想當內向的人？

一個人就能快樂

好，我們來談談內向吧！沒關係的，外向人士大概在讀完第 2 章後，早就跑去跟朋友玩了。俗話說，會叫的狗不咬人，安靜的人才是要小心的對象。

剛才我們都讀到艾狄胥的故事，他很有名，因為他認識數學界的男男女女。然而，如果是幾乎連一個人都不認識的科學家，還有辦法成功嗎？答案是可以的。我們根本不明白

牛頓（Isaac Newton）有多厲害，這個人重寫了宇宙法則，而且幾乎都是靠他自己一個人的力量。

亞里斯多德、克卜勒、伽利略……是的，沒錯，對！這些人全都對人類有貢獻，但牛頓給了我們統整的路線圖，讓我們明白世界如何運行，帶我們從巫術走向科學。在他之前，預測物體如何運動比較是猜測，而非數學。在他之後，我們知道宇宙依據規則運行。科普作家詹姆斯·格雷克（James Gleick）說，牛頓「一手打造出現代世界」。

史上從來沒有人的影響力像牛頓那麼大，下一個是愛因斯坦（Albert Einstein），但那是近兩百年後的事了，而且愛因斯坦雖然的確推翻科學家的宇宙法則觀點，但並未改變一般民眾對日常世界的看法。牛頓才是真正改變每個人的世界的那個人。

就連「典範轉移」（paradigm shift）四個字，似乎都不足以形容牛頓帶來的影響。愛因斯坦試圖提出自己的「統一場論」，解釋所有的物理概念可以如何合而為一，但最終失敗。牛頓則像是直接告訴大家：「這個世界就是這樣這樣運轉」，讓世人看見近乎完整的體系。

牛頓在二十多歲時，就已經提出微積分、光學、重力，而且當時可沒有先進技術可以幫他。他為了探討光學，居然拿針插自己的眼睛。萬有引力呢？在牛頓之前，我們不是很清楚那是怎麼一回事。人們知道東西會往地上落，伽利略還曾經把東西扔下比薩斜塔，但不曉得明確的法則。伽利略知道加速度如何發生，但不曉得為什麼會有加速度。

此外，牛頓幾乎一切都是自己發現的。他的確說過：「如果說我看得比別人遠，那是因為我站在巨人的肩膀上」，然而事實上他離群索居，一生幾乎和大小人物都沒有任何往來。

　　如果要描繪心不在焉的刻板教授形象，牛頓大概是最佳範本。他有時一連幾天都沒離開臥室，散步時獨自喃喃自語，用木棍在沙地上寫方程式。孤獨的天才？想不出比他更好的例子了。牛頓沒有解開世界運行方式的數學工具，所以自己發明。高中把我們整得要死要活的微積分？是牛頓發明的，而且是自己一個人發明的。他只有屈指可數的幾個朋友，寫信通常是他與外界溝通的唯一方式。此外，他一輩子不曾結婚，很多人懷疑他死時還是處男。

　　我們都聽過，蘋果打在牛頓頭上，然後他就發現萬有引力的故事。那大概不是真的，他八成是一個人把自己關在家裡，然後就想到了。我們會想像牛頓是一個瘋狂鄰居，大吼著要孩子別在他的草坪上玩耍，但牛頓根本不認識自己的鄰居。他在 1696 年離開三一學院（Trinity）時沒人難過，因為儘管他在當地定居了 35 年，在那裡一個朋友也沒有。

　　格雷克在《牛頓傳》（*Isaac Newton*）中寫道：「他生於黑暗無光的巫術世界，過著異於常人的單純執著人生，沒有父母，沒有伴侶，沒有朋友，與路上碰到的大人物爭吵，至少一次瀕臨崩潰邊緣，還把自己的研究隱藏起來，卻奠定人類基礎知識。前無古人，後無來者。」

　　如果強迫任何人以牛頓的方式工作，實在是太不人道，

但牛頓是自己把自己關在一個人的世界，而且似乎並不後悔。法國數學家帕斯卡（Pascal）說過一句話：「人會不快樂都源自一件事：無法一個人靜靜待在房內。」艾薩克・牛頓爵士似乎證明了一個人就能快樂。

我們如果是艾狄胥的上司，那就盡量讓他身旁圍繞著聰明人，還給他無上限的旅遊預算。我們如果是牛頓的老闆，最好給他更多的研究資金與設備，但如果想讓這位天才持續帶來改變世界的偉大發現，首要原則再清楚不過：千萬別去煩他。

牛頓絕對可以爭取「史上最聰明人士」頭銜，當一個人聰明到像牛頓那樣令人費解的程度，哪裡還需要幫忙？我們這些山頂洞人只會拖累他。不過，如果不去看牛頓有多傑出，他的人生是否有值得我們學習的地方？即使是如此極端的生活？

安靜的力量

還記得那個 1 萬小時造就專家的理論嗎？沒人煩你，你就有很多時間精進技術。在這個五光十色、沒事就分心的年代，我們全都可以向牛頓學習。沒錯，外向者可以靠廣大人脈大顯身手，但就沒有很多時間留給一件重要的事：孤身一人在艱苦環境中奮發向上。內向者的超能力，就是他們遠遠更可能成為領域專家。

「更可能」是多可能？研究是這樣說的：「外向與個人能力呈負相關。」大白話來講，這是什麼意思？就是愈外向，

工作能力愈不佳。朋友滿天下，的確有明顯好處……但也極度令人分心。

想到「運動員」，各位可能想到高中美式足球隊的萬人迷隊長，或是廣告裡那個魅力過人、叫你買刮鬍刀的棒球選手。我們很容易把他們想像成夜夜笙歌的外向人士，錯，錯，錯。作家（兼奧運金牌得主）大衛‧赫梅瑞（David Hemery）指出，近九成的頂尖運動員都是內向者：「這些卓越的運動員非常突出的特徵，就是高達 89％的人認為自己內向……只有 6％視自己為外向者，剩下的 5％覺得自己介於中間。」

身處團隊的運動員多數時候身旁都是人，但那很少是他們傑出的原因。一人孤伶伶在打擊場練習，一次次投三分球到手痠到舉不起來，太陽下山後為了多練幾次衝刺，不能參加派對，才是運動員出人頭地的祕訣。

那麼，一流的音樂家呢？也是一樣。心理學家艾瑞克森請教頂尖的小提琴家，平日做的哪件事與改善技巧最有關，九成回答：「獨自練習。」頂尖西洋棋大師的最佳棋力預測指標？「認真獨自研究。」那甚至是年長錦標賽選手統計上，唯一顯著相關的指標。

想知道誰在學校表現會最好，學問淵博？別靠 IQ 推測，內向與否可以預測好成績的程度勝過智商。蘇珊‧坎恩（Susan Cain）在《安靜，就是力量》（*Quiet*）一書中指出：

在大學階段，內向比認知能力更能預測學業表現。

研究測試 141 名大學學生對藝術、天文、統計等 20 個主題的認識，內向者每一項的知識都多過外向者。研究所畢業生、美國優秀學生獎學金決選人、大學優等生榮譽學會（Phi Beta Kappa）成員，不成比例多為內向者。

想知道誰以後會成為創意天才？猜不受歡迎的書呆子就對了：

……高創意人士的典型特徵，就是一心一意的專注力，全心投入以後，就會發展成一生的熱情所在。心理學家契克森特米海伊在 1990 年到 1995 年間，研究了 91 位人文界、科學界、商業界與政府的超級創意人士，許多人在青春期是社會邊緣人，部分原因是「他們高度的好奇心或專注的興趣，讓同儕感到怪異。」另一方面，太熱中交際、沒時間獨處的青少年，則通常未能發展天賦，「因為練習樂器或念數學，需要他們害怕的獨處。」

最厲害的投資銀行家？情緒穩定的內向者。在電腦程式與職業網球等專業領域，不受歡迎與高收入有關。

研究顯示，就連我們一向以為是外向者的天下的領域，也是內向者會成功。例如，和職業運動員很像的是，我們以為領導人是親民愛民的外向者，如同先前的章節所述，研究顯示，外向者較可能成為領導人，以及被視為有能力的領導

人。然而，他們真的就比較會帶人嗎？本書第 2 章介紹過的格蘭特教授，在研究領導力之後，發現了一件十分值得留意的事：究竟內向者還是外向者，會是比較好的領袖，要看他們領導的人是誰。當員工消極時，熱愛社交、精力充沛的外向者，可以鼓舞眾人。然而，要是底下的人是一群高度有動力的工作者，內向領導者的表現較佳，因為他們知道何時該聆聽與提供協助，也知道何時該放手讓大家去做。

此外，一開始的時候，人們會覺得外向者才是當領袖的料，侃侃而談是他們的天性，他們主導著社交場合。然而，研究顯示，人們視外向者為理想領袖的時間，通常不會維持太久。外向者一旦成為領導者，缺乏聆聽技巧的弱點就會顯現出來，在團隊情境下，通常會在同事之間失去地位。

換句話說，在某些領域，我們把外向者想得太美好，外向其實有許多我們不常聽說的缺點。各位在祈禱兒女外向一點之前，先想想外向與犯罪、不忠、車禍、自負、財務風險有關。這種說法可能會讓人嚇一跳，因為我們總是聽說「人緣好」是好事。

為什麼我們沒聽說外向的壞處？講白了，這和「宣傳」有關。外向者的人數比內向者多很多，再加上外向者朋友較多，講的話也多。如同坎恩所言，外向偏見悄悄潛入我們的職場、學校與文化，美國尤其如此。

結論是，有成功的外向者，也有成功的內向者，這個世界絕對兩種都需要，不過各位可能根本不屬於外向者，也不屬於內向者。的確，世上有三分之一的人，是徹頭徹尾的內

向者，或全年不打烊的外向者，然而剩下的三分之二則是介於中間的「中向性格者」（ambivert）。內向或外向，是程度多寡的問題。

此外，就算我們介於中間，也不代表就沒有超能力。奇怪的是，中向性格者反而適合當業務。我們以為外向者在銷售領域占優勢，但他們可能太饒舌，咄咄逼人。內向者則懂得傾聽，但可能缺乏社交動力。格蘭特教授發現，表現最佳的行銷人員，分布在「內向—外向」光譜的中間。

好了，適用於多數人的結論如下：如果你連獨處三秒鐘都沒辦法，去吧，去念 MBA，在消極的同事之間角逐領導大位，你天生就該成為領袖。不過，萬一你無法忍受人類，那就深入鑽研興趣，累積傳說中的 1 萬個小時，成為領域中最優秀、最有聲望的那個人。不過，大部分的人都需要知道，何時該把自己外向的那一面轉換成人脈，何時又該關起門來，好好培養技能。如同格蘭特教授告訴《華爾街日報》的話：「你要以更小心的方式解讀每一個情境，問自己：『我現在這一秒該怎麼做，才會最快樂或最成功？』」

該內向的時刻，該怎麼做很簡單，就是投入更多個小時。不過，內向者與中向性格者在建立人脈時，都感到有些吃力。光是看到「人脈」兩個字，腦中就浮現負面聯想，以為就是要像政治人物一樣，臉上掛著虛假笑容，或是和不誠實的二手車業務一樣騙人。

告訴各位一個好消息：外向者或許天生懂得經營人脈，但所有人都能培養這樣的技能，不用曲意逢迎，也不必假惺

惺。前文提到的研究也說了，不論是找份合法工作，還是想要賣掉數公斤的古柯鹼，你都需要人脈。

當 MIT 與哈佛通力合作

轟炸似乎永遠不會有停歇的一天。二戰如火如荼之際，英國被希特勒的納粹戰機炸到民不聊生，但也努力研發新型雷達，試圖扭轉乾坤。

英國與德國你來我往，德國靠雷達指揮英國轟炸行動，英國也不斷更新雷達技術，干擾訊號。這場科技之爭被稱為「波束之戰」（The Battle of the Beams）。

接著，英國取得「多腔磁控管」（cavity magnetron）這項突破性成果，英文發音聽起來很像《變形金剛》指揮官柯博文（Optimus Prime）的牙醫，但其實就是今日多數人廚房裡都會有的東西，那是一種微波裝置。微波雷達的好處是機器可以做得比較迷你，不需要再裝在大型堡壘，每一台英國飛機都可以配備。

英國人破解了科技難題，但無力在短期內製造出足以拯救全國的數量。在納粹無情的轟炸下，英國的產能不足以迅速製造出成千上萬台微波雷達裝置。

還有一個辦法。先前同盟國之間的合作促成雷達發展，或許再次合作，可以拯救英國於水火之中。1940 年，英國軍事領袖帶著多腔磁控管抵達美國，向美國人展示潛在威力。美國驚為天人，願意投入研發與製造資源，讓這種技術成真。

多腔磁控管計畫由 MIT 的「輻射實驗室」（The Radiation Laboratory）負責主持，他們故意取這個令人摸不著頭緒的名字，不讓外界知道他們的真實任務。實驗室後來的暱稱聽起來酷多了，簡稱「拉德實驗室」（Rad Lab）。當代最傑出的人才齊聚一堂，3,500 人一起為輻射實驗室效命，其中 9 人日後因為其他研究榮獲諾貝爾獎。

輻射實驗室取得驚人進展，研發出日後將負責引導英國防空武器的系統，可以成功攔截德國 85％的 V-1 火箭，也就是先前把倫敦炸到四分五裂的武器。輻射實驗室還研發出另一種高靈敏度雷達，足以偵測納粹潛水艇的潛望鏡，同盟國將因此取得海戰優勢。

不過，在這些重大研發進展運用在戰場之前，輻射實驗室還得先解決一個十分重大的問題：那些該死的裝置就是不管用，至少不是每次都靈。實驗室在劍橋查爾斯河（Charles River）測試新型雷達，一遍又一遍失敗。明明已經研究到萬分透徹，也找出每一項失誤、每一個問題，偏偏就是不管用。太奇怪了，好像上帝故意和他們作對，冥冥之中有一股力量不肯讓人成功。

冥冥之中確實有力量，但不是神在跟他們開玩笑，是哈佛大學。

同一時間，哈佛大學的「無線電研究實驗室」（Radio Research Laboratory）在 MIT 不知情的情況下，也從美國政府那裡取得數百萬美元補助，祕密研發雷達干擾技術，也在查爾斯河另一頭做測試（美國人實在該從英國盟友那兒學學

合作的重要性）。哈佛研發出過於高超的技術，有一次甚至不小心造成波士頓警方通訊全數失靈，全市每一台巡邏車都受到影響。

幸好，MIT 的研究人員在被完全逼瘋之前，發現查爾斯河另一頭有「對手」，雙方開始以互利方式對抗，通力合作，一日千里。

MIT 以雙倍努力克服哈佛的干擾技術，哈佛也回擊，以更好的方式擊敗 MIT 的雷達。兩大學術巨頭一起攜手並進。

在哈佛的「協助」之下，MIT 的雷達開始所向無敵：

1942 年 11 月，德國的 U 型潛艇（U-boats）拿下同盟國 117 架戰艦。不到一年後，在 1943 年 9 月到 10 月兩個月間，同盟國僅 9 艘被擊沉。在此同時，25 艘 U 型潛艇遭到配備「ASV 空對地海面搜索雷達」的戰機摧毀。

此外，在 MIT 的「協助」下，哈佛的干擾技術開始讓納粹驚慌：

同盟國的干擾系統十分有效——德國防空效率暴跌 75%——戰爭進入尾聲時，德國人數 7,000 左右的高頻無線電專家，近九成從其他緊急任務中，被調去只做一件事：找出防止德國雷達被干擾的方法。

今日許多人認為，雷達是打贏二戰的關鍵。

我們與他人合作時——包括良性競爭——雙方都能突飛猛進。但要是不溝通，除了享受不到相關好處，所有的努力還可能被友人「干擾」，前功盡棄。

好了，前文提到廣結善緣有一大堆好處，但交際有時令人感到不舒服。哈佛商學院教授法蘭西絲卡·吉諾（Francesca Gino）的研究顯示，如果我們試著見某個人的原因，只是為了從對方身上得到東西，就會感到不道德。有權有勢的人士最沒這種心理負擔，但最需要建立人脈的人士——也就是最無權無勢的人——卻最可能有這種感受。人際關係如果從天而降，有如緣分，我們比較能夠接受人脈的概念。

內向者不喜歡隨便在路邊認識人，也因此感到難以建立人脈。就連外向者都可能感到困擾，因為他們雖然輕鬆就能夠認識朋友，但那些人不一定對事業有幫助。

我們需要與人交際才能成功，那有沒有辦法可以建立人脈，心中又不感到彆扭？有沒有連內向者也能用的方法？

釋放善意，先交交朋友

想知道答案的話，先看亞當·雷夫金（Adam Rifkin）的故事。2011 年時，《財星》（*Fortune*）雜誌封亞當為矽谷人脈王，但各位知道嗎？他居然害羞內向，也是你這輩子見過最好的人，甚至綽號叫「熊貓」（Panda）。

熊貓的社交祕訣是什麼？當別人的朋友。沒錯，就是這麼簡單。建立人脈除了是所有人都能學習的技能，也是我們

原本就懂的事：其實就是交朋友。

套用格蘭特教授的術語，熊貓是給予者。教授在暢銷書《給予》（*Give and Take*）中也提到熊貓，他和我都認識熊貓實在很怪，但話又說回來，熊貓認識全天下的人。我向熊貓請教如何建立人脈，他說：

> 施比受更有福，找機會替別人做點事，例如分享你知道的事，或是幫忙介紹對方不認識、但有興趣結交的人。別把人脈當成一場交易，不要因為期待回報才助人。讓對方知道你和他有共同興趣，而且你是真心誠意。

哈佛與 MIT 因為沒溝通，給自己找了天大的麻煩。各位最好認識一下鄰居，交朋友是好事。如果是生意上的朋友，我們用「人脈」這個惹人嫌的名詞，覺得不是什麼好事，但如果想成「交朋友」，就沒問題了。一切看你採取什麼觀點。

其他廣結善緣的人士也同意這個說法。暢銷作家拉米特・塞提（Ramit Sethi）告訴我：

> 我們全都有那種很酷的朋友，永遠會寄給你很棒的東西：「嘿！看看這本書」，「我剛才看到一支影片，你一定要看一下，在這裡。」那其實就是在建立人脈，先伸出友誼之手。如果有一天，他們跑來找你：「嘿，我知道你有一個朋友在 X 公司上班，我正在打探那家公司的消息，可以幫我介紹嗎？」

你當然會說好，人脈靠的是個人關係。

如果說相互利用的人脈，就像摩爾多瓦人互不信任的情境，那相反情況是什麼？答案是冰島，冰島是全世界最快樂的地方，部分原因是當地居民緊密結合在一起，走到哪裡都會遇到朋友。冰島人要是上班遲到，很常見的藉口是：「我碰到朋友了！」

為什麼會這樣？我們在心中把工作與私生活分得很清楚，但是各位知道嗎？我們的大腦其實搞不清楚。早期人類幾乎一輩子都待在小型部落，每個人彼此認識、一起工作，多數人還是血親。工作／私人生活分開，對人類的哺乳類大腦來說，其實是新奇陌生又隨意的劃分，這也是為什麼「人脈」聽起來很功利，「大家庭」卻很溫馨。

以色列學者哈拉瑞（Yuval Noah Harari）指出，人類之所以成功，主要靠「擬親屬關係」（fictive kinship）。多數物種只和家族往來，其他全是潛在敵人，人類則靠雙方都同意的說法來擴充家族定義，不只是有血緣關係的人才叫家人，每個人隸屬於許多大家庭，例如：我們是美國人，我們是IBM 的員工，我們同屬一支壘球隊。簡單來說，就是我們是朋友。朋友就是我們選擇的家人；有如家人的朋友，讓我們能以其他動物不可能達到的規模合作。人類這個物種能夠成功，祕訣就在於此。身為個人的我們，也能靠這個祕訣成功，友誼是我們的支柱。

這雖然是相當符合直覺的說法，但各位可能依舊感到假

借薄弱的「友誼」之名，就跑去接近可能對事業有利的人，還是怪怪的，好像有點勢利。我們還是喜歡順其自然，但所謂的「緣分」其實沒有那回事。每對情侶會在一起，主要不是因為愛情的魔力，也不是因為「非你莫屬」，而是因為有地緣關係。一生從未碰過面的兩個人，很難墜入愛河。

其他類型的人際關係也是一樣，你會和鄰居變成好友的主要原因是住得近，各位不必每週一起去打保齡球，也不必歃血為盟，也能有現成朋友，但交情可能有深有淺。由於生活圈在一起，鄰居、辦公室鄰座的女同事，或是 UPS 送快遞的小哥，都能成為我們的朋友。這樣的人際連結並不功利，也不會不自然，通常只是試著打好關係而已。兒童節目主持人羅傑斯先生（Mr. Rogers）有一首歌唱道：「你不是我的鄰居嗎？」他不是在求你搬進去同居，只是當個和善鄰居。

我們隨時會因為地緣關係等原因，和其他人成為朋友。不過，若是商場上的朋友，感覺又不一樣了。這就好像你被問到走路時先出左腳，還是先出右腳？有那麼一秒鐘，你的手腳不聽使喚。刻意去做平常下意識就會做的事，就會感到彆扭。

建立人脈不是什麼可怕的事，事實上，我們請人幫忙時，別人願意協助我們的程度，可能比我們預估的高五成。第 2 章提過，不信任他人，或是假設別人都很自私，將成為自我應驗的預言。記住，交朋友的基本原則很簡單：當個社交上的樂觀者，假設別人會喜歡你，別人就很可能喜歡你。

你在幼兒園就知道的交友三原則

羅勃・傅剛（Robert Fulghum）在 1980 年代有一本超級大賣的暢銷書，書名是《我所需要知道的一切，在幼兒園就學過了》（*All I Really Need to Know I Learned in Kindergarten*）。*所以，拿出你的蠟筆吧！我們要回到幼兒園，複習一下交友的基本原則。我們憑直覺就知道那些事，但背後其實都有科學依據。

#1：你喜歡鋼鐵人？我也是！

看到那個在玩你也喜歡玩的玩具的男孩了嗎？上前自我介紹一下，我們全都會選擇和自己相像的人做朋友。

老實說，相像的威力大到令人害怕。研究顯示，光是和我們的名字類似的名字，我們就會有好感。光是品牌名稱第一個字母和我們一樣，我們就會偏好那個品牌。和我們的生日相近的出生日期，我們也比較能夠記得住。我們甚至比較喜歡動作和我們一樣的人。還有，為什麼新聞主播和演員都找好看的人？因為我們覺得帥哥美女和我們比較像（可真是一群自戀狂，各位說呢？）。

就連「不」喜歡的東西相似，我們也會因此容易覺得彼此同一國。研究顯示，抱怨同樣的東西，讓我們感覺彼此更親近。你們剛好都討厭同一個人嗎？可能會因此成為一輩子的摯友。各位聽過那句老話嗎？「敵人的敵人就是朋友」？一

成功不再跌跌撞撞

---

* 繁體中文版正式書名為《生命中不可錯過的智慧》。

份名為〈我覺得我好像認識你：分享對他人的負面觀感，可以增進熟悉感〉（"I Feel Like I Know You: Sharing Negative Attitudes of Others Promotes Feelings of Familiarity"）的研究證實，那句話是真的。

所以說，請到學校操場找和自己像的人。那個人比較可能喜歡你，你也比較可能喜歡他。沒看到明顯相像的人？嗯，來看下一條基本原則。

#2：聆聽與鼓勵其他小朋友

想知道自己和幼兒園某個小朋友有什麼共通之處嗎？問問題，然後聆聽。你大概會聽到自己心有同感的東西。此外，聆聽是建立關係的重要步驟——也是多數人做不好的一件事。

神經科學家戴安娜・塔米爾（Diana Tamir）發現，談論自己比談論食物或金錢，更能讓大腦獲得快感。這就是為什麼我們該停止高談闊論，讓身邊的人多講講自己。親密關係專家亞瑟・亞隆（Arthur Aron）的研究顯示，問別人有關他們的問題，能在驚人的短時間內，產生有如終生友誼般的情感連結。

FBI 行為專家羅賓・迪瑞克（Robin Dreeke）表示，重點是「以不批判的態度，尋求他人的看法與意見。」不要想著自己要怎麼接話，專心聽別人講話。

找到彼此的共通點了嗎？太好了，別害羞，誠心讚美對方。研究顯示，人類喜歡聽見讚美的程度，超越性愛與金

錢。影響力大師席爾迪尼表示，關鍵在於「誠心」，別像在諂媚，人們不喜歡被巴結，誠實說出你看到的正面事物就好。研究顯示，就算明顯是在恭維，誠心的恭維具有不可思議的效果——畢竟，我們不是在賣保險，真誠一點比較好。

不用試著耍酷，也不必刻意努力讓人印象深刻，以免造成反效果。比起精明幹練，我們比較喜歡溫暖的人。研究甚至顯示，如果有得選，我們寧願與人好的傻瓜一起工作，也不想和能幹小人為伍。此外，不要隨便提供建議，也不要說別人錯了，請對方提供建議，讓他們有機會對你展現溫暖。

迪瑞克喜歡問別人遇上什麼挑戰，每個人都喜歡抱怨一下自己的壓力。抱怨完之後，剛好可以接上下一條原則。

#3：當個給予者，分享你的點心

自請協助他人，想辦法和格蘭特、熊貓、艾狄胥一樣，當個給予者。要是有人提到自己碰上煩心事，想辦法幫點忙。

別像是在利益交換一樣，你想要自然發生的友誼，對吧？朋友會彼此幫忙，不帶任何目的，也不想著得到回報。善自然有善報，多份研究顯示，努力讓認識的人開心，開心自然會回到我們身上。朋友開心，你開心的機率也會上升15％。就連朋友的朋友的朋友開心，你也有6％的機率變開心。因此，不必想著助人要得到什麼好處，別開口要求任何事，對方自然會對你產生好感，你也會覺得自己做得很好，只是在做朋友會做的事而已。此外，記得，幫人要幫到底。

（注意：如果遵守這三條原則，可能一個不小心就變成好人。）

五個方法，有效建立人脈

好了，別再把建立人脈當成功利又令人不舒服的事，專心交朋友。我們明白該抱持什麼心態了，但實際上該如何著手？下列幾個好方法，可以減少各位摸索的時間，少一點好難、好恐怖的心理障礙。

#1：從原本的朋友開始

研究顯示，擴大人脈最快、最簡單的方法，不是到街角遞名片，而是和老朋友聯絡。這樣一點都不功利，他們原本就是你的朋友，只是一年沒聯絡了。和老友聯絡是很好的起點，一點都不讓人害怕。瀏覽一下自己的臉書好友清單、LinkedIn 聯絡人，或是電話簿也可以。接著一週寄幾封電子郵件，問問他們：「最近過得如何？」研究顯示，這種停過一陣子的友誼對事業的幫助，甚至大過新朋友。此外，芝加哥大學神經科學家約翰‧卡喬博（John Cacioppo）發現，我們利用臉書安排真正的聚會時，可以增進快樂，但要是靠臉書取代見面，卻會增加孤獨感。

在這裡要提醒大家一件事，如果是只在社群媒體上互動的朋友，不能算人脈。我們要再度回到幼兒園的概念，你的「朋友」如果只像數位線上圖書館堆疊的電子書，那和面對面聊天相處不同，不叫人際關係，只是在拚人數。

#2：找到超級人脈王

在人際網絡中，從人脈分支來看，並非人人生而平等。布萊恩・巫齊（Brian Uzzi）與雪倫・鄧勒普（Sharon Dunlap）所做的研究顯示，人脈也有某種 80／20 法則。我們絕大多數的朋友，大概是透過少數幾個「超級朋友」（superfriend）而來的——你的朋友中最像熊貓的那幾個人。因此，各位如果試著拓展人脈、想交新朋友，那就從有用的地方下手。研究一下臉書好友名單或電話聯絡人，你會發現其中許多人是透過一小群朋友認識的。找出這些「超級朋友」，請教他們：「我該和誰見面？」超級朋友可以提供的人選，將遠遠超過其他人。

#3：挪出時間，挪出預算

人們嘴裡說想要拓展人脈，卻很少把這件事當成優先要務，真的花時間或花特定心力去做，例如：「每週多挪出 50 美元喝咖啡吃午餐的預算，和朋友聯絡一下感情。」暢銷作家班・卡斯諾查（Ben Casnocha）指出，人脈王會為了拓展人脈，預先挪出一定的時間和金錢，當機會降臨時不會猶豫。大學生知道，週五和週六晚上（或許還包括其他夜晚）是派對時間，輕鬆就能夠認識新的朋友。各位也該採取類似做法。

學界研究顯示，朋友間最容易起衝突的一件事，就是挪出時間見面。如同上一章提過生重病的史賓賽，時間是一種數量有限的寶貴事物，如果想讓某些人知道，他們對你來說

很重要、你在乎他們，挪出時間是最基本的事。因此，你應該事先安排時間，讓建立人脈從「聽起來很不錯，有一天會去做」，變成真的跑去做。此外，錢究竟能不能買到快樂有諸多爭議，但相關研究確定一件事：如果把錢花在我們愛的人身上，絕對可以帶來快樂。所以，寄封簡訊給朋友，請他們喝杯咖啡吧！

#4：加入團體

不不不，不是那種讓人翻白眼的「人脈團體」，那種團體同樣令人不自在，皺起眉頭。自己主辦派對很好，但頻率大概不會常到能有持續效果。你認識一群每週會一起吃午飯的朋友嗎？或是，每週日會一起看美式足球的人？同事組成的讀書俱樂部？這些活動都能讓你以有趣、不必主動的方式，自然而然處於人群之中，與他人來往。研究顯示，混合舊朋友與新血的團隊不但最優秀，還能順便拓展人脈。此外，參加幾個這樣的團體，就能輕鬆增加科學上所說的「運氣」。如同學者韋斯曼所言，加入這樣的團體，就能一邊和喜歡的人享受美好時光，一邊讓人生好運降臨。

這可不是我隨便在積滿灰塵的學術期刊上看到的蛋頭學者理論，我人在洛杉磯時，從不錯過朋友安迪・沃克（Andy Walker）每週五的中午聚餐。我造訪舊金山時，一定參加熊貓的矽谷創業者「106 英里」聚會（106 Miles）。我一年飛波士頓幾次，只為了參加穆孔達教授舉辦的「有趣人士」晚宴，他邀請人脈網中特別妙的人，大家晚上一起喝酒聊天。

此外，我寧願犧牲一顆腎，也不願意錯過朋友詹姆士・柯利爾（James Clear）的年度部落客聚會。這些全都不是參加者想相互利用的場合，只是一個社交機會，同時可以見到好友，又能在輕鬆環境裡認識不同的人。

這類型的聚會也可以讓自己悄悄變好，還記得老媽說的話嗎？離被留校察看的同學遠一點，或是「為什麼你不跟那個每科都拿 A 的好學生做朋友？」媽媽說的沒錯，查爾斯・杜希格（Charles Duhigg）在精彩的《為什麼我們這樣生活，那樣工作？》（*The Power of Habit*）一書，提到 1994 年一篇哈佛研究：成功改造人生的人士，通常不是靠讓生活起翻天覆地的大變化，只不過是加入自己想成為的人所組成的團體。

所以說，請慎選自己的團體。「推孟研究」追蹤一千五百多位青少年直到他們過世，得出我們該和誰來往的結論：「近朱者赤，近墨者黑。想增進健康的話，和健康人士來往，通常是最有效、最直接的改變方式。」

研究也顯示，相較於孤獨一人，當社群團體中的一份子，更能增加適應力，克服壓力。各位身邊要是沒有這樣的團體，最簡單的方法就是自己當召集人，聚集一群人。其他也想固定從事社交活動、以不帶功利目的方式拓展人脈的朋友，一定會感激你。

#5：別斷了聯絡

我們在外頭全會認識人，但很少花時間保持聯絡，培養

友誼。聖母大學（Notre Dame）研究人員分析兩百萬人間的八百萬通電話，發現讓友誼長久的方法其實很簡單：每兩週聯絡一次。如果不是很熟的朋友，可以不必聯絡得那麼頻繁，不過原則一樣：偶爾要打聲招呼。

打招呼不需要花很多時間，每週寄幾封電子郵件，一段時間就會有很大差別。熊貓的人際網絡十分龐大，但他維持人脈的時間，依舊少到驚人，通常只是每週透過電子郵件，替別人做點小事或幫忙牽線，既能助人，又能以自然方式維持人際關係。助人甚至有益健康，縱向研究顯示，壽命最長者，不是獲得最多協助的人，而是給予他人最多協助者。

那麼，和同事建立友誼呢？也是好主意。各位不能仰賴人資的團隊精神培養練習；研究顯示，那種活動只會帶來不信任感。

研究也顯示，最佳的工作團隊成功預測指標，其實是團隊成員對彼此的感覺。多數嚴肅正經的指南，不會提到哪一種可以增進團隊溝通與績效的方法？答案是：和同事開開玩笑。

想知道誰的工作表現會最好？看一看午餐時間的桌子就知道。行為分析專家班‧魏伯（Ben Waber）的研究發現：「坐在最大桌的人，績效勝過別人許多。」這樣的人人脈較廣，也比較了解同事在做些什麼。

此外，在辦公室擁有不同掛的朋友，也好處多多。「能把人際網絡中相當不同的群組連結在一起的人士，比較早升遷，在職涯中也比較遊刃有餘，因為他們能夠搶在別人之前

聽見機會……有靈機一動的點子不算什麼，重點是有能力說服別人相信那個點子，一起行動。」

我知道，我知道，有些同事或因公認識的人是混蛋。辦公室裡總有我們處不來的人，我懂。不過，我和史丹佛商學研究所的菲佛教授聊，問他人們想在辦公室出人頭地時犯的頭號錯誤是什麼。他說什麼？就是對公司的社交互動置身事外，宣稱：「對，我知道人脈很好，但我拒絕玩這個遊戲。」臨床心理學家與職場顧問艾爾·伯恩汀（Al Bernstein）表示：「你不可能不涉入政治，頂多就是玩得很爛……這世上唯一關係不重要的地方，只有遠離人煙的荒島。」正向心理學家艾科爾發現，最不可能發展職場友誼的工作者，也最不可能獲得升遷。各位可以反覆把這個句子讀個幾百遍，銘記在心。

辦公室謠言有時是無事生非，然而待在情報網內是好事。研究顯示，職場七成至九成的謠言屬實，而那樣的資訊可不會出現在公司週報上。想成功的話，就得掌握情報。

各位如果是組織中的領導者，努力讓員工相處融洽將是你最重要的任務。員工在辦公室如果至少有一位能幹好友，努力程度與生產力會上升 10％。為什麼如此？

研究指出，多數人似乎都需要有人激勵。〈美國的社交孤立：二十年間核心網絡的改變〉（"Social Isolation in America: Changes in Core Discussion Networks over Two Decades"）作者發現，1985 年時，多數人說自己一生有三位知己；2004 年時，最常見的答案則是「0 人」——「說自

己沒人可以商量大事的人數增加近三倍，然而朋友少帶來的健康風險超過肥胖，等同一天抽 15 根菸。」

我想，我就不必再多說了。哈佛與 MIT 應該分享小點心，透露一點自己的最新研究，他們的生活會因此容易許多，工作起來也更有效率。嘿，你看，連大學也一樣，有朋友是好事。

各位或許已經建立起良好的人際網絡，不過我們全都需要一種特定的人脈關係，才可能成功。我們來看看是什麼。

一位好萊塢喜劇名導的養成

沒有誰不想當幽默風趣的人。在 1980 年代，當時還是青少年的賈德・阿帕托（Judd Apatow）為了博朋友一笑，把毒漆藤放在自己鼻子下。各位想像得到，那實在不是一個很好的點子。阿帕托的父親在他小時候，總是放喜劇帶子給他聽，他因此嚮往那個世界，長大想當喜劇演員。

阿帕托平日會看喜劇綜藝節目《週六夜現場》（*Saturday Night Live*），用錄影帶錄下節目，一個字、一個字抄下對話，研究劇中演員如何講笑話，還每週都仔細翻閱《電視指南》（*TV Guide*），找出哪位喜劇演員會上脫口秀節目。五年級時，他以喜劇組合馬克思兄弟（Marx brothers）為主題，寫了一篇長達 30 頁的報告，而且不是學校作業，單純是為自己而寫。

當你是個孤獨孩子，在學校被霸凌，父母又為離婚吵個不停，你需要這樣的嗜好當心靈寄託。然而，擁有沒人懂的

嗜好，也是很孤單的一件事。

　　當你還住在家，多數時間都在做幾何家庭作業，要如何學習喜劇？（那個年代離網路問世，還有很長一段時間。）阿帕托有朋友替高中廣播節目「WKWZ 88.5 FM.」訪問樂團，所以他想，如果自己也來訪問專業喜劇演員如何？

　　阿帕托不曉得當時的喜劇演員地位不高，沒人想訪問。他打電話給宣傳，還以為對方會嘲笑一番就掛掉電話，但其實宣傳心中想的事和小阿帕托一樣：有何不可？（他們答應，可能也是因為阿帕托沒提自己的邀約是上高中電台，也沒提自己才15歲。）幾乎他詢問的每一位喜劇演員都答應了。

　　沒錯，阿帕托登門時，令許多人都嚇了一大跳，沒想到來做訪談的人，是一個滿臉青春痘、拿著一台賽奧塞高中（Syosset High School）視聽社大台錄音機的小鬼。然而，就這樣，一個熱愛喜劇的寂寞孩子，訪問到業界最大咖的喜劇演員，連傑・雷諾（Jay Leno）、蓋瑞・桑德林（Garry Shandling）、《辛普森家庭》共同製作人詹姆士・布魯克斯（James Brooks）都是受訪嘉賓。阿帕托還跑到洛杉磯去看奶奶，目的是訪問《歡樂單身派對》（Seinfeld）的傑瑞・賽恩菲爾德（Jerry Seinfeld）。他也去過波啟浦夕市（Poughkeepsie），與「怪人奧爾」揚科維奇（"Weird Al" Yankovic）見上一面。

　　阿帕托從受訪者身上，學到如何寫笑話、如何抓笑點、如何在表演中放進個人經歷，以及如何配合不同觀眾群改寫內容。不過，最重要的是，他就此知道，自己並不孤單，外

頭有好多人跟自己一樣。

　　阿帕托開始寫作，寫出滿意作品後，試著賣給傑‧雷諾。雷諾沒買，但提供建議與鼓勵——如同多年前喜劇前輩喬治‧卡林（George Carlin）為他做的一樣。

　　賽恩菲爾德在接受阿帕托訪問六年後，雇用他替奧斯卡獎寫笑話，提拔他當《賴瑞‧桑德斯秀》（*The Larry Sanders Show*）的編劇。阿帕托替蘿珊妮‧巴爾（Roseanne Barr）與湯姆‧阿諾（Tom Arnold）寫腳本。雷諾也在老實講沒什麼理由的情況下，沒事就讓阿帕托上一下《今夜秀》（*Tonight Show*），直到有一天他成氣候。

　　阿帕托今日成為廣受好評的導演，作品有《40處男》（*The 40-Year-Old Virgin*）與《好孕臨門》（*Knocked Up*）。要是沒有眾導師的提攜，他不會有今天，每個人都需要導師才能成功，幸好我們不必把毒漆藤塞到鼻子下。

幫自己找位導師吧！

　　想要轟動全球？改變這個世界？被載入史冊？發明 1 萬小時專家理論的艾瑞克森表示，只有一種辦法，你需要導師：「相關發現符合探討全球成功運動員、科學家與藝術家的研究。班傑明‧布魯姆（Benjamin Bloom）1985 年發現，成功人士幾乎毫無例外，每一個都接受過大師的訓練，那些老師先前指導過成為國際級人士的學生。」

　　還記得訪問過 91 位全球創意大師的學者契克森特米海伊嗎？他發現一流人士有什麼共通點？沒錯，幾乎每個人在

大學的年紀，都有過重要導師。

傑拉德・羅區（Gerard Roche）訪問了 1,250 位高階主管，發現三分之二的人都有導師。有導師的人在職涯中錢賺得多，也比較快樂。「擁有導師的高階主管，薪水平均高28.8％，分紅平均多 65.9％，總現金薪酬整體而言高29％。」此外，女士們，有導師這件事對妳們來說更重要。研究中每一位成功高階女主管都有導師。

就算是自己開公司，沒老闆，幫自己找導師依舊重要。申恩・史諾（Shane Snow）在《聰明捷徑》（Smartcuts）這本好書中，指出研究顯示，有導師的創業者募資金額是 7 倍，公司成長率是 3.5 倍。

為什麼導師如此重要？因為我們沒時間所有的錯誤都自己犯，而犯錯自然又會導致失敗，最好讓別人去失敗，我們記取前車之鑑就好。好導師與好老師可以加快學習進度，就連在高中，遇到對的老師也會差很多。史丹佛經濟學家艾瑞克・哈努謝克（Eric Hanushek）指出，差勁教師花了 1 年時間才教會 6 個月的教材，好老師則一次教會 1.5 年。各位，數字多少就不必我幫大家算了，哈努謝克表示，在爛學校碰上好老師，比在好學校碰上爛老師幸運。

不過，導師還有一個較不為人所知的好處，前文已經數次提過 1 萬個小時專家理論，以及為什麼有人願意辛辛苦苦精益求精。第 1 章提到的原因是瘋狂與執著，不過還有其他因素：導師讓學習變有趣。導師逼我們拿出最佳表現時能轉換壓力，協助我們克服氣餒。格蘭特教授表示，導師能引領

我們走向恆毅力與刻意練習：

> 多數世界級的表演者，最初都有讓做那件事變有趣
> 的第一位教練，或是第一位老師。如果你擅長某件
> 事，達到精通程度，通常做起來就會更有趣、更享
> 受。我們忽略倒過來的效果，也就是發展天分前要
> 先有興趣。我們能夠樂此不疲，通常是因為教練或
> 老師領進門，才開始投入成為專家所須的練習。

　　樂趣通常不會和「努力」、「專業能力」、「第一」幾個詞
彙擺一起。樂趣是一種情感，那個情感元素很關鍵。你應該
在乎你的導師，而真正能讓你成功的導師，也必須關心你。
　　阿帕托碰過好幾位優秀導師，但那些導師能讓他有今天
的成就，其中一個不明顯、但重要的原因是，雙方擁有私人
情誼。阿帕托發現，眾導師也曾是熱愛喜劇的寂寞孩子，感
受到彼此之間的連結。那樣的連結除了讓心中升起暖意，還
很必要。研究人員潘妮洛普・洛克伍德（Penelope
Lockwood）與齊法・昆達（Ziva Kunda）發現，偶像究竟會
令人感到有志者事竟成，還是望洋興歎，要看兩件事：「認
同感」與「可行性」。我們要是感到仰慕的對象和自己有共
通之處，就會產生動力。對方要是讓我們感到自己也行，
砰——就會出現真正的效果。
　　這也是為什麼企業的導師制度雖然立意良善，效果卻不
大。克麗絲汀娜・昂德希爾（Christina Underhill）回顧過去

二十年間的導師研究，發現一項令人意外的差別：正式的指導確實會帶來小改善，但重大成效來自非正式的導師——自己找到的那一種。史諾指出：「學生與導師若是自行找到彼此，培養出個人關係，以未來收入、任期、升遷次數、工作滿意度、工作壓力與自尊等衡量指標來看，被指導者的表現將優秀許多。」

掌握這五點，找到好導師

好，有導師很重要，而且大部分的人好像都弄錯了，我們需要的其實是非正式的導師。然而，究竟如何才能找到「正確」人選？

找導師和建立一般人脈有點不同。我們想得到一流的指導，也就是說，我們要找的人十分忙碌，大家搶著要他們的時間，他們會很挑，不挑不行，因為他們就和生病的史賓賽一樣，沒有多餘時間可浪費。很多機會在等他們，但他們一天同樣只有 24 小時。

怎樣才能覓得適合自己的優秀導師？下列有五點原則。

#1：聽好了！要當個受教的學生

有一句老話說：「學生準備好了，老師自然會出現。」如果你已經做了一切能讓事業有進展的事，找到導師就不會太難。為什麼？因為如果你表現出色，成功人士會注意到你，想幫你一把。有才華、聰明又積極的人很少，如果沒獲得關注，代表你做錯了，可能還不夠努力，或是沒積極向外

發展。

這是古老的雞生蛋、蛋生雞問題：「要有經驗才能得到工作，可是沒工作我要怎麼得到經驗？」不夠積極的人會說找導師也一樣：「你說我要成功，才會有導師願意幫我，但我需要導師才能成功。」其實不是這樣。

許多人想要導師的原因是太懶，不肯自己做功課。神經科學研究顯示，專家說話時，我們的部分大腦會停止運轉：

> 在艾文理專攻神經經濟學與精神病學的醫學博士喬治・本恩斯（Gregory Berns）的帶領下，艾文理大學醫學院的科學家在 2009 年一項研究發現，被視為專家的人士提供建議指導時，聆聽者會停止思考……「大腦活動顯示，信任專家，導致人們放棄決策權。」

對學校老師起這種反應沒關係，因為老師有領薪水。然而，我們找成功導師時，是在請極度忙碌、高度有成就的人士免費提供時間，導師不想見到我們缺乏大腦活動。師父領進門，修行在個人。

導師什麼時候會肯為我們多做一點？當你讓他們看到，你已經什麼可能的路都試過，真的沒導師幫忙不行時。當導師看見我們已經盡一切所能後，知道我們有頭腦，懂得隨機應變，不會浪費他們的時間，自然願意幫忙。許多導師也是腦袋靈活的人，這下子你們兩人有重要共通點。

不要想著自己需要什麼，導師心中大概也在想：我是這個領域中最傑出的人，我很忙，憑什麼我要用極度有限的時間免費幫你？

#2：研究你未來的導師，好好認識他們

　　如果對方是領域中最頂尖的人，網路上一定會有他們的資料，花點時間好好研究。由於很少人會對其他人的工作瞭若指掌，對方會受寵若驚。

　　然而，做背景調查的目的，不只是為了讓對方心花怒放。前文提過，我們必須確認我們想找的導師真的適合我們。遠看長得很帥、很漂亮，可能就會讓我們想和某個人約會，但還不足以讓我們決定結婚人選──為了各位好，千萬別這樣就決定結婚。各位親愛的讀者，千萬別搞錯了：找導師就是一場婚姻，不是一夜情。

　　各位要確認自己想找的人，真的是最好的，而且不是混蛋。《天才密碼》暢銷作家科伊爾指出，我們得找自己有點敬畏的人。沒錯，他們必須很有一套，但也得有辦法激勵你。

　　一旦對方開始認識你，先前做的功課就能派上用場。如果他們認為你比一般人聰明，絕對是好事。羅伯特・羅森塔爾（Robert Rosenthal）與雷諾・雅格布森（Lenore Jacobson）做過一項經典研究，老師被告知某幾位學生有「一鳴驚人」的潛力，學期結束時，的確也測出那幾個孩子 IQ 平均提高 22 分。然而，令人意想不到的是，那幾位所謂「潛

成功不再跌跌撞撞

202

力驚人」的孩子，其實是隨機挑選的結果，實際上並不特殊，但由於老師「以為」他們很特殊，也因此出現自我應驗的預言。老師其實並未多花時間在那些孩子身上，因此羅森塔爾「認為老師十分興奮能教到那些學生……一定是在不知不覺中，透露出對這些學生的尊重與熱情，所以學生感覺自己的理解能力比別人強，期待自己擁有更佳表現。」

#3：浪費導師的時間，是十惡不赦的大罪

沒錯，導師會不高興，但是更重要的是，這顯示你的基本功還不夠，導師會在心中大叫：「這個人還沒準備好接受我的協助。」寫很長的電子郵件給超級忙碌人士，並不會顯得你很認真，只會顯得你沒 sense。請尊重對方的時間，不要嚇到對方。

提出好問題是建立關係的好方法，但關鍵是「好」問題，千萬別問導師你自己 Google 一下就能找到答案的問題。請把這句話刻在石頭上，寫成血書掛在桌前，或是刺青在身上。不論什麼主題，都可以在可汗學院（Khan Academy）學到基本知識，先把功課做好了，再去找你的導師。

把問導師問題，當成打電動多一條命或神功護體的機會，千萬別浪費，真的到了緊要關頭才用。

#4：不要一獲得幫助就消失了

一開始先別提那個「M」開頭的字：導師（Mentor），相信各位也不會第一次約會就求婚，對吧？先試著展開一段

關係，而不是當下就要對方答應。培養師徒關係需要時間，你得負責維持這段關係，畢竟要求幫忙的人是你。

暢銷作家萊恩·霍利得（Ryan Holiday）同時擁有作家羅伯特·葛林（Robert Greene）等好幾位導師，他說：

> 永遠要出現在他們面前晃一晃，忙碌人士很容易就會忘掉你，你要想辦法讓自己對他們有用、沒事就更新一下近況，偶爾丟一封電子郵件或問題過去，掌握住不好掌握的分際，不能太煩人，要讓對方感興趣。斷斷續續保持聯絡，會比失聯已久突然要重新搭上線容易……不中斷聯繫是你的責任，不是導師的。

你得確保雙方的關係還在，但不能太煩人。照導師的吩咐去做，做出成果，讓導師知道自己的指導讓事情不同。導師想見到徒弟有成就，如果他們感興趣，你可以報告後續情形：「我研究過，發現……效果會很好，但希望您指點一下。您覺得 A 或 B，哪個比較好？」

讓這樣的互動成為一來一往的對話，不要只有一次，就斷了音訊。

#5：讓導師以你為榮

這個道理就和「黑帶道館劇場頻道」（Black Belt Theater）播放的那種古老功夫片講的一樣：「不要讓忍者團

因你蒙羞！」導師不希望覺得幫你是在浪費時間，你的目標與導師的目標最終要一致：名師出高徒。導師除了希望弟子成功，也希望自己臉上增光。

研究卓越的賽門頓教授表示，被當成優秀導師，本身就是一件走路有風的事。我們怎麼知道誰是優秀導師？當然是因為他們的學生很成功。所以，我們除了要想著自己的事業，也要想著導師的事業。前文提過，許多專家其實不善與人交際，他們要是能成為領域第一，而且又指導後輩，將令人刮目相看。對資深高階主管而言，因培養未來領袖而出名，對履歷表來說是人加分，也是當上執行長的門票。

各位找到的導師，有可能幫忙大幅改善技能，但他們自己可能摸不透辦公室政治。這種事很常見，但這不是什麼問題。解決之道是什麼？尋找第二位導師。導師有如美味洋芋片，只有一片是不夠的。羅區的研究顯示，高階主管的整體平均導師數是兩人，女性主管更是擁有三位。賽門頓教授解釋：

> 想找導師的話，應該盡量多找，不要只找一人。同理，在選擇模範時，也是多多益善。才華洋溢的年輕人同時擁有多位導師協助自己成長時，比較不會走上只會依樣畫葫蘆的死路，必須整合自己獲得的多元訓練。而整合技巧、風格或點子，可能是學生成名的關鍵。

在我們總結前述這些原則之前，還得再提一個人們不肯找導師的常見理由。各位或許自認已經夠有成就，一路上走得夠遠，不需要導師了。你錯了。

　　內分泌外科醫生阿圖・葛文德（Atul Gawande）是哈佛醫學院教授，也是《紐約客》（*The New Yorker*）雜誌的專職作者，寫過四本暢銷書，還是羅德獎學金與俗稱「天才獎」的麥克阿瑟獎（MacArthur "Genius" Grant）得主。在這一堆豐功偉業之外，他還能照顧到婚姻生活與三個孩子。每次我看到他的履歷，心裡都會想：天啊！我的時間都浪費到哪裡去了？這樣的人在 2001 年時，覺得自己下一步一定要做的事是什麼？找導師，讓自己更上一層樓。

　　這麼有成就的人，居然還想找人讓自己更進步，實在令人意外（也或者是工作狂的象徵）。不過，葛文德醫生不這麼想。職業運動員全都有教練，還通常同時聘請好幾位專家，指導自己的體能、飲食，以及比賽的特定面向。如果說，連靠丟球賺錢的人，都覺得絕對需要專業人士指導，或許天天開腸剖肚的外科醫生也需要？退休的著名外科醫生羅伯特・奧斯汀（Robert Osteen）因此答應重出江湖，手裡拿著筆記本，在手術房站在葛文德醫生後方。結果發生什麼事？葛文德醫生的病患術後併發症數量下降，一位原本就傑出的外科醫生，就此更優秀。

　　我們永遠有需要向他人請教的地方。若能在學習過程中，順便交到一輩子的朋友，更是好事一樁。喜劇作家阿帕托當年是寂寞但心中有熱情的孩子，因此他勇敢踏出一小

步，打電話給日後將指導自己的人士，不但事業一飛沖天，還交到情誼維持一生的朋友……不過，他沒有就此停下，現在也開始提攜後輩：

> 大家對我很好，例如桑德林和布魯克斯。我在他們的節目工作時，他們傾囊相授。我認為魚幫水，水幫魚，人永遠需要協助。我在製作《怪胎與宅男》（*Freaks and Geeks*）等節目時需要工作人員，有時劇組有年輕編劇，他們才華洋溢，但還抓不到竅門，我的工作是引導他們。他們學會後，我工作起來也會輕鬆許多。導師制度的獲益者是年輕人，但我自己也可以樂得清閒。

阿帕托是從哪裡學到傳承的價值？當然是從導師身上。桑德林告訴他：「我看見人才時，希望他們一展長才。我真的需要助手——我幫人才，人才幫我，教學相長，我自己也學到東西。」

研究證實桑德林的理論，《星際大戰》的尤達大師能夠如此長壽，又如此安詳，有其原因：指導他人能讓你快樂。相較於自身健康或收入，指導年輕人與快樂的關聯是四倍，因此如果有能力，不要只想著誰可以幫你一把，也要想著自己能幫誰。

好了，我們現在知道如何建立人脈，找到導師，也曉得如何與他人一拍即合。不過，我們身邊總有難搞人士，那種

覺得全天下都欠他的人。我們該如何處理這類的棘手情境？
此時，需要拿出威力最強大的武器。

　　有一群人懂得如何在最緊急、最糟糕的情況下，和最難
應付的人交心：讓我們來向人質談判者討教幾招。

NYPD 人質談判小組：和我談一談

　　1972 年奧運期間，巴勒斯坦恐怖團體「黑色九月」
（Black September）挾持十一名以色列運動員，警方與恐怖
分子的對峙，最後以悲劇收場。煙霧消散時，十一名以色列
運動員全數死亡，五名恐怖分子、一名德國警員也命喪黃
泉。隨著恐怖攻擊及其他危險局勢在 1970 年代愈演愈烈，
執法部門需要找出更好的辦法來處理這類問題。

　　在先前的年代，所謂的危機談判，幾乎可說是前所未
聞。碰上人質事件時，警方的處理辦法通常是靠未受過正式
訓練、臨危受命的警官自行設法處理嫌犯。儘管攻堅通常沒
有好結果，有時一湧而上似乎是唯一的解決辦法。不過，有
兩名警員覺得或許還有別條路可走。

　　哈維・史羅斯堡（Harvey Schlossberg）和一般警探不大
一樣，擁有心理學博士學位。法蘭克・波爾茲（Frank
Bolz）則是紐約市警察局（New York Police Department,
NYPD）實戰經驗豐富的老鳥。兩人認為與挾持人質的歹徒
談話，可以減少傷亡，成功解決緊張情勢，不過先前沒人試
過。許多人認為，動用武力是唯一的解決辦法，因此反對談
判的聲浪很大。雖然史羅斯堡與波爾茲替紐約市警察局，整

理出處理人質事件的腳本，不過人命關天時，那套真的管用嗎？想不到，兩人提出的方法，一下子就有機會派上用場。

1973 年 1 月 19 日那天，四名穆斯林團體極端分子，闖進布魯克林威廉斯堡（Williamsburg）的「約翰與艾爾運動用品店」（John and Al's），挾持了十二名人質，與紐約警方展開三小時的槍戰。一名警官死亡，兩名警員與一名槍手受傷。歹徒誓言同歸於盡，而且八成不是在虛張聲勢——他們占據的運動用品店除了販售籃球與網球拍，還是貨真價實的兵工廠，囤積著預備賣給獵人與運動員的真槍實彈。

儘管面臨空前危機，紐約警方依舊沒派出 SWAT 特種部隊，而是成立「智庫」。這次，警方一槍也不開，只使用心理學這項武器。波爾茲與史羅斯堡抵達現場，給警方一個簡單建議：和歹徒說話，接著等待。雙方就此展開談判，整整談了破天荒的 47 小時。

歹徒允許一名穆斯林教士進入店內，教士傳回壞消息：「他們願意為真主而死。」此外，警方還面臨一個意想不到的壓力：該區的居民。挾持人質的歹徒是黑人，而到場處理的警方幾乎清一色是白人。種族衝突在威廉斯堡原本就嚴重，警方擔心時間一拖下去，社區居民將轉而同情歹徒。不過，紐約市警察局還是堅守計畫，繼續談判。

槍手釋放一名人質傳口信：他們要求食物和香菸，還要求治療受傷的同伴。雙方最後用醫生交換了另一名人質。

第二夜來臨，店內射出大量子彈，不過紐約警方並未以武力回擊。當時，發生了意想不到的事，槍手忙著談判時，

剩下的九名人質趁隙脫逃，打破牆壁夾板，跑到屋頂上，被「緊急應變小組」（Emergency Services）人員救走。歹徒失去籌碼，一下子慌了手腳，瘋狂向附近的警察掃射。此時，警方終於可以攻進店內，不必擔心誤傷平民，不過依舊沒有這麼做，只把槍手家人帶到現場喊話。四小時後，沙利・阿里・阿布杜拉（Salih Ali Abdullah）、蘇拉伯・阿布杜拉・拉亨（Shulab Abdula Raheem）、道得・A・拉曼（Dawd A. Rahman），以及受傷的約瑟夫・阿布杜拉・阿瑪蘇丁（Yusef Abdullah Almussudig）從店內走出，事件落幕。

此次挾持人質的歹徒自從最初的槍戰後，又發射數百輪子彈，不過紐約警方只以喊話回應，沒再度出現傷亡。紐約警方把談判腳本寄給 FBI 審閱，不但獲得通過，FBI 也於年底前在寬提科（Quantico）開設人質談判課程。今日警方七成左右的談判人員，接受 FBI 的訓練課程。FBI 的數據顯示，攻堅導致 78％的傷亡率，人質挾持談判的成功率則達 95％。

各位知道紐約市警察局「人質談判小組」（Hostage Negotiation Team）今日的座右銘是什麼嗎？「和我談一談」。

許多人聽見人質談判會搖頭：「為什麼不直接開槍就好？」然而，會說這種話的人，並不曉得統計數據。警方在人質情境展開攻堅的話，警察是主要傷亡者。對峙可能迅速解決，但研究顯示，最後將以悲劇收場。

別急著解釋，聽聽對方說什麼

一般人在處理人際關係時，也很容易冒出類似的反應。出問題時，我們的第一反應通常是「戰」，雖然不一定是肢體暴力，但我們會大吵大鬧，而不是討論與協商。為什麼會這樣？哲學家丹尼爾‧丹尼特（Daniel Dennett）指出，這是因為碰上衝突時，「戰爭隱喻」（war metaphor）深植於我們的大腦。既然是戰爭，代表有人會被征服。我們不去討論事實與邏輯，戰到死為止。不論「理」站在誰那邊，如果你贏，就代表我輸。幾乎每一場對話都是地位保衛戰，沒人想看起來像笨蛋，也因此如同丹尼特的解釋，我們給自己製造出「學習」等同「輸」的情境。

就算你手上握有鐵證，邏輯無懈可擊，把另一方逼到絕境，然後呢？對方或許會認輸，但絕對會恨你。我們製造出你死我活的情境時，每一方都是輸家。

臨床心理學家伯恩汀也提出類似看法，命名為「哥吉拉vs. 拉頓效應」（Godzilla vs. Rodan effect）。要是對方開始大叫，你也開始大叫，你們兩人陷入戰爭隱喻，建築物被摧毀，東京被夷平，但雙方都沒得到什麼好處。你可能覺得：「我只是試著要解釋……」，但伯恩汀說這是陷阱。解釋幾乎永遠都是蒙上面紗的掌控，你不是在試圖指導對方，依舊是在想勝過對方。潛台詞是：「這就是為什麼我對，你錯。」不論你說什麼，對方只會聽見這句話。

神經科學研究證實，當人們相信一件事，你給他們看相

反證據，核磁共振（MRI）掃描會出現什麼結果？大腦的邏輯區域會停止運作，攻擊區域亮起。對於對方的大腦來講，這不是一場理性討論，這是戰爭。他們的大腦無法處理你所說的話，只想贏。你必須努力控制住自己的大腦，否則也會陷入相同情境。

我相信，有些死硬派不同意這樣的說法。直接開打，真的沒用嗎？當然有用。研究顯示，如果權力在你手上，另一方是弱勢，威脅是十分有效的手法，但只在短期間有效。如果老闆大吼，你大概會退縮。然而，你們兩人的關係，會發生什麼事？太常做這種事的老闆，很難留住有實力跳槽的一流員工。此外，光是當一時的五百磅巨獸哥吉拉也沒用，必須永永遠遠都得是超級大怪獸，因為你欺負別人，別人會記恨在心。等你失勢，他們得勢，他們就會報復。

紐約警方很聰明，沒在威廉斯堡危機中，落入冤冤相報的陷阱。就連人質逃脫後，依舊沒開槍，因為回擊不是最佳的解決辦法。有人說，警方應該拿槍一路殺進去，但我們現在也曉得，那麼做會帶來警員傷亡。

警方執法是攸關生死的行動，相較之下，你我並未身處生死一瞬間的情境，第一反應卻依舊是鬥個你死我活。我們的「恐龍腦」還以為，每一場爭論都是攸關生死的威脅：「誰該倒垃圾攸關生死。」對，真是太理性了。然而，就算真的事關人命，紐約警方等聰明人質談判者，依舊選擇和談，不是選擇開打。1970 年代後，危機談判人員主要採取討價還價模式，不動用武力。「你給我人質，我給你錢。」這種做

法聽起來好多了，對吧？但還是有問題。

到了 1980 年代，討價還價模式歷經重大變化。警方發現，雖然談判帶來重大進展，利益交換式的「你給我什麼、我給你什麼」，並不適用他們碰上的許多事件。1970 年代出現大量引發公眾關注、由恐怖分子發動的劫機事件，歹徒的要求很明確。然而，到了 1980 年代，警方現場必須應付的情況，97％是情緒不穩的人士，這些人不要錢，也沒有政治訴求。

第二代的談判原則因此問世，當開打或討價還價都無效時，負責處理暴力犯的危機談判人員與全副武裝的執法人員，找到的最佳解決方法是什麼？答案是同理心。鬧家庭糾紛與自殺的人，不會去聽講話像業務的人。誠心聽他們講心事，才能夠有效解決問題。

邁克‧麥孟斯（Michael McMains）的研究指出，警方處理危機事件時，主要犯下三種錯誤：讓每一件事非黑即白、想要盡快解決問題、沒有顧及情緒。

你我也會犯相同錯誤。的確，我們平日面對的不是情緒有問題的人士，等等，我們經常面對的就是情緒亂七八糟的傢伙，只不過我們叫他們「同事」或「家人」。他們不是提出要求的恐怖分子（雖然有時候真的很像），他們通常只是心中沮喪，希望有人聽自己說話。

人質談判者面對千鈞一髮的情勢，但在危機中，他們從頭到尾都表現出接受、關懷與耐心的態度，也因此，我們再度回到「友誼」這個主題。友誼和戰爭很像，我們直覺就懂

什麼是友誼。接受、關懷與耐心是很好的問題解決法，因為當爭論對象是我們所愛之人，很多時候不會有什麼具體結果。

人際關係研究者高特曼發現，情侶間有 69％的問題會重複發生，無法徹底解決。這就是為什麼討價還價的做法行不通，我們需要做到聆聽、感同身受與理解，儘管有些歧異無法化解，婚姻還是可能幸福。如果一心只想討公道，沒有顧慮他人的感受，一切將不會有好結果。

情緒的威力，人人都領教過，心情不好會讓我們變了一個人。當你又餓又氣，只要吃點東西，世界一下子就再度美麗，你又是一個和善的好人。研究顯示，食物是有效的說服工具，「吃下別人提供的食物，就會暫時對對方產生順從心。在吃的當下，順從的感受最強烈。一旦吃完，食物的效果將迅速消失。」我們吃下起司漢堡後，會覺得舒服多了，更可能心平氣和達成協議。

情緒使人改變行為，丹・品克（Dan Pink）在《群眾控制》（Crowd Control）節目上，試圖讓民眾不再違法占用殘障停車位。丹的團隊把抽象的殘障符號，換成真人坐輪椅的照片，違法停車的情形不只減少，甚至是完全消失。看見一個人的臉，想著這個人會有什麼樣的感受，改變了民眾的行為。

這個方法也能用在辦公室紛爭嗎？醜陋的談判呢？都有用。記住哈佛商學院教授馬哈特拉說的話，他告訴學生，談薪水最重要的一件事，就是讓對方喜歡你。

為什麼友誼是如此強大的人際關係工具，就連做生意也一樣？原因與談判人士所說的「價值創造」（value creation）有關。當我們陷入討價還價模式時，永遠在計算短期成本與利益。這種模式缺乏友誼的忠誠與信任，天生帶有競爭意味，我們不希望另一方拿的比我們多。然而，若是把雙方關係當成友誼看待，我們將交換更多資訊，會設法同時滿足彼此的需求。對我們來說不花成本的東西，對另一方來說可能很珍貴，或是倒過來也一樣。與其試圖搶到最大塊的餅，不如把餅做大，每個人都分到更多。研究顯示，許多友誼元素都能帶來良好協商，快樂的人更能協商出好結果。當人們對決策過程感到正面時，更可能達成協議，而且雙方都對結果感到滿意。當雙方像朋友一樣開玩笑時，將建立出信任感。

四步驟和緩衝突

　　解決困難對話的方法，就是少一點摩爾多瓦，多一點冰島。下列替各位整理好的四大步驟，來自人質談判與臨床心理學，可以幫助各位化干戈為玉帛。

＃1：冷靜，慢慢來

　　別生氣。要如何控制憤怒？伯恩汀建議，假裝自己是在和小朋友講話。面對尖叫的孩子時，你不會想和他們講道理，也不會因為他們亂叫就動怒，你知道他們是在無理取鬧，直接解決真正的問題就好。別忘了「哥吉拉 vs. 拉頓效應」，你叫我也叫，對任何人都沒好處。紐約警方告訴人質

談判人員，行為會傳染。

慢慢來，要是我們沒吼回去，進一步激怒對方，對方氣久了也就不氣了。匆忙會導致壓力，理性被拋到腦後，決策過程變得情緒化。伯恩汀的名言是：「慢慢講，我樂意幫忙。」

＃ 2：積極聆聽

「積極聆聽」（active listening）的意思是除了要聽，還要讓對方知道我們在聽，而且不做任何聲明。前 FBI 國際人質談判主持人克里斯・佛斯（Chris Voss）指出，要問「開放性問題」，最好以「什麼」（what）或「如何」（how）開頭，也就是很難只靠「是」或「不是」簡短回答的問題。

聆聽時，不批判對方說的任何事，只要聽和表示理解就好，並且不時地把自己聽到的事，用換句話說的方式重複一遍，直到對方回應：「沒錯。」要是能夠摘要說出對方的重點，對方就無法大叫：「你聽不懂！」把聆聽當成一場遊戲，扮演一下偵探，了解對方真正的意思。

這聽起來很容易，做起來很難。對方要是說出我們不認同的話，我們得抗拒反駁的衝動。此外，我們的注意力可能很容易就會分散。人類一分鐘可以聽進與理解 700 字，但一分鐘大約只說 100 字，中間的落差可能造成晃神。記得，集中你的注意力。

光是聆聽與表示自己聽進去了，就能夠產生很不同的效果。人際關係專家高特曼指出，改善戀情的第一件事是什

麼？學習當個優秀的聆聽者。人們離職的第一名原因是什麼？覺得老闆不聽自己說話。

#3：點出情緒，表達關切

記住，我們要專注於情緒，回應對方的感受：「聽起來你很生氣」，或是「聽起來，這件事真的讓你很不舒服」。當人質談判人員用這樣的句子表達理解時，可以讓激動情緒降溫。神經科學研究顯示，點出情緒、表達關切，可以讓人冷靜下來。

#4：讓對方冷靜下來思考

安撫對方腦中憤怒的野獸，讓大腦的思考區域重新上線。此時，同樣要用問句，不要用直述句，例如伯恩汀的做法是問：「你覺得我該怎麼做比較好？」強迫對方思考選項，不能只是發洩情緒。

此外，假裝自己是蘇格拉底，不要替別人解決問題、指揮別人做事，這會讓問題演變成一場戰爭。請靠著問問題，協助他人自行解決問題，並且重述對方的回應，讓他們思考自己講的話究竟合不合理。

解決問題時，如果辦法是對方自己想出來的，他們就比較可能真的執行，而不只是承認自己吵不過你：「你說的都對。」人們如果是自己解決問題，防禦心就不會那麼重。

威廉斯堡事件的歹徒手裡不再有人質後，紐約警方原本可以展開攻堅，但是他們沒那麼做，只請槍手的家人喊話。

「同理心」加上「溝通」，最後帶來最理想的結果。

要是你比所有人強大，還確定永遠不會失勢（這種事遠比想像中罕見），你可以選擇開戰。當開戰似乎是唯一解方時，通常還有更好的方法，就是轉身走開。對於執法人員等身處「戰爭」行業的人士來講，戰爭模式效果不彰。對我們這些普通人來講，效果也不會好。想要有圓滿結果，那就聆聽，提出問題，當對方的朋友。

好了，我們現在知道如何讓衝突降溫，維持人際關係。不過，什麼事會讓人想和我們當一輩子的朋友？最重要的事是什麼？一件小事就夠了：感恩。

及時表達感謝，讓人生無憾

不論各位人生目前有什麼成就，你是在多少人的協助下成功？家人？朋友？老師？導師？有多少人在你需要的時候幫助你、指導你、安慰你，給你希望？這世上沒人完全只靠自己，就連牛頓也不行。

我們是否挪出時間誠心感謝所有幫過自己的人？當然沒有，我們很忙。

年輕時的我們不知天高地厚，有時一直要到多年後，才明白生命中某個貴人多重要。但是，感謝他人，真心誠意說謝謝，有的時候會令人感到尷尬，若是事隔已久，更會感到有點奇怪。然而，我們通常會後悔沒把感激之情說出口，尤其是再也不可能當面致謝時。小說家哈麗特・比徹・斯托（Harriet Beecher Stowe）講過一句話：「墳前最心痛的眼淚，

是不曾說出口的話，以及不曾行動的遺憾。」

不過，曾經有一個人，的確感謝過幾乎是每一個幫過自己的人，那個人是華特・格林（Walter Green）。

華特是一個很重感情的人，但他和大多數的人一樣，一生多數時候總是有點忙碌。他親手打造出一間成功企業，擔任董事長與執行長，員工數一路成長至 1,400 人以上，後來賣掉事業，退休享清福。華特原本可以整天打高爾夫，但心底一直有一個遺憾：他不曾好好報答親恩。

這件事不能怪華特——很遺憾，父親在他 17 歲時，就因心臟病過世。現在華特退休了，手上有大把時間，他決定既然無法感謝父母，他要感謝所有幫助過自己成功的人。

「你要心存感謝」這句話，不只是老祖母的智慧語錄；大量科學研究都證實，感恩可以增加幸福感。實驗一再證明，光是上床睡覺前寫下發生過的好事，人就會變快樂。

華特坐下來細數一路上哪些人幫助自己成功，稱他們為「我的四十四人」（my forty-four）。在這四十四人中，有大學幫過他的好友、在父親去世後照顧他的大哥、讓他的孩子健康長大的家庭醫師、指導過他的導師、讓他引以為傲的徒弟、支持他的公司同仁、陪伴他二十五年的助理、他的孩子，以及他一生的摯愛妻子蘿拉（Lola）。華特感恩的對象，從 28 歲到 87 歲都有。四十四人聽起來很多，但如果我們仔細回顧自己這些年來的人生，很難不想出類似人數。我們很容易忘記多少人影響著我們的人生。

華特擬定感恩計畫，有點像終身成就獎，但不是給自

己，而是頒給別人。讚揚的話生前就講比較有意義，華特打算好好告訴那四十四人他們有多重要。很溫馨，對吧？不過，華特不打算只是「說說」而已……

華特表達感謝的方式，不是發簡訊，不是寄電子郵件，也不是打電話。華特說要感謝恩人，可不是隨便說說而已。他搭上一架飛機——好吧，其實是很多架——一一拜訪那四十四人，當面致謝。在全美飛來飛去，甚至跑到肯亞，整整走了一年的感恩之旅。

華特的第一步，就是打電話給每一位恩人，說出自己的計畫，並且約好時間見面。各位猜，接到電話的人，最常出現的反應是什麼？

「華特，你還好嗎？」

顯然，很少人會真心誠意表達謝意。華特會進一步解釋自己的計畫，然後親朋好友會再問一次：「你真的確定你沒事？」

華特逐一替每場會面做準備，問自己：「這個人讓我人生哪個地方不同？」

接下來，他展開為期一年的感恩之旅，造訪這些人的家和辦公室，或是約在飯店見面，到餐廳吃頓飯。每見到一位恩人，都會聊起兩人是如何認識的，有些交情可以回溯至四十多年前，甚至久到雙方都不記得。他們會一起分享回憶，然後華特誠心說謝謝，每份感謝詞都是量身打造，細數對方如何協助他走過一生。

最後，華特會問恩人，在他們眼中，他是什麼樣的人，

但他不是自戀才問這個問題。華特和所有恩人認識的時間，合計起來超過 1,000 年。如果想知道自己一輩子的表現，自己一生成為什麼樣的人，還有什麼比這更好的方法？那個讓我們一輩子晚上躺在床上輾轉反側的問題，華特從恩人身上得到答案：「我是誰？」「我做對了嗎？」「我做得夠多嗎？」

（華特還很愛張開雙手，每個人都得到一個溫暖的大擁抱。）

雖然華特並未當場寫下每場會面的談話內容，因為他想全神貫注聽每個人說話，不過他錄下每一場對話，一年後把對話內容燒成 CD，當成禮物寄給對方，而 CD 包裝是兩個人見面時的合照，還附上一封信，述說自己在一年的感恩之旅中感受到的事。

表達感恩之情，不只幫助華特本人。在四十四位恩人中，許多人感覺這個點子很不錯，也跑去感謝幫過自己的人。其中一位恩人甚至設計出課程，教孩子珍惜身邊的人。科學上有許多方法，都能使我們快樂，而感恩的特別之處在於「一人感激，兩人開心」。

一年後，朋友問華特：「你從中得到什麼？」華特其實並沒有特別想過這件事，卻脫口而出：「心靈平靜。」

結束感恩之旅後，華特和妻子搭船出遊，胸部一陣絞痛。船醫說他心電圖不正常，血壓飆高五成。華特知道自己的父親就是死於心臟病，他可能也要說再見了。不過，他當下的心情十分平靜，他沒料到自己會如此坦然接受消息，他已經說過謝謝，人生無憾。

幸好，最後檢查出來不是心臟病，只是良性胸肌問題，能夠平靜接受死亡，證明這個感激之年徹底改變他。美國勵志作家威廉・阿瑟・沃德（William Arthur Ward）說過：「心中覺得感謝，但沒說出口，就像包裝好禮物卻沒送出去。」華特把禮物送出去了，找到寧靜、找到愛，而且前方居然還有好幾年的時間可以享受，並且與他人分享，真是太好了。

練習成為更好的人

我們在本章結交了好幾位朋友——艾狄胥、牛頓、阿帕托、華特，甚至還學到如何用比哈佛和 MIT 更聰明的方式打造人脈。讓我們懷著感恩之心，複習一下，各位說呢？

#1：認識自己

為什麼要抗拒自己的本性？如同知道自己屬於「篩選型」或「未經篩選型」的領導人，可以加快成功速度，知道自己屬於內向、外向或中向性格，依據性格行事，就可以百分之百發揮天生的超能力。第 1 章提到要「選對池塘」，本章則講要「選對角色」。如果你舌粲蓮花，就不該從事實驗室研究，愛書成痴則該避開銷售工作。當然，性格愈極端，答案愈明顯，中間性格則得到處試一試，看看是內向還是外向那一面，可以帶來最理想的結果。

#2：最終一切都與友誼有關

不要只是使用「人脈」兩字，事情會變得比較功利。我

們比較懂「我們」與「他人」、「朋友」與「敵人」，所以回想一下幼兒園的日子，去交交朋友吧！幾乎所有的影響力原則都源自友誼，如果真的是在試著交朋友，運用相關技巧並不虛偽。

#3：最成功的人，懂得給予和互助

葛文德醫生的豐功偉業，讓我夜晚慚愧入睡，但他還是覺得自己需要導師提供建議。熊貓靠著不斷地給予，打造出矽谷最龐大的人脈網絡。這兩個人其實告訴了我們同一件事：如果你沒忙著付出與互相幫忙，你是在妨礙自己成功。各位，別忘了請比你厲害的人幫忙，同時與同事分享小點心，你會走得更遠。

#4：人際圈會影響你，確定自己待在正面圈子

近朱者赤，近墨者黑。身邊的人可以讓我們快樂、健康、成功，或是不快樂、不健康、不成功。許多影響都發生在不知不覺之中。媽媽說，不要和壞孩子一起玩，她說得沒錯。耶魯大學尼可拉斯·克里斯塔基斯（Nicholas Christakis）的研究顯示，人際網絡會同時放大好影響與壞影響，因此要盡量讓身邊都是好榜樣。

記住，打造人脈的第一步，就是和老朋友保持聯絡。要怎麼做？《認知與情緒》（*Cognition and Emotion*）期刊研究顯示，懂得感謝會讓其他人想和你待在一起。感恩是創造快樂的好方法，也是長遠關係的基礎。

但要是事情真的那麼簡單，只要花時間說聲謝謝就好，為什麼不是每個人都這麼做？學者稱這種現象為「享樂適應」（hedonic adaptation），我稱為「理所當然」。剛買新房子時，那是全天下最美好的事。一年後，那棟房子卻變成屋頂需要修理的錢坑。新事物帶來的喜悅總是不會持久，不管什麼事都一樣。

　　舉個例來聽聽？作家與漫畫家提姆‧克雷德（Tim Kreider）曾在度假時遇險，喉嚨被劃傷，只差兩公釐，頸動脈就會被割斷。他形容那兩公釐的差異：「一個是搭經濟艙回家，一個是搭貨艙。」提姆大難不死，接下來一年感到所向無敵，光是活著就無比幸運。相較於喉嚨被刺一刀，其他的討厭事都不算什麼。「你以為那樣，我就會感到不舒服？我可是喉嚨中過一刀的人！」

　　然而，「享樂適應」效應逐漸發威。提姆發現，自己又再度為了塞車或電腦出問題等小事煩惱，和所有人一樣，又把活著當成理所當然。

　　提姆想出一個簡單辦法：他開始每年慶祝「遇刺週年」，提醒自己有多幸運。我們需要的藥方也是一樣：找時間感恩自己擁有的東西，可以治好「享樂適應」這種病。最好的辦法是什麼？感謝身旁的人。人際關係是快樂的關鍵，花時間說聲「謝謝」，可以讓我們再次感到上蒼的眷顧。

　　因此，本章最後的建議是學華特當面致謝。這不僅是個聰明點子，賓州大學塞利格曼教授所做的研究顯示，表達謝意是同時讓自己與他人感到快樂的最有效方法。

表達謝意不難，塞利格曼教授說，可以寫一封內容具體的感謝函，說出對方替我們做過什麼，以及我們的人生如何受到影響，接著約時間碰面，但不要說出邀約理由。雙方見到面時，把那封信讀給他們聽。在這裡，我要加上一個小提醒：記得帶面紙，因為對方可能會哭出來，你也是。做完這件事之後，你們兩個人都會更快樂。

　　我們可能沒有像華特那樣的旅遊預算，也許寫寫電子郵件或發發簡訊就好。研究顯示，表達感謝是在給友誼「打強心針」，可以增進人際關係的滿意度。感謝除了對友誼有好處，也能增進工作關係。研究顯示，我們經常向家人說「謝謝」，但職場上僅 15％的人會表達感恩之情。35％的受訪者表示，自己的老闆不曾說過任何一次謝謝。

　　其實，我們並沒有忙到連一句簡短的感謝都無法誠心表達，我們的恩人也沒有忙到沒時間接受。各位可能以為對方已經知道我們的感受，但說出來會有神奇效果。在此，我也要先謝謝各位閱讀這本書，因為如果我真的跑到你家說謝謝，感覺有點奇怪。

　　好了，我們已經解決「能力比較重要」，還是「人脈比較重要」的問題。不過，我們又該對人、對職涯採取什麼態度？人們總說，做人要有自信才行，自信的力量無疑十分強大，會對我們產生重要影響，也會影響別人看待我們的方式。然而，自信也將是本書提到的最大雙面刃。

　　不論發生什麼事，我們都該自信、樂觀向上嗎？也或者，只有自助書看太多的傻瓜，才會那麼做？為了找出答

案，下一章我們要看當全世界頭腦最好的人，碰上世上無人能匹敵的自信，會發生什麼事。

第 5 章

相信自己……偶爾信一下很好

向西洋棋大師、祕密軍事單位、功夫騙子、無法感受恐懼的人士，
學習遊走在「自信」與「自以為是」之間的鋼索

他實在看不懂，電腦究竟為什麼會那樣下？

他瞄了一眼計時器，不想一步棋就耗去那麼多時間，可是真的太怪。

1997 年時，全球最厲害的西洋棋大師加里・卡斯帕洛夫（Garry Kasparov），與 IBM 的超級電腦深藍（Deep Blue）對弈，全球矚目，從一場友誼賽變成世紀大對決——誰比較聰明，人腦還是電腦？

1997 年那場比賽，其實是二度對決。卡斯帕洛夫去年輕鬆獲勝，六局只輸一局。西洋棋特級大師莫瑞斯・阿什利（Maurice Ashley）在紀錄片《人與機器》（*The Man vs. The Machine*）中指出：

> 卡斯帕洛夫是他那一代最厲害的棋手，已經連奪 12 年世界冠軍，也是史上排名最佳的選手……他要是參加某場錦標賽，其他人只求亞軍，不奢求冠軍，預先就知道他會打敗所有人。

然而，深藍也不是省油的燈，雖然去年整體而言輸給卡斯帕洛夫，還是贏了六局的第一局，而且 IBM 研究經費充裕的工程師團隊從失敗中學習，接下來一年不斷地改善深藍軟體。

　　不管怎麼說，卡斯帕洛夫信心十足。IBM 西洋棋顧問喬‧班傑明（Joel Benjamin）指出：「他的確躊躇滿志，那是冠軍的正面特質。自信滿滿比沒自信好。」

　　然而，這下子電腦讓卡斯帕洛夫遲疑。那是第一場比賽的第 44 步棋，深藍把城堡從棋盤上的 D5 移至 D1。卡斯帕洛夫想破了頭，就是不懂那步棋的含義。

　　卡斯帕洛夫想了又想，猶豫再三，時間一分一秒過去。

　　電腦出錯？那種解讀很危險。如果每次只要不懂為什麼對手那樣下，就假設是對手出錯，太自大，太懶得動腦。如果只因為自己去年贏過電腦，就低估電腦實力，那樣不行。

　　卡斯帕洛夫是當今最厲害的西洋棋大師，如果連他都不懂電腦在做什麼，沒有人能破解。深藍可以存取卡斯帕洛夫先前所有比賽的紀錄，曉得卡斯帕洛夫的棋路，然而卡斯帕洛夫對深藍幾乎可說是一無所知。萬一電腦比自己想的聰明怎麼辦？萬一電腦不只可以預先設想 5 步或 10 步，而是有辦法超前 20 步，那該怎麼辦？

　　或許，電腦正在做我的大腦不足以參透的事。那個讓卡斯帕洛夫猶豫不決的第 44 步棋，最後並未影響比賽，卡斯帕洛夫還是贏了那一回合——但信心明顯動搖。

　　第二場比賽，深藍又走了一步令人費解的棋，「理應」

走皇后，偏偏移動兵，對卡斯帕洛夫有利，但同樣實在令人摸不著頭緒⋯⋯除非真正的原因是電腦比自己聰明。卡斯帕洛夫在椅子裡焦躁扭動，接著才又下了幾步棋，所有觀戰者都看出人類冠軍贏不了這局，不過還是可以下成平手，但卡斯帕洛夫向深藍的人類代表伸出手，放棄這一局。

接下來幾局，卡斯帕洛夫的棋路明顯改變，從進攻轉為防守。第三局、第四局、第五局都是和局。到了第六局，卡斯帕洛夫犯下新手錯誤，掉進常見陷阱，實在不應該，然而他怯戰了，一下子心慌，最後輸掉第六局，也輸掉整場比賽。

機器終於打敗人類。然而，電腦真的這麼厲害嗎？可以預先設想 20 步棋，還運用特級大師都看不透的策略？實情正好相反。第一局中令人猜不透的城堡那步棋？那其實是軟體 bug，程式碼有誤。

IBM 替這類型的事件事先設定自動防障功能，不讓電腦耗費太多時間「打嗝」（hiccup），直接走隨機的一步。也就是說，卡斯帕洛夫想破了頭也想不通的那一步，只不過是電腦的隨機指令。

當然，卡斯帕洛夫不曉得深藍的設定，他看到那步棋，以為電腦曉得自己在做什麼——他卻不懂，這點令他不安。卡斯帕洛夫把電腦隨機的一步，當成自信滿滿、只有天才才能懂的一步棋，證明電腦比自己聰明。卡斯帕洛夫最後會輸，就是敗在失去自信。

評論家後來證實，卡斯帕洛夫第二局原本可以下成和

局，但他認為大勢已去，先行認輸，對自己的能力不夠有自信，以為機器比自己強。

卡斯帕洛夫通常可以看著對手的眼睛，試圖解讀對方心思。這個人是在虛張聲勢嗎？然而，深藍不曾畏縮，甚至沒辦法畏縮，但卡斯帕洛夫依舊信心動搖。有時，光是感覺有信心，就能決勝負。

自信，讓人無往不利

讓我們來看背後的原理：沒錯，成功者有自信，而且通常愈成功，就愈有自信。被《經濟學人》（*The Economist*）譽為頂尖商業思想領袖的馬歇爾・戈德史密斯（Marshall Goldsmith）指出：

> 成功人士傾向於高估自己相較於他人的能力。我請參與我訓練課程五萬多名學員評估自己與其他專業同仁的表現，80％至85％的人認為，自己在同儕團體中屬於前20％，70％左右更是認為自己屬於頂尖的前10％。醫生、機長、投資銀行家等社會地位崇高的專業人士，數字更極端。

頂尖人士絕不缺乏自信，著名科學家尼古拉・特斯拉（Nikola Tesla）設計出讓我們住家有燈光的電力系統，據說他簽名時，不簽自己的名字，而簽「GI」兩個字母，意思是「偉大發明家」（Great Inventor）。謙虛不是特斯拉的強項。

另一方面，〈自信與收入〉（ "Self-Esteem and Earnings" ）研究顯示，從收入來看，我們的自信程度，至少和我們多聰明一樣重要。

　　各位是否好奇過，帥哥美女真的比較吃香嗎？確實是那樣沒錯。美女賺的錢多 4％，帥哥多 3％。聽起來不多，但對一般工作者來說，那代表職業生涯中多賺 23 萬美元。在此同時，相貌較不吸引人的女性少賺 3％，相貌較不吸引人的男性帶回家的錢更是少了有點驚人的 22％。令人想不到的是，長得好看的人收入高，不是因為我們喜歡看著他們。研究顯示，真正的原因其實是這些漂亮花瓶有自信。

　　有自信，確實有好處。研究顯示，高度自信會增加生產力，也會讓人選擇較具挑戰性的任務，也因此更容易在職場上嶄露頭角。高度自信者獲得提拔的可能性，高過實際上工作成效較高者。前文也提過，光是經常搶先發言──十分自信的舉動──別人就會視你為領袖。

　　過度自信會讓人看不清現實嗎？絕對會。然而，自我感覺良好也是好事。再次引用戈德史密斯的話：

> 成功人士以正面方式活在「幻覺」之中，覺得自己先前的成就證明自己的所作所為具備正當性。從正面角度詮釋過去，將造成對未來感到樂觀，未來也真的較可能成功。

研究指出：「自我欺騙可以減輕壓力，帶來正面的自我

偏見，還能增加忍受痛苦的能力，在從事競爭活動時躍躍欲試，表現較佳。」

多數人在某種程度上，都對自己抱有正面幻覺。《美國新聞與世界報導》（*U.S. News and World Report*）1997 年做過一項調查，問民眾誰死後最可能上天堂。大家認為柯林頓（Bill Clinton）總統進天堂的可能性是 52％，籃球之神麥可‧喬丹（Michael Jordan）是 65 ％，德蕾莎修女（Mother Teresa）79％。然而，得分最高的人是誰？受訪者認為進天堂的可能性達 87％ 的人是誰？答案是「我自己」。民眾認為，自己最可能走進天國之門。

這種調查結果讓人聯想到自大的問題。過度自信，不是會讓我們變成爛人？很遺憾，自以為是依舊有好處。那些令人討厭、自認是國王皇后的自戀者，工作面試得分較高。相關研究的論文作者表示：「我們或許不想雇用自戀者，但偏偏就是會找這種人進公司，因為他們看起來自信又能幹。」此外，自戀者較可能擔任領導職。研究甚至顯示，自信滿滿會增加團隊的產出，自信不足則會影響績效。

為什麼自信有如此強大的力量？因為我們獲得自控感。戈德史密斯表示：

> 相信自己會成功的人看見機會，其他人則看見威脅。自信者不害怕不確定性或前景不明，反而覺得那是好事，願意冒險增加報酬，一有機會就賭在自己身上。成功人士擁有高「內控人格」（internal

locus of control）。換句話説，他們不覺得自己是命運的受害者，認爲自己會成功都是因爲有動力、有能力，而不是靠運氣、機運或命運。就算眞的很大程度要靠運氣，他們依舊抱持著這樣的信念。

卡斯帕洛夫不懂為什麼深藍要移動城堡，還以為電腦這麼下一定有理由，造成他以為自己無法掌控棋局。少了那份主控感後，他不再那麼有自信，最後輸掉了比賽。

如果信心可以帶來如此強大的力量，當我們沒自信時，是不是乾脆假裝有自信就好了？

鬼影部隊

美國人粗心大意，再這樣下去，這場戰爭的贏家絕對是德國人。1944 年時，納粹已占領法國四年，四處安插間諜。美國人還以為自己的部署神不知鬼不覺，但其實德國人早已搶先掌握他們的一舉一動。

一群美國大兵從地方商人那偷了一箱酒，卻不曉得老闆和納粹合作，專門替德國的間諜情報網提供消息。其他間諜也在各地酒吧酒館注意到美國士兵蹤影，那些大兵就算身上沒臂章，德國情報單位早已徹底研究美國軍事部門。光是靠大兵喝醉時喜歡唱的歌，就能辨識他們的身分。

納粹不只暗中蒐集資訊，還善加利用，依據美國哪支部隊出現在哪座城市、美國將軍吉普車在哪裡被人看到（靠保險桿上的星星辨認），以及美國炮兵移動行徑空照圖，調整

作戰計畫，小有斬獲。納粹將軍雷姆克（Hermann-Bernhard Ramcke）得知美國裝甲師朝自己而來時，調動數十架 88mm 反坦克炮，等著甕中捉鱉，要給美國人一個驚喜。

然而，即將迎接驚喜的人，其實是德國人，因為間諜蒐集到的大量情報全是假的。

美國人知道酒吧老闆是納粹的人，也知道老闆怒氣沖沖報告酒被偷的事，自己的行蹤早已暴露。沒錯，酒吧裡有美國人在喝酒，但一共也就十人。那十個人貼著不同軍事單位的臂章，唱著不同單位的歌，從一間酒吧逛到下一間，不停互換身上的身分標誌，唱不同的歌，營造出附近有大量美國部隊集結的假象，但根本沒這回事。假裝美國將軍來到鎮上，也不是什麼難事。他們在普通吉普車上，畫上將軍專用的星星，再由普通少校穿上將軍的制服，擺出一副耀武揚威的樣子。

前述這些不是美國人沒事愛亂開玩笑，一切其實是綽號「鬼影部隊」（Ghost Army）的第 23 司令部特戰隊（23rd Headquarters Special Troops）故意弄出來的動靜。1943 年時，羅夫・殷格索（Ralph Ingersoll）與比利・哈利斯（Billy Harris）募集團隊，唯一的任務是欺敵，聲東擊西，讓德國人誤判美軍所在地，將自家武器與資源調往無用之地。殷格索稱這支隊伍為「我的詐騙集團」（my con artists），1944 年 6 月至 1945 年 3 月間，一共執行了 21 項不同任務。

臂章與唱歌只是最基本的小把戲。鬼影部隊一共有三個部門：音效部門、無線電部門、視覺部門。音效部門的 145

位成員錄下坦克、大砲、士兵行軍聲響，靠 500 磅重喇叭，將聲音傳到近 24 公里外，讓敵人誤以為軍隊正在靠近。無線電部門的 296 人知道德國人平日監聽美國廣播，維妙維肖地模仿不同軍事單位的講話方式，放出美國軍隊在哪、不在哪的假消息。視覺部門的 379 人主要是藝術家，負責把一地布置成軍隊入駐模樣。他們的「武器」包括約 42 公斤重的充氣坦克車，遠遠看過去，或是從空中看下去，十分逼真。此外，他們靠推土機製造車痕，一邊還播放音效團隊的錄音，以及無線電部門錄製的軍隊調動計畫。他們的作品維妙維肖，天衣無縫（除了充氣坦克的炮管偶爾有點垂下，此時可以靠細線拉起）。

欺敵的確不是什麼新鮮事，然而在二戰前，從來沒有單一軍事部門專門負責重現軍隊的外貌、聲響與通訊。

鬼影部隊沒有前例可循，成員被視為一群瘋子怪胎——他們是藝術家，不是殺手；有空時畫畫，不是打牌。此外，許多人把這份工作當成自殺任務；他們人數不多，手頭沒有多少真槍實彈，還得故意引敵人注意，不到千人的士兵假裝成三萬雄兵。這支假部隊通常成功引敵深入，在整體戰術上幫上美軍的忙，然而要是真的情勢緊急，沒有真坦克助陣，火力不足，一被識破就會全員被殲滅。

鬼影部隊遇過的最大考驗與最關鍵的一場任務是「貝唐堡行動」（Operation Bettembourg）。當時美國已將納粹逼回萊茵河，預計德軍將面臨最後一戰。德國人誓言讓美國人「血流成河」，而萊茵河的確可能染成紅色。美國前線有一道

約 112 公里的缺口，萬一納粹發現漏洞，加以利用，同盟國就麻煩了。鬼影部隊被派去填補缺口，任務是假裝成兩萬人的精銳部隊，誘敵攻擊南方守株待兔的美軍據點。

鬼影部隊沒料到為了這個任務，自己得假裝整整七天，先前從未碰過時間這麼長的任務。當一週快結束時，情勢十分緊張，不過德軍終於被擊退時，從德軍手上得到的地圖顯示，鬼影部隊成功騙過納粹；他們駐紮的美軍缺口被標為高度戒備區，不宜攻擊。光是貝唐堡這場勝利，就足以讓鬼影部隊名留青史。

鬼影部隊表現得可圈可點，不過遠遠稱不上完美。有一次，兩名法國佬不小心闖入，看著四名美國大兵輕鬆抬起理論上重達 40 噸的謝爾曼坦克（Sherman tank），瞠目結舌，問一旁士兵那是怎麼一回事？士兵面無表情地回答：「美國人就是那麼壯。」

假裝一下，但別自欺欺人

我們可以假裝自己有神力，假裝自信，有時還和鬼影部隊一樣，可以騙過外界。不過，我們真的該裝到「弄假成真」嗎？

加州大學柏克萊分校的研究發現，擺出一副有自信的模樣，別人就會覺得我們很能幹，地位很高。對了，另一份研究顯示，戴眼鏡別人就會覺得你很聰明，但魅力值會下降。

研究領導力的琪亞拉·亞曼堤（Chiara Amati）講得很明白：「某種層面來講，要帶人，就得裝出自信的樣子。」

史丹佛商學研究所菲佛教授的說法也是一樣：「領導的祕訣是有辦法扮演一個角色，假裝一下，精通劇場藝術……想讓別人覺得我們精明幹練的話，就要懂得表現出一副大權在握的樣子。」

許多研究都顯示，假裝可以帶來正面效果。韋斯曼教授在《假裝原則》（*The As If Principle*）一書中指出，大量研究顯示，難過時微笑，可以讓自己開心一點。故作堅強，可以讓自己更能忍受疼痛。其他研究也顯示，有主控感可以減輕壓力，就算實際上無能為力也一樣。我們怎麼看事情，比什麼都重要。

然而，我們真的有辦法全年無休假裝嗎？聽起來很累。各位可以觀察一下自戀者，就會發現連他們也無法一直假裝。不論是工作或戀愛，他們一開始會留下極佳印象，然而數據顯示上班幾週後，他們就會被視為靠不住。約會幾個月後，戀愛滿意度就大幅下滑。假裝有如搬到摩爾多瓦，信任感十分脆弱，很容易就會失去，也很難重獲信任。

假設各位是可以得奧斯卡獎的演員，演技好到連自己都能唬弄過去，可能碰上一個很大的問題。投資大師華倫・巴菲特（Warren Buffett）說過一句話：「對外誤導大眾的執行長，最後可能私底下連自己都騙。」自欺欺人的確是很可能發生的事。

艾瑞利教授設計的研究，讓受試者有機會在測驗中作弊（受試者不曉得施測人員有辦法判斷），作弊者成績自然較好。值得注意的是，作弊者被問到如果參加另一場測驗，自

己將有什麼樣的表現，結果作弊者認為自己的表現，將勝過其他沒作弊的人。換句話說，作弊者雖然靠欺騙成功，還是認為自己會成功，是因為自己比較聰明。騙人騙到最後，連自己都被騙。

自欺很危險。這就像在別人開飛機時，假裝是自己開的，接著下次走進駕駛艙，還真以為自己是優秀機師。美國作家納撒尼爾・霍桑（Nathaniel Hawthorne）寫過一句話：「沒有人能長期以一種面目面對自己，以另一種面目面對大眾，卻不會疑惑哪一面才是真的。」欺騙可能是十分糟糕的策略，因為你愚弄他人的結果，就是連自己也遭到愚弄。

讓我們來看有自信的缺點。

蓋世神功：隔山打牛

喬治・迪爾曼（George Dillman）在長達數十年的武術生涯中，指導過拳王阿里與李小龍。他是黑帶九段，曾經連續四年稱霸全國空手道冠軍賽（National Karate Champion），還在國家地理頻道（National Geographic）的電視節目《這是真的嗎？》（*Is It Real?*），示範一種不可思議的武術技巧，一夕成名。他可以靠集中體內的「氣」，隔空擊倒對手。

事實上，迪爾曼甚至可以在隔著一層障礙物、自己連對手都看不到的情況下，就靠氣功讓對方倒地。只見鏡頭上的他，擊倒三公尺外的挑戰者，兩人中間有一塊遮蔽視線的布。迪爾曼說，這種需要運氣的武功會消耗大量體力，世間

難得一見，需要耗費數十年歲月才可能練成。

　　各位看到這裡，是否半信半疑？我完全理解。來看看這招隔空攻擊碰上貨真價實的考驗時，發生什麼事。

　　功夫大師柳龍拳（Yanagi Ryuken）和迪爾曼一樣，身懷「隔山打牛」絕技，甚至可以一次擊退十多人。他的影片令人歎為觀止，鏡頭中學生衝向師父，有時一次三人一起上，但柳龍拳手腕輕輕一動，學生就紛紛倒地，好像臉上挨了一拳。幾秒鐘內，所有對手被解決得清潔溜溜。

　　柳龍拳為了證明自己的實力，開放外人挑戰，對上武術專家岩倉豪（Iwakura Goh）。那場對決有賭注，獲勝者將贏得 5,000 美元。那是一場貨真價實的測試，觀眾將親眼見證隔空發功的威力。裁判站在兩人中間，宣布決鬥正式開始。柳龍拳抬起手，把氣集中在對手身上……

　　接著，岩倉豪不費吹灰之力，就把柳龍拳打到滿地找牙。

　　整場對決不到一分鐘就結束。各位對隔空制敵術感到懷疑？確實是很有問題。對自己的能力極度有信心，的確可以帶來強大力量，但不足以扭曲物理或生理法則。

　　那迪爾曼呢？他向來拒絕接受測試，因此大概也只是個大騙子。

　　然而，如果柳龍拳真是騙子，怎麼會答應接受測試？為什麼要讓自己被痛扁一頓，輸掉 5,000 美元，還讓糗態在網路上流傳？柳龍拳顯然不覺得自己是騙子，他是真的相信自己有那樣的能力，他的弟子也信了，要不然要如何解釋他們面對神奇的巫毒「打臉」時，紛紛倒地？

神經科學博士作家山姆‧哈瑞斯（Sam Harris）表示：

我們有點難相信柳龍拳怎麼會自欺到這種程度，然
而看到每個人都自動倒下，就可以猜想事情是怎麼
一回事。我們可以想像柳龍拳的觀點：如果你自認
可以隔空擊倒人們，而學生也真的年復一年你一發
功就倒下，你可能開始相信自己真的有氣功。

不只是練武之人騙久了，連自己都信以為真，公司執行
長也一樣，我們自己可能也一樣。自信可以增加表現與成
功，贏得他人信任。不過，自信也可能極度危險，導致錯覺
與傲慢。當我們和柳龍拳一樣，過度自信遭遇現實，就會輸
個鼻青臉腫。

英文有一句俗諺：「沒有所謂『還算不錯』的捕鱷人。」
某些領域的過度自信，會讓人丟掉性命。

我們每個人或多或少都有一點虛幻的優越感（每個人都
覺得自己的孩子在平均之上、沒有多少人會坦誠自己開車技
術不佳），但過度自我感覺良好，就會出問題，而且糟糕的
是，我們不常探討這方面的問題。每個人都想增加自信，自
信會帶來美好感受，感到自己力量強大。然而，許多研究都
顯示，當我們自信十足時，很容易否認事實，驕傲自大。還
記得前文提過的艾許琳嗎？那個不會痛的女孩？感受不到疼
痛，乍聽之下十分美好，但其實問題重重。對自己有自信很
好，除非過度自信──而且還很不幸碰上與你作對的現實。

在商場上努力朝成功邁進時，過度自信是致命傷。哈佛商學院榮譽退休教授理查・泰德羅（Richard Tedlow）指出：

> 過去四十年間，我教商業史，也寫商業史。令我訝異的是，我研究的數十家企業與執行長，許多犯下原本可以避免的錯誤，而且我這麼說不是後見之明。當時明明有情報告訴決策者事情不對勁，但他們否認現實，遺憾就這樣發生了。

我們經常抱怨身旁的人無能，葛拉威爾在高點大學（High Point University）的演講指出，過度自信造成的問題更大。為什麼？因為經驗不足者會有無能的問題，但我們本來就不會給新手太多權力或權限。過度自信通常是專家才會出現的問題，而我們給專家大量權力。無能的確令人沮喪，然而無能之輩通常沒辦法把事情搞到太糟，過度自信者帶來的危害更大。

傲慢不僅會帶來自以為是的思考，還會帶來重大問題。想預測哪一位執行長將毀掉公司？數一數他們在致股東年度信中，用了多少次「我」這個字。財務分析師蘿拉・里騰豪斯（Laura Rittenhouse）評估領導者與企業表現時發現，看到一堆我，我，我，就代表公司會完蛋，完蛋，完蛋。然而，當傲慢蒙蔽雙眼，你活在自己的世界，你根本看不清楚。更糟的是，你毫無感覺，看不見自己的視而不見。

這種現象可以解釋為什麼把最自信的人湊在一起，就會

出現相當弔詭的群組。調整過信心基線後，同一群組中，將同時出現最能幹與最不能幹的人，學者稱為「達克效應」（Dunning-Kruger effect）。

想想小孩子。小朋友對於不可能的事，有著荒謬的自信，例如驅逐地下室鬼魂。他們還不是很理解這個世界，由於不明白「規則」，高估自己的能力。不只是小朋友會做這種事，對一個領域不熟的人也會，因為沒有足夠知識評估那個領域的事有多困難或多簡單。這也是為什麼魔術師看到不一樣的手法時，鼓掌比你我大聲，喜劇演員聽見有新意的笑話時，也笑得比你我大聲，因為他們對相關領域的了解，讓他們足以分辨做到某件事究竟有多難。

「達克效應」是一種奇怪現象：最沒經驗的人，反而最有信心，原因是經驗不足以判斷某件事的挑戰性。我們全都有過這樣的經驗，看別人做瑜伽覺得好像很簡單，自己做則手腳不協調；看畫時說：「這我也會畫」，也是一樣的意思。

就算起初的自信確實有理，我們常常一個不小心就過度推論，以為出了自己小小的領域，依舊無所不知，無所不能。我們也不是蠢，只是我們在心中告訴自己的故事，讓我們誤以為自己很厲害，開始自以為是。

人們就是這樣輸掉 5,000 美元賭金，還被不相信隔空打牛的武術家揍到流鼻血，而且姑且算你並未脫離現實好了，信心的力量還會帶來另一個成功的絆腳石：你會變成爛人。

數量驚人的研究顯示，感到自己大權在握，將帶給一個人的性格相當負面的影響。權力感會減少同理心，讓我們變

成偽君子，不把人當人看。從某種角度來說，掌權不得不如此，居高位者必須為大局著想，做出困難決定，長痛不如短痛。將軍必須害士兵冒著生命危險贏得戰爭，要是每死一個人，將領就陷入罪惡感，僵住無法動彈，不可能做出對的事。不過，保持情感上的距離與否認現實一樣，可能一下子失控，變成冷血無情。

研究顯示，權力感不僅令人自私，還容易變得不忠。我們不只會說更多謊，還變成更厲害的騙子。認為自己是老大，會讓我們覺得傷害別人沒什麼，說謊時心中沒有壓力，而心中坦蕩蕩，又會讓別人難以察覺我們欺騙。我們靠著不在乎別人的死活成功。

各位可以想像這種事對辦公室造成的影響。有魅力的領袖會對員工產生正面影響，自以為厲害的領袖則通常會對團隊合作產生不良影響。研究顯示：「領袖要是感到大權在握，講話將頤指氣使，降低團隊有話直說的程度。因此，領袖權力感對團隊績效產生負面影響。」

無視於現實與作威作福，將使人偏離成功的軌道。有自信很好，但自信過頭，會變成「還算不錯」的捕鱷人。話雖如此，解決之道總不可能是讓自己成天沒自信吧⋯⋯還是說，真是如此？

一個不知道恐懼的人

他們叫她「SM-046」。很少人知道真名的她，平日過著相當平凡的生活，是三個兒子的媽，不過她不曉得恐懼為何物。

研究人員請 SM-046 描述什麼是恐懼，或是畫出一張被嚇到的臉，她辦不到。研究人員試圖嚇唬她，讓她看恐怖電影，結果她看得興高采烈，一次都沒被嚇到，還問其中一部片是什麼名字，她想租來看。

　　研究人員帶她到充滿異國風情的寵物店，讓她手中抓著蛇，她驚呼：「太酷了！」還要求拿更大條、毒性更強的蛇。店員說不安全，她卻一而再、再而三要求，連問了十五次，還伸手去摸捕鳥蛛，眾人不得不連忙制止。

　　研究人員又帶 SM-046 到號稱「全世界最會鬧鬼」的韋弗利山療養院（Waverly Hills Sanatorium）。韋弗利山曾登上電視節目《捉鬼隊》（Ghost Hunters），還被其他六個節目報導過靈異現象，20 世紀初是治療結核病的場所，死了很多人，每年萬聖節都被布置成鬼屋。昏暗的房間，詭異的音樂，扮成妖魔鬼怪的演員從角落跳出來，SM-046 有沒有被嚇到？完全沒有，反倒是她嚇到演員，硬拉著扮鬼的工作人員講話，還去碰他們的面具，讓其中一人退避三舍。

　　SM-046 為什麼不知害怕為何物？她患有高度罕見的遺傳疾病「類脂質蛋白沉積症」（Urbach-Wiethe disease），史上大約僅有四百起通報病例，病患外表看似正常，行為也很正常。你可能會注意到 SM-046 聲音有些沙啞，皮膚有點歷經風霜，但和一般人沒什麼不同。不過，她的大腦灰質相當不同。相關病症會造成大腦鈣化，細胞硬化死去，杏仁核通常會受損，也就是大腦與恐懼最相關的區域。SM-046 智商正常，也和正常人一樣能感受到喜悅、悲傷及其他情緒，但

就是感受不到恐懼。

SM-046 記得自己小時候被杜賓犬嚇過，當時她的大腦尚未受損，但成年後不曾感受過恐懼情緒。這種疾病甚至讓 SM-046 比一般人心胸開闊，喜歡親近他人。研究顯示，雙側杏仁核完全受損的患者，比一般人更信任陌生人，覺得陌生人相當和善。

完全不會恐懼和前文艾許琳的無痛症一樣，是好事，也是壞事。一般人自然就知道該小心的事，SM-046 無法憑直覺就知道。感受不到恐懼，也就感受不到危險。

SM-046 是多起犯罪的受害者，有人拿刀抵過她的喉嚨，也有人拿槍指著她──而且還是兩次。此外，她被第一任丈夫揍到鬼門關前走了一遭，即使發生這些恐怖的事，她依舊不知道害怕。警方的報告證實，她缺乏恐懼的情緒，被拿刀挾持後的隔天，還回到同一座公園。研究人員認為，她甚至可能不會得創傷後壓力症（PTSD）──沒恐懼、沒壓力。

2013 年時，研究人員靠著讓 SM-046 戴氧氣罩，吸入二氧化碳混合氣體，讓她感受到恐懼。然而，這是在實驗室情境下，她在真實人生中依舊從未感受過真正的恐懼，這就是為什麼我們只知道她是編號 SM-046 的受試者。研究人員認為，她的身分必須保密，因為她不懂得保護自己。

自信不足也有好處

無所畏懼不一定是好事，無故過度自信也不是好事，厄運可能因此臨頭。人生最好還是要有一點小小的不確定感。

前述這些都是自信的壞處，過度自信會讓人無視於現實，還擺出惹人厭的態度。湯馬斯・查莫洛—普雷謬齊克（Tomas Chamorro-Premuzic）的《哈佛商業評論》研究指出，這兩個問題搞定了，就可以產生極大的正面效果：

> 減少自信程度，不僅比較不容易被視為傲慢，也比較不容易活在幻覺中。自信程度低的人，比較可能坦承自己的錯誤，而不是怪到他人頭上，也很少搶別人功勞。下列這點可能是自信不足最重要的好處：除了可以替個人帶來成功，對組織與社會來講也是好事。

　　自信不足的好處就在於此。太有自信讓我們難以學習，難以改進自己。當我們覺得自己什麼都懂的時候，不會再去尋找新答案。戈德史密斯表示：「雖然自我感覺良好可以幫助我們成功，也會讓我們不肯改變。」

　　當我們感到不確定時，會比較願意接受新點子，還會四處尋找新點子。相較之下，感到權力在握、整個人有自信的時候，就不會那麼留心新事物，因為感覺沒那個必要。標題說明一切的〈權力、競爭與尋求建議：為何掌權者聽不進別人的話〉（"Power, Competitiveness, and Advice Taking: Why the Powerful Don't Listen"）研究顯示，光是讓一個人感覺自己強大，就足以讓他們無視於他人的建議。不僅菜鳥的話不聽，連領域專家的話也當成耳邊風。

聆聽他人想法可以促進腦力。研究顯示，社交互動可以讓我們變得聰明，重點是若要提升認知，就得採取他人觀點，而沒有專心聽是辦不到的。

傲慢的不良影響就是確認自己是對的，聽不進別人的話。久而久之，就會沒人想和你說話，更別說是反駁你。哪一天你跌倒，大家幸災樂禍拍手。就連講究權謀的馬基維利都不免提醒，領袖需要有人在私下對自己說真話，要不然身邊就會圍繞阿諛奉承的小人。文學家詹姆斯・鮑德溫（James Baldwin）寫道：「不是勇敢面對，就能改變每件事。但要是不面對，什麼事都不會變。」

查莫洛─普雷謬齊克指出，謙遜可以帶來兩種好處：一是認清事實，再來就是免於傲慢。他還說，由於看得見「目前的自己」與「目標」之間的差距，謙遜甚至使人不斷改善自己。此外，「曖曖內含光」比「說大話卻做不到」好太多。

就連被迫謙虛都好處多多。醫生向來是醫療關係中傲慢的一方，某醫院曾努力降低病患感染率，堅持所有醫生開刀前都要核對檢查表。這項要求帶有半強迫意味，但院方是認真的，認真到授權要是醫生不遵守步驟，護士可以插手（高層幫他們撐腰）。結果成效如何？「十天導管感染率從 11％降至 0。」自大的醫生從前一直省略步驟，但一旦被迫照規矩走，效果驚人。醫院做了十五個月實驗後，挽救了八條性命，省下兩百萬美元。

所以說，只要不會過度沮喪到放棄，挫挫自己的銳氣是好事。查莫洛─普雷謬齊克表示：

自信不高可能導致悲觀，但「悲觀」加上「抱負」，
通常可以帶來傑出表現。想當最傑出的人，就得當
自己最嚴厲的批評者。要是一開始就自信滿滿，幾
乎不可能做到。

　　看來，抱持負面觀點有好處。但這裡指的，不是碰上爆
胎等客觀上的壞事。以批判角度看事情雖然令人氣餒，因為
一直在挑錯，但也是進步的第一步。心理學研究顯示，負面
情緒會帶來學習動力。要是考試拿 A，我們會開心微笑，然
後事情就過去了，但要是被當掉，會想知道自己是怎麼搞砸
的。一項名為〈告訴我，我做錯什麼〉（"Tell Me What I Did
Wrong"）的研究顯示，人們踏上專精之路時會發生轉變。
新手會尋求好評，也需要聽到正面鼓勵，才有辦法努力撐
住，繼續做不大在行的事。不過，過了某個時間點後，當一
個人成為專家，不再經常出錯，而且出錯也看不大出來，就
會刻意尋求負面評價，了解如何不斷改進。

　　這讓我們又回到前文提過的樂觀與恆毅力。正面信念能
讓我們走下去，但某種程度上來說，它們其實是幻覺，憂鬱
人士則看見較為真實的世界。研究顯示，悲觀創業者比較成
功，樂觀賭徒輸掉比較多錢，而且最好的律師是悲觀主義
者。我們需要樂觀與信心才能撐得下去，說服其他人一起努
力，但負面與悲觀可以讓我們看見問題，懂得改進。沒錯，
樂觀讓我們比較開心，但我們同時需要樂觀與悲觀。

謙遜的力量

林肯總統是絕佳範例。剛才提到的自信不高的好處，在他身上都看得到。他願意察納雅言，在戰爭部（War Department）電報辦公室待上無數小時，以便隨時參考各界提供的最新策略。林肯總統對新點子實在太感興趣，是史上唯一名下有專利的美國總統。

此外，林肯也歡迎每個人走進他的辦公室。《向林肯學領導》（*Lincoln on Leadership*）作者唐納‧T‧菲利普（Donald T. Phillips）指出，林肯可能是美國史上最親民的總統，75％的時間都在與人會面，據說他在南北戰爭期間，和每一位早期入伍的北方士兵都見過面。

林肯是否擺過總統派頭？他不做這種事。他喜歡前文提到的靠交朋友建立人脈，從不靠威脅恐嚇使人屈服。用他自己的話來講：「人是這樣的，如果你想讓一個人支持你的理念，首先你得讓他相信你是他的好朋友。」而林肯又是如何面對抱有敵意的人？「我靠著讓敵人變朋友，摧毀我的敵人。」

林肯謙遜嗎？絕對的。他勇於認錯，寫過一封非常坦誠的信給格蘭特將軍（Ulysses S. Grant）：「我要告訴你，你才是對的，我錯了！」

研究顯示，這樣的謙虛有好處，願意示弱與低估自己的老闆最受歡迎。史丹佛大學的法蘭克‧弗林（Frank Flynn）發現，有罪惡感的人，被同儕視為更好的領袖。美國海軍研

究顯示，德高望重的領導人具備民主精神，擅長聆聽。員工只有在危機時刻，才希望領導人不事先詢問大家意見，就自行做主（和海盜的情形一模一樣）。

領袖很容易令人感覺是自戀者。前文也提過，自戀者容易成為領袖，但不會是優秀的領導者。自戀者的表現，要看情況多能讓他們沾光，但這點卻會造成相當負面的影響：在情況最糟、最需要領袖的時刻，自戀者反而最不可能挺身而出。

事實上，如果真要在一堆「糟糕」特質中，挑一種人當執行長，別挑自戀者，挑成癮者。約翰・霍普金斯大學醫學院神經科學教授大衛・J・林登（David J. Linden）指出，成癮者的上癮天性，讓他們在重要時刻萬分執著：

> 在成癮者身上，經常出現冒險犯難精神、追求新鮮
> 感與執著等性格特徵，要是好好運用，可以在職場
> 上極具效率。讓他們成癮的大腦構造與化學物質，
> 也讓他們具備成功的行為特質。

好，兩方的說法我們都理解了。自信滿滿，讓人自我感覺良好，帶來恆毅力，還能打造厲害形象。然而，過度自信，也使我們變成傲慢混蛋，讓人不想靠近，也不懂得努力進步，還可能因為無視於現實，失去一切。自信不足，可以讓人有動力、有方法成為專家，而且還討人喜歡……但自信心低落，會讓自己感到不舒服，別人還可能因此懷疑我們的

能力有問題。

　　有點討厭，對吧？好像沒有什麼簡單的方法可以兩全其美。要是看起來太厲害，人們會討厭你。但人們要是喜歡你，又會不尊敬你，好像怎樣都不好。那這樣呢？如果乾脆把信心模式整個丟進垃圾桶？

學會自我疼惜，善待自己

　　先不要大喊我在宣揚異端邪說，大量研究指出，從自尊心的角度看事情，或許是相關研究不盡如人意的真正原因。然而，要是不談自信，要談什麼？德州大學克里斯汀‧奈芙（Kristin Neff）教授提出，我們可以改談「自我疼惜」（self-compassion）。失敗時疼惜自己的意思是說，不需要當自我感覺良好的混蛋也能成功，也不需要因為感到自己能力不足，才懂得提升自己。懂得疼惜自己，就不會對自己抱持不切實際的期待，只要沒達標就狠狠自責，也不會對自己說謊，一直說自己很棒，改成在表現不佳時原諒自己。

　　研究顯示，增加自我疼惜，可以帶來自負的所有好處，但完全沒有壞處。我們將會喜歡自己，表現也好，但不會變成混蛋，也不會因此不懂得精益求精。自我疼惜不同於自信，不會帶來自以為是的錯覺。〈自我疼惜與面對不開心的個人事件時的反應：善待自己的含義〉（"Self-Compassion and Reactions to Unpleasant Self-Relevant Events: The Implications of Treating Oneself Kindly"）這份研究甚至顯示，懂得疼惜自己的人，看事情比較清楚，看自己、看世界都較

為貼近現實，但失敗時不會嚴厲批評自己。此外，自尊心強的人，經常需要讓自己活在錯覺之中，或是無視於負面——但有幫助——的評價，以求繼續自我感覺良好。那樣的人緊抓著自己正確的理論，沒能睜眼看見真實世界，傲慢又自戀。數據顯示，自信與自戀密切相關，自我疼惜則與自戀幾乎是零相關。

如果可以不膨脹自信，又對自己和自己的能力感覺滿意，會發生什麼事？人們會喜歡你。神經科學研究顯示，努力疼惜自我，也會帶來疼惜他人的感受，不像過度自信會喪失同理心。功能性磁振造影（fMRI）顯示，原諒自己時，腦中亮起的部分和原諒他人一樣。如果是情侶，自我疼惜是比自信更有效的理想伴侶預測指標。

前文提過，自信絕對可以讓人快樂，但各位知道嗎？疼惜自己也一樣，但不會帶來自信的副作用：「研究顯示，自我疼惜與心理健康強烈相關，幸福感、樂觀程度、個人積極程度、人際關係等各面向都獲得提升，還能減少焦慮、憂鬱、神經質的完美主義，以及負面思考反芻。」

聽起來還不錯，對吧？那為什麼自我疼惜有種種好處，太有自信卻會出問題？因為自信會造成自以為是，假象隨時可能被戳破，不會帶來好事。能夠永遠自信滿滿的唯一方法，就是脫離現實，或是把自己累到死，不斷證明自己的價值。然而，我們總有做不到的時刻，此時自信就會遭受打擊，更別提時時刻刻要證明自己是多麼累人、多令人焦慮。自我疼惜則讓人學會接受自己不完美的事實。著名心理學家

阿爾伯特・艾利斯（Albert Ellis）說過：「自信是男男女女最大的心病，因為自信是有條件的。」疼惜自己的人，不會感到隨時都得證明自己。研究也顯示，這樣的人比較不會感到自己是「輸家」。

我知道，有人看到這裡會想：可是永遠都在原諒自己，難道不會變得得過且過？要是不管自尊，難道不會活得馬馬虎虎？

然而，事實上，缺乏自我疼惜才是人們消極的緣故。當我們對自己有信心時，會聽不進不同意見，對吧？也因此，會感覺沒必要改變。缺乏自信，你雖然看得見問題，但覺得自己好像沒能力克服。自我疼惜可以讓人既看到問題，又能做點什麼。研究顯示，原諒自己可以讓人替問題負起更多責任，但不至於灰心喪志。由於疼惜自己的人不會嚴厲批判自己，比較不害怕失敗，也因此比較不會拖拖拉拉、猶豫不決，也更有毅力。

此外，原諒自己比保有自信簡單，因為不需要一直修正給自己壯膽的故事，也不需要每天都屠一條龍來證明自己的價值。研究指出一件似乎不證自明的事：我們喜歡聽好話，但也喜歡聽真話。增加自信之所以不容易，原因在於好話有時不一定是真話。自我疼惜則說「沒關係的」。

好吧，那要如何自我疼惜？從第 3 章海豹部隊華特斯的做法開始：跟自己對話。不過，不要講連自己都不相信的事來加油打氣，也不要提出不符合實情的讚美，只要跟老祖母一樣，好好地、溫柔地對自己說話。當事情不順利時，不要

一直責怪自己、批評自己。如同學者奈芙所言：「世上唯一會全年無休隨時照顧你、好好待你的人是誰？只有你自己。」

此外，我們要接受自己是人。是人，就難免出錯，不需要隨時和蝙蝠俠一樣，一點差錯都不能有，這不可能，全天下沒人能做得到。試圖讓自己完美，是不理性的行為，只會導致沮喪。

最後，失敗時要承認。不要壓抑沮喪的情緒，但也不用看作是世界末日。不需要找理由，也不需要呼天搶地，想辦法解決事情就好。研究顯示，花時間寫下安慰自己的話，指出人難免犯錯，想好可以如何看待問題，不把事情變成情緒的重擔，就會感覺好多了，更懂得珍惜自己。此外，冥想與正念也有好處，可以同時運用數種方法，效果更好。

這些做法會讓人生一夕之間就變好嗎？沒這種好事，但能逐漸出現改善，不像極端的自信或沒自信會有副作用。

好了，我們來總結一下自信的兩難，整理出可以運用的訣竅，接著再看自我疼惜的最後一個神奇之處。

你可能不知道，美國曾經有位皇帝

約書亞・諾頓（Joshua Norton）厄運臨頭，傾家蕩產，失去一切的他，在一夕間失去理智。

不過，諾頓並未喪失自信，完全沒有。有些人精神出狀況後，就失去生活能力，工作做不下去。諾頓不一樣，甚至得到比原本好上千百倍的工作。

1859年9月17日那天，諾頓登基為「諾頓一世」（Emperor

Norton I）——各位要是沒聽說過美國有皇帝，現在是長知識的好機會，替今晚的益智搶答節目《危險邊緣》（*Jeopardy!*）做好準備，別擔心，當時的布坎南總統（James Buchanan）也不知道有這件事。當然，諾頓自立為王，但這不重要。

在接下來二十一年間，諾頓雄起起氣昂昂穿著軍裝，佩戴肩章、手持軍刀，頂著孔雀羽毛禮帽，在舊金山街頭昂首闊步，兩條流浪狗「遊民」（Bummer）與「乞丐」（Lazarus）通常和侍從一樣，跟在後頭。威廉・祖瑞（William Drury）在替諾頓撰寫的傳記中提到：「諾頓全身散發帝王的高貴風範，但民眾感覺他和藹可親、幽默風趣。不論什麼主題，他講起話來有條有理，唯有提起他本人或他的帝國時，才缺乏邏輯。」諾頓一世充滿開疆拓土的雄心壯志，日後又加封自己為「墨西哥攝政王」（Protector of Mexico）。今日的舊金山接受瘋子的程度，就和自由女神像接受移民一樣，而當年的舊金山也相去不遠。市民不只容忍諾頓一世，甚至事事配合，讓他成為舊金山的非官方吉祥物。

餐廳免費供餐給諾頓，戲院老闆永遠替皇帝陛下保留開幕夜貴賓席。舊金山市甚至編列預算，讓這位統治者有地方住，軍裝破損時有新衣替補。諾頓為了表示感激，封市議員為「終身貴族」（patent of nobility in perpetuity）。市民開心繳「稅」給皇帝陛下，讓國庫不至空虛。印刷廠還好心印製諾頓官方公債，地方商人會對你眨眨眼，點頭收下皇帝陛下發行的貨幣，甚至販售諾頓一世的紙幣。

有一次，警察真把皇帝陛下當瘋子，當場逮捕。舊金山

市民氣急敗壞，諾頓立刻獲釋，警察局長親自致歉，皇帝本人一如往常大人有大量，頒布「皇家赦免令」。從那天起，警察在路上看到他都會敬禮。

　　不過，諾頓一點都沒有因為人民愛戴皇帝陛下，就驕傲自大，疏於國事。他勤政愛民，定期頒布地方報樂於刊登的詔令，最著名的命令包括要求維吉尼亞州長去職，宣布國會日後不得於華盛頓特區開會。當共和黨與民主黨吵得太兇時，他下令解散兩黨。諾頓一世強力捍衛舊金山的榮譽，誰要是膽敢以不敬方式，稱他的家鄉為「藩市」（Frisco），一律罰款 25 美元，等同今日的 430 元。沒錯，市政監督委員會違反此一命令時，諾頓下令逮捕他們。

　　當諾頓再也無法統治舊金山那天，全民同哀。《舊金山紀事報》（*San Francisco Chronicle*）的頭條為〈吾皇駕崩〉（*"Le Roi Est Mort"*），另一家報紙也鉅細靡遺報導諾頓一世駕崩細節，而加州新任州長的就職典禮新聞一共僅 38 字。諾頓的送葬隊伍綿延三公里，一萬多市民參加（喪禮費用由富豪慷慨解囊），現場降半旗，墓碑上刻著美利堅合眾國皇帝與墨西哥攝政王（Emperor of the United States and Protector of Mexico。沒有，那個頭銜上沒加表示存疑的上下引號）。諾頓永遠活在世人心中，馬克・吐溫與羅伯特・路易斯・史蒂文森（Robert Louis Stevenson）兩位文豪將他寫進作品，讓他在文學中永垂不朽。他發行的債券是收藏家的珍貴收藏。1980 年時，舊金山市記念他逝世一百週年。

　　我們可以說，諾頓是成功君王。他頒布的命令，雖然真

正的原因與他毫無關聯，某些後來成真。他對於女性與少數族群的支持，最終成為普世價值。諾頓在聯合國問世之前，就鼓吹成立國家聯盟，還要求搭橋連接奧克蘭與舊金山，後來真的出現「灣區大橋」（Bay Bridge），最近還有不少民眾提議把橋改成他的名字。

馬克・吐溫寫道，諾頓「靠皇族幻想，填補生活中的空虛。」要不是因為他自信十足地處理國務，人民不會在百年後依舊如此懷念他。然而，要是不小心的話，自信會讓我們只在自己的腦袋裡稱王。

關於自信，你應該知道這四件事

所以，我們可以自信地表示，自己從自信這一課中學到什麼？

#1：相信自己很好，原諒自己更好

「自我疼惜」比「自信」好。我自認為社會科學作家中的帥哥特務傑森・包恩（Jason Bourne），但實際上大概比較接近劇中丑角，不過沒關係的，我們不需要把自己視為厲害角色，別自視甚高，以免無視於現實，變成討厭鬼。此外，不斷地精益求精是好事，但不必把自己看成一無是處。不論是活在幻想之中，或是靠不斷地證明自己來維持自信，都是行不通的。請把「自信」換成「自我疼惜」，自我疼惜可以帶來自信的好處，但不會有副作用。

#2：善用你天生的自信心

　　各位通常自信十足？那就享受自信帶來的好處，但也要小心別自欺欺人，抱持同理心。接受能讓自己謙卑的挑戰，打開心胸，不要自以為已經知道答案。記得待人和善，別把自己當成皇帝。

　　你其實缺乏自信？沒關係，你學習的速度自然會超過那些自以為是的傢伙，朋友也會比較多。只要朝著可量化、能力能被準確評估的領域努力，就不必擔心自己給人的印象——只要我能寫出還不錯的文章，沒人在乎我有沒有自信。擅長自己所做的事，就會產生自信，也因此下一條原則就是……

#3：還是覺得沒自信不行？那就努力一點

　　自信是成功帶來的結果，不是原因。因此，雖然我一直推薦自我疼惜，萬一各位依舊想從自信著手，必勝之道就是讓自己非常擅長某件事。社會學家錢布利斯研究頂尖游泳選手後發現，運動員靠不斷提升技巧，每天有「小小的成功」，自信隨之提升。要是抱持競爭心態，一有不如人的時候，就會感覺自己是輸家。因此，面臨挑戰時，重點應該擺在改善技巧，而不是一心想著必須表現傑出，或是在人前有面子。

　　研究顯示，把目標放在精益求精可以增加動力，讓任務變得有趣，還能夠提振精神，而相關效果又會影響後續任務。再次提醒各位，記得選對池塘嗎？華頓商學院教授 G·理查·謝爾（G. Richard Shell）指出，讓身邊有相信我們的

人，可以帶來「移轉的預期」（transferred expectations）與自我應驗的預言。別人相信我們可以，我們就真的可以，自信因而增加。努力一段時間之後，就會更有自信。如同智力測驗發明人阿爾弗雷德・比奈（Alfred Binet）談智商時提到：「最後智力最超群的人，不一定一開始最聰明。」

#4：騙得了一時，騙不了一世

騙人很難，失敗的代價很高。雖然短期可以唬人，不值得因此被貼上不可信任的標籤，搬到摩爾多瓦去。就算成功騙到人，通常最後會連自己也一起騙了，而自欺又是天底下最危險的一件事。物理學家理察・費曼（Richard Feynman）有句名言：「人生的首要原則，就是別自欺，騙自己最好騙。」

我懂，有時在關鍵時刻，你必須給人留下好印象，此時假裝似乎是最佳選項。然而，與其假裝成你不是的人，不如專心呈現出最好的一面。研究人員發現的結論，就和研究標題一樣：〈你最好的一面，可以幫助你展現真實自我：正面的自我呈現帶來更精確的個人印象〉（ "Your Best Self Helps Reveal Your True Self: Positive Self-Presentation Leads to More Accurate Personality Impressions" ）。不必當演技派，只要拿出狀態最好的一面，人們自然就會看見真實的你。

好了，先前提到，自我疼惜還能帶來一件非常特別的事，究竟是什麼？智慧。我不是突然感性了起來，也不是文青病發，一項研究名為〈面對壓力時，對自己好一點〉

（"Self-Kindness When Facing Stress"）發現，善待自己真的和「智慧」有關──不是智商、不是知識，而是智慧。請問，各位每天做的事情，有哪幾件真的稱得上讓自己獲得智慧？

嚴厲批評自己、斷言能否成功，是一件相當非黑即白、心胸狹隘的事。智慧是多一點彈性、多一分接受、多一些學習，持續成長。想想你身邊最有智慧的人，是否盛氣凌人、驕傲自大？或者，他們畏首畏尾，毫無自信？大概都不是，八成十分冷靜、善解人意，又寬容厚道，不隨便批評。我們全都希望有一天能夠達到這種境界，而疼惜自己是很好的第一步。

希望我已經為各位解決自信的爭議，如果沒有的話，我也會疼惜自己，原諒自己。

自信與感受和觀感有關，但實質的努力呢？需要投入多少小時？許多成功人士是超級工作狂，但也許你要的成功是工作與生活取得平衡，再加上偶爾能夠睡得很香。究竟需要多少努力，才能成功？

第 6 章

工作、工作、工作……
或是工作與生活平衡？

如何兼顧家庭與事業？
聽聽蜘蛛人、和尚、愛因斯坦、職業摔角手與成吉思汗怎麼說

　　對棒球稍有涉獵的人，一定聽過泰德‧威廉斯（Ted Williams）的大名。威廉斯在 1939 年至 1960 年間打美國職棒，榮登沒有爭議的史上最佳打者，和棒球之神貝比‧魯斯（Babe Ruth）齊名。不過，不論各位是否熟悉這個人，有件事一定要告訴各位：泰德‧威廉斯從不「玩」（play）棒球。真的，他這輩子沒有「玩」這回事。

　　威廉斯絕對不玩，對他來說，打球不是遊戲，他極度認真嚴肅地看待這件事。1988 年受訪時，他提到自己小時候真的對著流星許願，希望成為史上最偉大的打者，但他並未坐等美夢成真。他追求完美的精神、孜孜不倦的工作紀律所帶來的事業助力，超越任何下墜星體的魔力。威廉斯表示：「雖然我體型具備優勢，但要不是因為不斷地練習，一年到頭只想著打球，不可能因為打擊成績優秀登上頭條……我活著，就是為了下一次上場。」

　　1 萬個小時成為專家？威廉斯這輩子大概練習過好幾萬

個小時。他全力以赴，放學就到附近空地練習揮棒，直到晚上九點，而且九點離開，只是因為九點就熄燈了。然後，他回家在自家後院繼續練習，直到爸媽強迫他上床睡覺。他每天提早到校，趁上課前多練幾次揮棒，上課也隨身攜帶球棒，還選修回家功課較少的課，不是為了偷懶，而是為了能有更多時間練習。

然而，這樣對威廉斯來說，練習時間還是不夠。他做了本書第 3 章的病人史賓賽與管理大師杜拉克都會引以為傲的事：他完全放棄守備，專心只練擊球。有時在場上會背對本壘板，但就算在那種時候，也依舊像在揮棒一樣揮舞手套，讓其他球員很受不了。追女孩子？沒時間？威廉斯一直要到進入大聯盟第二年才破處，加入聯盟時還謊報生日，明明 8 月生，卻說自己生日是 10 月。為什麼？因為在棒球季過生日可能帶來干擾。威廉斯告訴《時代》雜誌：「成千上萬的孩子，天生具備成為優秀棒球選手的能力，唯有靠著練習、練習、練習，才可能發揮那樣的天賦。」

威廉斯之所以傑出，不只是因為挪出時間，還和他如何運用時間有關。他是一個時時刻刻都在想辦法改善自己的完美主義者，在還沒有賽伯計量學（sabermetrics）與《魔球》（*Moneyball*，描寫依據統計數據指導球隊的作品）的年代，就以一絲不苟的科學精神整理棒球賽績，甚至為了學習棒球物理學，造訪過 MIT。他研究最佳打者，最終寫成《打擊的科學》（*The Science of Hitting*）一書，今日依舊是相關主題的經典之作。

威廉斯的祕訣是孜孜不倦研究投手，座右銘是「知己知彼，百戰百勝」，把投手看成敵人。他常開玩笑：「有誰比一個投手還笨？答案是兩個投手。」他的口頭禪是：「你不是在跟辛辛那提紅人隊（Cincinnati Reds）或克里夫蘭印地安人隊（Cleveland Indians）比賽，你是在跟那個投手比，所以心力應該放在那個人身上。」

威廉斯會拍裁判馬屁，哄他們談每一位投手的風格，再記在一本小黑簿上。此外，他仔細盤問前輩，要他們提供對手資訊。威廉斯表示：「我不靠猜的知道對方如何投球，我會設法找出來。」日後人們還會訝異，威廉斯怎麼有辦法在退休數十年後，依舊對不同投手的習慣與偏好如數家珍。不過，讓他表現優秀的完美主義，也造成他和負責跑他這條線的體育記者經常起衝突。威廉斯原本就給自己龐大壓力，不當第一，誓不甘休，看到評論很容易讓他暴跳如雷。

威廉斯每晚都用酒精仔細擦拭球棒，甚至秤重，確認不受木材收縮影響。球棒有一個專屬的櫃子，就在他的球隊置物櫃旁。威廉斯愛惜地拿著球棒，好像它們是嬰兒一樣——接著練習揮棒，直到手磨到流血為止。

威廉斯的努力最終得到回報。約翰·厄普戴克（John Updike）在《紐約客》介紹他：「沒有任何球員像威廉斯一樣，永遠以雷霆萬鈞之力站上打席，令群眾為之瘋狂。」但是，不好意思，在這裡我要用個棒球雙關語，人生總是突然給你來個曲球。

二戰開打，威廉斯被徵召入伍，棒球職涯中斷，他有什

麼反應？威廉斯必須擔任海陸戰鬥駕駛，結果那件事他也做得很好。朋友約翰・葛倫（John Glenn）在自傳中提到：「威廉斯要求飛行要完美的程度，就和他的打擊一樣。」威廉斯雖然只有高中學歷，不論做什麼都要求自己做到精通，一下子就上手。

由於戰爭的緣故，威廉斯少打三個完整球季。等他回到棒球的世界時，是否有些生疏？完全沒有。他加倍做原本就瘋狂的打擊練習，三週後重新成為先發球員。

不可諱言，多數職業運動是年輕人的天下，然而威廉斯在大聯盟一路比賽到 42 歲，還在職業生涯最後一年，全壘打率達人生高峰，擊出亮眼的 9.4％紀錄，甚至在 1960 年退休前的最後一次揮棒擊出全壘打。

威廉斯退休後擔任「華盛頓參議員隊」（Washington Senators）總教練。他的完美主義與他的脾氣，讓他不是很適合擔任那份工作，不過球隊成績也因此一飛沖天。威廉斯訓練球員的態度是：當年我練完我的 1 萬小時，現在我絕對會讓你們也練完。他深信打高爾夫會影響打擊技巧，因此球員要是在棒球賽季站上果嶺，就罰款 1,000 美元，此外，他要大家做馬拉松式打擊練習，實施宵禁，限制飲酒，晚間如果有比賽就命令球員睡午覺，甚至盡一切所能要求球員禁欲。此外，記不住對手投球風格的打者，一律被罵到狗血淋頭。

不過，辛苦有了成果。華盛頓參議員隊打擊率上升，三振出局減少，觀眾人數狂飆，隊上迎來二十四年以來的最佳

紀錄。威廉斯痛恨的體育記者（對方同樣也討厭他），不得不選他為美國聯盟年度最佳總教練（American League Manager of the Year）。

就算是完美主義者，也沒辦法一週 7 天、一天 24 小時工作，人都需要休息，需要嗜好，某種近似於「工作與生活平衡」的東西。威廉斯喜歡釣魚，而人人都知道，釣魚是一種很祥和、非常放鬆的運動……嗯，不對，碰上威廉斯，沒有任何事是輕鬆的。就連理應放鬆心情的事，威廉斯都要爭強鬥勝。朋友表示：「他把魚拉起來的時候，嘴裡一句話中出現的咒罵，比我一輩子聽過的加起來都多，幾乎像是一首詩一樣，充滿著抒情，有如在唱歌。他其實並未心懷恨意，也沒在生氣，只是他那個人就是那樣，永遠在想辦法擊敗自己。」是的，威廉斯甚至釣魚釣到讓自己榮登「國家淡水釣魚名人堂」（National Fresh Water Fishing Hall of Fame）與「國際釣魚協會名人堂」（International Game Fish Association Hall of Fame）。

1999 年，威廉斯名列《運動新聞》（*The Sporting News*）百大最佳棒球運動員第八名。老布希總統（George H. W. Bush）1991 年頒給他「總統自由勳章」（Presidential Medal of Freedom）。泰德・威廉斯靠努力不懈出頭天。

努力比聰明更重要

所以，意思是說，勤奮工作，真的就會超級成功？沒錯。前文提過的學者賽門頓研究傑出人士，提供令人望而生

畏的公式:「想傑出,就要整個人生繞著同一件事打轉。對於自己追求的事物必須是偏執狂,甚至是超級偏執狂。一定得趁早開始,不斷努力,永不放棄抱負。懶惰、拖延、善變的人,成功不是留給他們的。」咦?意思是說,我在凌晨 3 點 25 分寫下這幾行字,是一件好事?

各位如果想聽到我說,可以因為愛工作才工作,不必任何犧牲,也能名利雙收、出人頭地。嗯……你可以放下這本書,去看第四台的節目〈不必有錢也能投資房地產〉,你看錯標的了。

你還在?太好了!加州大學聖塔克魯茲分校著名教授法蘭克‧巴隆(Frank Barron)表示:「凡是有過重要貢獻的人士,超強生產力是他們的共通特質,無一例外。」就連美髮大亨維達‧沙宣(Vidal Sassoon)都開過玩笑:「努力(work)之前就出現成功(success),只有英文字典才會有這種事。」沒錯,如果目標是當「第一中的第一」,你投入的程度就得有點瘋狂。

賽門頓教授言簡意賅指出:「平均而言,總產出最高的人,也帶來最被稱讚的貢獻。」普萊斯定律(Price Law)可以解釋瘋狂工作有多重要:找出某一領域的頂尖人士數量(為了計算方便,這裡設為 100),接著取平方根(以我們的例子來說是 10)。普萊斯定律說,這個領域中值得關注的產出,將有一半都來自這 10 人。賽門頓認為「文科與理科的每一個重要領域」,都符合普萊斯定律。

各位可能會說,我又不是植物學家,也不是畫家,但不

論你從事哪一行，所有的專業工作都有類似效應：「前 10％的工作者的產出，比平均高 80％，比墊底的 10％高 700％。」這麼多的產出需要時間，哈佛教授科特研究各產業頂尖經理人，發現每週工時 60 小時以上是常態。我們在第 2 章提過的史丹佛教授菲佛，他認為企業成功最重要的關鍵是什麼？答案是「精力與耐力」，你絕對需要大量活力。

有可能既有生產力，又不必花那麼大量的時間嗎？某個程度上來說，的確可以。然而，要是才華與效率都一樣，時間花得多的那個人，當然就贏了。此外，「還算不錯」與「登峰造極」之間真正的差別，似乎就是投入時間的多寡。當然，天資聰穎也有幫助，然而「門檻假說」（threshold hypothesis）顯示，聰明不是一切，重大突破尤其不靠聰明。大部分的傑出人士的確比一般人聰明。帶來突破性成就、名留青史的人士，IQ 大多超過 120。值得注意的是，許多研究都顯示，IQ 一旦超過 120，再高的影響很小。那什麼才會造成差別？不是機運，而是投入的時間。如果我們和曼哈頓原子彈計畫（Manhattan Project）的物理學家一樣，IQ 達 180，當然很好，然而比 120 多出的那 60 分帶來的差別，不如工作時數。

有些人做了瘋狂數量的工作，卻徒勞無功。有個叫羅伯特・希爾茲（Robert Shields）的人去世時，留下長達 3,750 萬字的日記，他每天花四個小時記錄自己的一切，從血壓數字到收到的垃圾郵件，無一不包，甚至為了詳細記錄夢境，兩小時就醒來一次。然而，如此孜孜不倦的努力，並未使他

致富，甚至無法登上金氏世界紀錄大全，只成為史上訃聞最滑稽的瘋子。

光是投入無數小時還不夠，必須努力投入才行，你得和威廉斯一樣逼自己進步。我們一輩子花無數小時開車，對吧？有因此準備好參加「納斯卡賽車」（NASCAR）或「一級方程式賽車」（Formula 1）嗎？大概沒有，因為我們從事每日的活動時，大多並未努力試著進步，包括工作。有份研究結果可能會讓人不敢上醫院，顯示醫生和護士的醫療技術不大會因為執業時間長就進步。如果少了「想戰勝的狂熱」（rage to master，例如我們開車時的心情），就會單純只是日復一日、年復一年做下去，並未朝著專家邁進。名列文藝復興藝術三傑的米開朗基羅說過：「如果人們知道我到底有多麼努力，我的成就就會感覺沒什麼。」布魯姆觀察頂尖運動員、科學家、藝術家的經典研究發現，優秀導師除了可以提供竅門與情感上的支持，關鍵是可以逼你努力，他們「不斷地增加期待和要求，鞭策學生挑戰人類極限。」

研究顯示，光是有志向，就能預測成功。動力可以預測事業成功的程度高過智商、能力或薪水，如果心懷大志，再加上投入無數時間，有件事可以確定：我可不想擋在你和你的目標之間，否則會看起來像被碾過的卡通威利狼（Wile E. Coyote），臉上一條輪胎印。

威廉斯腦中就只有打擊這件事。為了進步，不惜投入天文數字般的時間，最後打出輝煌的棒球成績。在他的年代，大部分的男孩都希望有一天和他一樣。好了，各位現在心裡

在想，成功的意思，是否就是擁有毫無人性的行事曆，到了50 歲就心肌梗塞。想不到吧？恰好相反。

有意義的工作，有益身心健康

一般而言，過度工作不是好事，令人運動時間減少，該看醫生沒看醫生，還會抽更多菸。更糟的是，一項名為〈快樂之道？增加的工時與工作者幸福〉（"To Your Happiness? Extra Hours of Labor Supply and Worker Well-Being"）研究顯示，從壓力與快樂的角度來看，過度工作帶來的負面影響，通常超過成功的好處。雪上加霜的是，人們死前的五大後悔，其中一項就是「真希望以前沒那麼努力工作。」

然而，如果我們感到自己的工作有意義，一切就不同了。前文提過的「推孟研究」，一路從研究對象的年輕歲月追蹤到過世，研究人員得以看到人們一生的全貌。「有意義的職業生涯」與「勤奮工作」之間的關聯是什麼？如同《華爾街日報》報導所言：「全心投入有意義的事業與最勤奮工作的人士，壽命最長」，而有意義的工作是指：（a）對自己來說重要；（b）自己擅長的事。

眾多研究都顯示，如果做自己有特殊專長的事（心理學家所說的「招牌長處」），那些事會是帶來最多快樂的活動。蓋洛普研究指出：「美國人每日把力氣花在專長的時數愈多，就愈不容易感受到憂慮、壓力、憤怒、悲傷或身體不適。」想一想，要是每一天工作時，一整天都是在發揮自己的招牌長處，生活會是什麼樣子？當然，我們會工作更長時

間，誰想回家？

　　問題出在「工作」兩個字，我們常用「工作」代指不好的事，例如「我討厭一定要做這堆工作。」然而，工作也帶有「天命」的意思。當工作帶來成就感，工作就不是壞事。馬克・吐溫的《湯姆歷險記》（*The Adventures of Tom Sawyer*）有一句話鞭辟入裡：「被迫做的事叫工作，不一定得做的事叫玩。」我們享受工作時，依舊可能感受到壓力，但最終是值得的。馬拉松跑到第二十哩時，沒人感覺幸福洋溢。聖母峰爬到一半時，你會埋怨當初怎麼會覺得這是好主意？拿博士學位需要多年磨人孤單的努力。然而，完成這些事使人自豪。這方面最好的例子就是養孩子，為人父母絕對壓力大，又辛苦，對某些人而言還是全職工作。不過，當人們說出「養孩子會累死你，千萬別生」，那不是真心話。當然，有時你「感覺」真的快死掉，但是養兒育女，也是多數人生命中最有意義的一件事。一切的挑戰，只讓最後的果實更加甜美，我們真心熱愛的事業也一樣。

　　如果說有意義的工作會帶來長壽，什麼令人短命？答案是「無業」。加拿大麥基爾大學（McGill University）社會學教授恩朗・梭爾（Eran Shor）發現，無業讓早死率上升驚人的 63％，而且原本就存在的健康問題不會造成差別，也就是說無業與早死之間不是相關關係，大概是因果關係。此外，這份研究並非一般小型研究，長達四十年期，範圍涵蓋十五國兩千萬人。不論是哪個地方的人，都是 63％。

　　無業帶來不快樂的程度更高。多數研究都顯示，人一生

的快樂程度相當平均。結婚使人快樂，不過多數人幾年後，就會回到原先的滿意程度。配偶去世平均讓人難過七年，但在那之後，又回到基準線。不過，有幾件事永久影響我們微笑的頻率，例如重病與離婚。丟了工作也使人不快樂，甚至在找到新工作後，也一直無法完全恢復到原先的快樂程度；也就是說，失業可能帶來持續一生的創傷。

那退休呢？退休屬於「好的」無業。對吧？錯了。認知衰退、心臟病、癌症都與退休有關，不過起因不是老化，而是生活不再活躍，不再積極投入。

拿「長工時」和「無業」來比，其實不是很公平，但是做自己不喜歡的工作，甚至比無業還糟。蓋洛普 2010 年的研究指出，感到與自己的工作「情感疏離」者，比完全無業的人，更不享受自己的人生。瑞典工作者研究也顯示，單調工作與高心肌梗塞率有關。沒錯！無聊的工作真的會致命。

還記得嗎？剛才提到人們死前頭幾名的遺憾，就是工作太努力。是的。然而，榮登後悔排行榜第一名的事是什麼？「我希望當初有勇氣活出忠於自我的人生，而不是活在他人的期待之中。」我們後悔沒照自己的意思做的事，第二名是事業，排在教育之後、人際關係之前。人們花很多時間工作，我猜後悔過度工作的人士，並不喜歡自己的工作——說自己的人生並未忠於自我，許多則是選錯職業生涯。挑戰性高、有意義的工作則讓我們感到開心、有滿足感，而且話又說回來，工作有意義時，就不是工作了，對吧？

好，我們已經看完成功工作狂的說法。接下來，沒那麼

執著的人士，要告訴我們瘋狂工作帶來的壞處。慵懶的人們，接下來是你們的主場時間。

你不知道的愛因斯坦

愛因斯坦與卓別林（Charlie Chaplin）一同出席電影《城市之光》（*City Lights*）首映會，現場群眾為兩大超級巨星瘋狂，卓別林告訴偉大科學家：「大家替我歡呼，是因為他們全都懂我。他們替你歡呼，則是因為沒人懂你。」

卓別林說得沒錯，如果問愛因斯坦是做什麼的，大家會回答：「相對論。」不過，要是真的問了相對論是什麼，現場會陷入一片尷尬的沉默，多數人只知道，自己應該知道相對論很重要。沃爾特・艾薩克森（Walter Isaacson）在精彩的愛因斯坦傳記中寫道，愛因斯坦「提出革命性的光量子理論，證實原子存在，解釋布朗運動（Brownian motion），翻轉時空概念，還提出科學界最著名的等式。」愛因斯坦帶來的影響，大到每個人都曉得他有一天一定會得諾貝爾獎。然而，他豐功偉業太多，沒人確定他究竟會因為哪一個突破性成就獲獎。諷刺的是，當愛因斯坦終於在 1921 年得獎時，不是因為相對論，而且他名滿天下的大量研究，大多在 1905 年這年完成，當時他 26 歲——對一個因為腳汗問題不必服兵役的人來說，實在是滿不賴的成績。

愛因斯坦和耍孤僻的牛頓十分不同，風度翩翩，投身社會正義議題，也有老婆孩子。然而，他也和這位隱居的前輩一樣，活在理念的世界，沉浸在自己的腦子裡。愛因斯坦顯

然是天才，但他真正的超能力是心無旁騖投入驚人時間工作。即使被名氣與親朋好友包圍，依舊通常只活在自己的世界，專心探索點子，而從他的事業成功度來看，那麼做的確有用。

愛因斯坦做了一場浮士德的交易，只不過代價不是由他本人來付，而是他的家人。艾薩克森指出：「他當思想家的優勢，甚至是當父母的優勢，就是他有辦法、而且的確刻意排除一切干擾。所謂的干擾，有時包括他的孩子與家人。」妻兒需要愛因斯坦的關注時，他反而加倍投入工作。

愛因斯坦把一切都丟給家人，讓家人到達無法承受的程度。他說：「我把我的太太，視為我無法開除的員工。」這可不是什麼一時口頭上的氣話。當婚姻岌岌可危時，愛因斯坦遞給妻子一張合約，上頭寫明她要是還想保住這段關係，必須做到下列這幾件事：

婚姻條款：

A. 妳的職責：

　　1. 洗好我的衣服，摺疊整齊。

　　2. 備好三餐，準時送到房間。

　　3. 維持我的臥室與書房整潔，尤其我的書桌為我個人專用。

B. 除非有完全必要之社交理由，妳同意放棄妳我之間所有個人關係，特別是下列幾點：

1. 我沒義務和妳一起待在家中。

2. 我沒義務和妳一起出門或旅行。

C. 我們之間的關係，妳有義務遵守下列幾點：

1. 不得期待從我這得到任何親密關係，也不得以任何方式責備我。

2. 一經要求，就必須立刻停止與我講話。

3. 一經要求，須立即離開我的臥室或書房，不得有異議。

D. 不得讓孩子看不起父親，不論是妳說的話或行為都不行。

　　愛因斯坦的妻子心不甘情不願答應，但毫不意外的是，這場婚姻還是因為愛因斯坦的疏離，以及他不斷地和那些不會要求他付出情感的年輕女性外遇，最後走不下去。

　　愛因斯坦在孩子還小時是好爸爸，但隨著時間過去，他愈來愈活在自己的世界，離婚後鮮少探望孩子，專注於自己的工作。他的兒子愛德華（Eduard）活在痛苦的精神疾病中，曾經試圖自殺，最後死於精神病院，愛因斯坦三十多年間不曾去看過他。另一個兒子漢斯·阿爾伯特（Hans Albert）也自嘲：「或許，我是我父親唯一放棄過的計畫。」

　　勤奮會帶來能力，「能力」＋「時間」＝成功……但成功到哪種程度就算過頭？

人生有所缺失

　　我有沒有告訴大家，威廉斯偏執的工作紀律與完美主

義，對他的人際關係造成什麼影響，沒有嗎？我很奸詐，留到現在才講。很不幸，他的故事和愛因斯坦差不多。

威廉斯有辦法培養出不可思議的打擊能力，是因為他把所有時間都花在棒球上。然而，他的弱點也是所有時間都花在棒球上，他和晚年的伴侶露易斯・考夫曼（Louise Kaufman）所生的兒子羅伯・考夫曼（Rob Kaufman）表示：「我父親完全缺乏社交技巧，他花太多時間在球員休息室。人很聰明，但完全沒社會化。」

威廉斯離過三次婚，交往過的艾弗琳・透納（Evelyn Turner）多次拒絕他的求婚，開出條件：他必須保證把她放在人生第一順位，否則不會答應當他妻子。但威廉斯回答：「棒球第一，釣魚第二，妳排第三。」威廉斯和第三任老婆桃樂絲・威塔曲（Dolores Wettach）吵架時，桃樂絲威脅替他的傳記寫續集，書名是《不幸嫁錯郎》（*My Turn at Bat Was No Ball*）。威廉斯的朋友薛拜・懷特伍德（Shelby Whitfield）表示：「威廉斯大概是全世界最差勁的結婚對象。」

威廉斯也不是好爸爸，連他自己都承認：「我是個失敗的父親……永遠不在，永遠缺席。我有那個心，只是沒去做。」帶給他榮耀的球場練習時間，毀了他與三個孩子之間的親子關係。女兒芭比・喬（Bobby-Jo）要父親講自己的童年時，威廉斯要她去讀傳記。

威廉斯雖是成功的球隊總教練，他和旗下球員的關係，也呈現相同的疏離模式。紅襪隊（Red Sox）內野手泰德・雷比丘（Ted Lepcio）表示：「教練無法理解，為什麼像我這

樣的人無法打得更好。我想他很難理解不完美的人。」

威廉斯是完美主義者中的完美主義者，事事都想掌控，無法掌控就抓狂，留下大量脾氣暴躁的故事。他心中有一股想控制人生一切的怒氣，當事情不在控制範圍，例如妻子、孩子、家人等，他唯一能做的就是火冒三丈。

威廉斯的壞脾氣，是我們在第 1 章提過的「增強因子」。第三任老婆桃樂絲談及他的怒氣：「憤怒是他最好的朋友，憤怒救贖他，讓他有力量做重要的事。如果他必須揮棒，又處於憤怒狀態，球會飛得又高又遠。如果他跑去釣魚，又處於憤怒狀態，毛鉤就會飛出去，一條魚也別想跑。」然而，把憤怒用在人際關係，只會毀了人際關係。威廉斯和家人休閒下棋時要是輸了，就把整個棋盤扔出去。傳記作家班・布萊德利（Ben Bradlee）寫道：「桃樂絲後來認為，威廉斯的憤怒源頭是無力完成他替自己設下的完美目標。做不到自己的期待時，不論事情多無關緊要，就暴跳如雷。」威廉斯永遠對自己、對他人有更高的期待，永遠沒有滿意的一天。隊友吉米・皮爾邵（Jimmy Piersall）有一次問，為什麼他永遠怒氣沖沖。威廉斯回答：「你知道為什麼嗎？因為我每一天都得完美，不像你。」

有一次，威廉斯氣鼓鼓衝回球員休息區，不停咒罵自己，覺得最後一球不該揮棒，無法原諒自己。我們都有過那種經驗：不停想著一個失誤，不斷責備自己，然而威廉斯剛剛擊出的是讓全隊贏得比賽的全壘打。隊友瘋狂慶祝勝利，而威廉斯在生悶氣，覺得應該可以打得更好才對。

追求完美的心態，或許能替棒球等靠能力取勝的競賽，帶來不可思議的助力（就算不快樂），然而套用在人際關係行不通。糟糕的是，威廉斯天生的衝勁與大量的練習時間，只讓這種心態雪上加霜，他克制不住自己。讓威廉斯成為史上最佳棒球選手的增強因子，讓他永遠和最愛他的人處不來。

　　蕭伯納（George Bernard Shaw）講過一段話：「真正的藝術家讓妻子挨餓，讓孩子打赤腳，讓老母親到了 70 歲還在辛苦賺錢養他。什麼都不做，只專注於藝術。」莫札特在妻子臨盆生下兩人第一個孩子時，在做什麼？當然是待在其他房間作曲。

　　對自己的工作充滿熱情的醫生也一樣。一項針對一千多名荷蘭醫學專家所做的研究顯示，這群人精疲力竭的頭號理由是：家庭生活的打擾與完美主義。心理學家理查・萊恩（Richard Ryan）表示：「高成就人士感到憂慮沮喪的原因之一，在於人際關係不佳，忙著賺錢，忙著顧自己的事。也就是說，他們的人生沒有留給愛、關懷、照顧、同理心及其他重要事物的空間。」為了追求自身熱情忽略家庭，在史上不是新鮮事。古羅馬人有一句話：「*libri aut liberi*」，意思是「書本或孩子」。真想有所成就的話，就得犧牲家庭。

　　此外，精力也是關鍵。創意工作者除了和配偶相處時間短，《管理學院期刊》（*Academy of Management Journal*）的研究也發現，他們就算有時間相處，也心不在焉，回家時腦力早已壓榨完畢，油箱沒油，無力當貼心的另一半。另一項研

究則顯示，高度完美主義者擁有滿意關係的可能性低 33％。

有些人把時間密集運用到不自然的程度。備受崇敬的科學期刊《自然》（*Nature*）做過 1,400 位讀者的非正式調查，發現 20％靠藥物集中注意力與專心程度，其中最常見的興奮劑是利他能（Ritalin）。梅森・科瑞（Mason Currey）分析天才的習慣時，發現許多人和艾狄胥一樣吸食安非他命。密西根大學的肖恩・艾斯達班・麥克蓋比（Sean Esteban McCabe）分析美國大學生，發現 4.1％的人做同樣的事——不好意思，我去倒杯咖啡。

所以說，擁有瘋狂執著的天命，可以帶來成功與滿足感，但也讓人無力顧及人際關係，而人際關係又是快樂的關鍵。哈佛研究人員艾科爾指出類似現象：「最能克服壓力的人，其實是最能在壓力中增加社交活動的人。多數人正好相反，壓力大就不想與人相處。我跑統計時，發現社交連結是最佳快樂預測指標。」人們臨死前第四後悔的事是什麼？「當初要是和朋友保持聯絡就好了。」

永無止境做 1 萬小時的刻意練習，可能會讓人掉進深淵。哈佛教育學院的加德納教授，研究畢卡索與佛洛伊德等傑出創意人士：

> 我的研究顯示，每一位創意人士都以某種形式協商、交換，或是做出浮士德的交易，以保住不尋常的天賦。創意人士通常深深投入自己的工作，不惜犧牲一切，尤其是得到圓滿人生的機會。

西洋棋傳奇巴比・費雪（Bobby Fischer）曾在訪談中說過幾乎一樣的話。記者問，要不是因為他一心一意下西洋棋，他的人生原本會是什麼樣子？費雪回答：「嗯，我會有更美好的人生。你知道的，更平衡一點……更完整一點。」卡夫卡（Franz Kafka）更是極端：「我身為作家的命運很簡單。因為我擁有描繪自己夢境般精神生活的能力，其他一切變得不重要，人生少到可憐，一點一滴消失，其他事永遠無法滿足我。」

我們在第 3 章提過病到一天只能做一件事的史賓賽，以及管理大師杜拉克，他們兩人面臨的機會成本問題，在這裡再次出現。我們每多工作一小時，和親朋好友相處的時間就少一小時，是不是希望超級成功，就得拚到這種程度？很可惜，可能真得這樣。〈為什麼生產力隨年齡下降：犯罪與天才之間的關聯〉（"Why Productivity Fades with Age: The Crime–Genius Connection"）研究指出，至少對男性而言，婚姻會對科學家、作家、爵士樂手、畫家，甚至是罪犯的產出帶來負面影響。論文作者金澤智（Satoshi Kanazawa）寫道：「科學家婚後很快就不再有產出，未婚科學家則到了人生後面的階段，依舊做出重大科學貢獻。」

正視倦勤的問題

前文所說的一切，前提是擁有最頂級的夢幻工作。那萬一沒有呢？大部分的人不都這樣？答案不令人意外。要是沒有高度執著的熱情，卻又瘋狂工作，將出現相當嚴重的負面

效果。日本在這方面已全面失控，不時傳出有人死於工作過度，甚至普遍到日文出現「過勞死」（*karōshi*）這個專有名詞。過勞死不是什麼奇聞異事，2002 年就收入詞典，還嚴重到訂有相關法規，政府自 1987 年就開始追蹤。日本死於過勞死的人數，和車禍死亡差不多。

過勞死的直接死因，通常是心臟病或中風，然而累到自殺也時有所聞，甚至出現「過勞自殺」（*karōjisatsu*）一詞。保險公司經常為了這類型的死亡打官司，死者家屬可拿到超過百萬美元的賠償。九成的日本工作者受訪時，甚至表示不熟悉所謂的「工作與生活平衡」概念。為了解決問題，有些辦公室現在甚至在下班時間播放錄音，要員工「回家吧！」

多數人不曾過度工作到讓自己得心臟病或自殺的程度，我們才不會那麼做，頂多就是讓自己活得人生悲慘而已。這一類的問題通常被稱為「倦勤」（burnout），然而值得注意的是心理學家發現，倦勤不只是一種壓力過大的強烈感受，其實大體上就是臨床上很熟悉的「憂鬱」（depression）。〈倦怠與憂鬱的比較症狀學〉（"Comparative Symptomatology of Burnout and Depression"）研究指出：「我們的發現，並不支持假設『倦勤』與『憂鬱』是兩回事的觀點。」

每個人都碰過壓力，多數人休息後就能恢復。相關領域的頂尖研究人員克麗絲汀娜‧馬斯拉赫（Christina Maslach）指出，真正的倦勤來自待在不適合自己的工作。那就是為什麼有熱情的人士，或許會毀了自己的人際關係，或體力不支暈倒，但不會像一般工作者那樣渾身無力。凱

瑞‧錢尼斯（Cary Cherniss）與大衛‧卡朗茲（David Kranz）兩位研究人員發現，「修道院、蒙特梭利學校與宗教照護中心，幾乎沒有倦勤的問題。那些機構的人士視自己的工作為天命，不只是一份工作而已。」然而，要是不喜歡自己扮演的角色，工作過重，職責內容不符合自己的期待或價值觀，壓垮我們的將不只是壓力而已；我們的觀點將發生變化，開始感到原地踏步，心不在焉，最後悲觀厭世。

換句話說，恆毅力的另一面是倦勤。我們談到海豹部隊的華特斯與塞利格曼的研究時，提過復原力通常來自樂觀。倦勤則是對工作抱持悲觀態度的結果：這份工作行不通，我做不下去，情況永遠不會有好轉的一天。

有些人覺得，反正撐下去就好，然而處於悲觀與悲慘心境很難成功。茱莉亞‧波罕（Julia Boehm）與索賈‧盧博明斯基（Sonja Lyubomirsky）在《職涯評估期刊》（*Journal of Career Assessment*）發表的研究指出，成功帶來快樂的頻率，不如快樂帶來成功的頻率。樂觀使人向上，倦勤則帶來悲觀的惡性循環，你將很難完成職責，感到一切似乎沒意義，到最後甚至希望可以過勞死，一了百了。

那要怎麼解決？很多人以為要是能大幅加薪，自己就會心甘情願做下去，但其實不然。〈主觀與客觀職涯成功如何隨著時間合而為一〉（"How Do Objective and Subjective Career Success Interrelate over Time?"）研究顯示，酬勞不會增加工作滿意度。錢變多，不會讓一份工作更適合自己，也因此不會減輕倦怠感。各位如果為了一份不適合自己的工作

過勞，或許現在是時候改變。

如果你目前已經在孜孜不倦追求熱愛的職涯，那麼解決倦怠的方法很簡單：你需要挪出時間與親朋好友相處。美國醫學會（American Medical Association）研究頂尖醫師平日如何避免倦勤，結果關鍵是「與家人朋友分享心事」。

沒有人無所不能，想活出圓滿人生的話，我們需要適合自己的職涯，也需要為自己加油打氣的親朋好友。作家哈瑞斯在《大西洋》（*The Atlantic*）訪談中提到：

> 人類能夠達成某些成就，大概的確是因為急切追求成功，或是因為渴望金錢權力。許多藝術作品源自被自私幻覺迷住。一個人要是有辦法永久驅逐自我的幻象，可能就寫不出好小說，或是無法打造下一個蘋果。佛陀思想可能與下一個文學家納博科夫（Vladimir Nabokov）或賈伯斯格格不入，幸好沒人需要選擇要成為偉大藝術家、創業家，或是下一個佛陀。對我來說，真正重要的問題是活出有生產力的人生時，我們必須多神經兮兮、多不快樂，以及自欺到何種程度？我認為答案通常是不需要活得像現在多數人一樣。

想要出人頭地，可能需要執著於工作，但那麼做不會帶來美滿平衡的人生。

那我們又要問了，如果真的想成功，但不想與親朋好友

斷了聯繫，也不想承受倦勤帶來的沮喪，「少即是多」這種事真的有可能嗎？有沒有辦法既享受樂趣又成功，還是說那種想法不切實際？

日本綜合格鬥天降奇兵

日本武術家坐困愁城。明明是自己的國粹，卻被外國人打了個落花流水，實在丟臉。

多年來，巴西的格雷西家族把柔術的擒摔提升到全新境界。在綜合格鬥（MMA）這個爆發性運動的世界，「格雷西」三個字等同「勝利」。柔術（jiujitsu）是日本武術，英文甚至來自日文拼音，卻被位於世界另一頭的另一個國家，提升到接近完美的程度。格雷西家族先是在 20 世紀初學習日本柔術，後來又在巴西里約熱內盧的後巷混戰中不斷精進技術，並在日後的無規則競賽中，到達出神入化的境界。

從第一屆的「終極格鬥冠軍賽」（Ultimate Fighting Championship）起，格雷西柔術就讓武術發生典範轉移。羅伊斯・格雷西（Royce Gracie）在那場比賽中，一晚就打趴三名對手。大家一致同意，想比綜合格鬥的話，就得懂格雷西柔術，要不然會被格雷西柔術打敗。就連來自柔術發明國的日本選手也一樣。

日本向來喜愛格鬥運動。K-1 綜合格鬥（K-1 kickboxing）的觀眾，塞爆美式足球場那麼大的體育場。日本首屈一指的綜合格鬥組織「Pride 格鬥錦標賽」（Pride

FC）1997 年成立時，也是吸引了大批觀眾，但許多上場的日本選手，被視為被格雷西家族等外國選手打好玩的。人們嘲笑他們是「番茄罐」，比賽結束時面目全非，血流滿面，有如破掉的醬汁容器。

日本人希望在綜合格鬥的新世界重振往日榮光，但要打敗格雷西家族似乎絕無可能。格雷西家族的成員大多從會走路開始，就在柔術墊上滾來滾去。光是更加努力、勤快練習，無法打敗這個家族。格雷西柔術是有抗藥性的病毒，感染了所有武術。

有沒有解毒劑可以讓日本榮光再現？有，但來自最意想不到的地方……

沒人會懷疑櫻庭和志（Kazushi Sakuraba）的格鬥能力，但大家的確懷疑他神智是否正常。經常被暱稱為「Saku」的他，並未接受過傳統武術訓練，正職其實是職業摔角手，招牌的「擒拿摔角」風，混合了 1800 年代在慶典上受到矚目的擒摔技。櫻庭和志的故事，有如格鬥世界版的《紅鼻子馴鹿魯道夫》（*Rudolph, the Red-Nosed Reindeer*）：原本因為與眾不同遭受嘲笑的主角，意外成為救世主。一個帶著馬戲團表演風格的職業摔角手，就此成為日本綜合格鬥的天降奇兵。

格雷西柔術最困難的挑戰是「越位」，你要防堵對手用雙腳控制你，把自己移到墊上有利位置，整個過程通常是拉鋸戰。櫻庭和志如何越位？他居然靠側翻飛過，避開對手，在場上看起來像蜘蛛人，不像綜合格鬥選手，但那招還真的管用。

櫻庭和志不是少林寺出身，比較像是小丑學院的玲玲馬戲團（Ringling Bros. Clown College）。每次輪到他上場，粉絲就會引頸期盼，知道即將觀賞到精彩賽事，只不過他們的期待比較像是：不曉得這個超瘋的傢伙這次又會做出什麼事？！

櫻庭和志不只靠新鮮格鬥技巧讓觀眾興奮，還相當懂得引發話題。日本媒體常稱他的對手凱文‧蘭德爾曼（Kevin Randleman）為電玩中的「大金剛」（Donkey Kong），他上場時就打扮成瑪利歐。

櫻庭和志還做其他選手很少在場上做的事：他會微笑。觀眾感受得到這個人在場上享受到樂趣，雖然顯然認真看待格鬥訓練，從不把自己看得很重。

此外，櫻庭和志還做了一件事：獲勝。他經常對上比自己重二十多公斤的對手，但自從在終極格鬥冠軍賽第一次登場後，連贏了 11 場，實力毋庸置疑，現在只剩一個問題：他是否可能打敗格雷西家族的人？格雷西家族除了偶爾因為場上的裁判爭議被判輸，已經數十年沒輸過任何一場職業賽。

1999 年 11 月 21 日，櫻庭和志靠「木村鎖」招式制住羅伊勒‧格雷西（Royler Gracie）。自尊心強的羅伊勒拒絕認輸，但手臂明顯脫臼，裁判強制停止該回合，櫻庭和志獲勝。

此一消息震驚綜合格鬥界，居然有人可以打敗格雷西家族，而且獲勝者是來自職業摔角的瘋狂小丑。

櫻庭和志只用一年多時間，就連續擊敗武術第一家族四

名頂尖好手，得到另一個綽號：「格雷西獵人」（The Gracie Hunter）。櫻庭和志打敗羅伊勒後，格雷西的族長艾里奧・格雷西（Hélio Gracie）向他伸出手，他開心回握鞠躬。自傲的巴西家族承認自己碰上可敬對手，日本選手掙回面子。

櫻庭和志的輝煌紀錄，還包括打敗七名終極格鬥冠軍賽贏家。這位前摔角手除了被視為「日本最偉大的綜合格鬥家」，我想場上沒有哪位選手比他享受到更多樂趣。

新出爐的綜合格鬥頂級掠食者，不是某個格雷西柔術技術勝過格雷西家族的人，而是一頭橘髮、在格鬥場上側翻的瘋子。櫻庭和志能贏，靠的不只是更努力。「多」有時不是答案，甚至不可能做到。有時我們需要放鬆一下，享受樂趣，甚至表現得有點瘋狂，才可能拿出最佳表現。

超時工作只會增加壓力

科學家找出 254 位成年學生的「玩性」（playfulness），接著又看他們的成績單。各位知道嗎？玩心與成績好有關，而且不只如此，玩心十足的學生，更常閱讀非指定教材，他們感到好奇，想多知道一點。其他研究也發現，孩子的下課時間多寡與學業表現有關。多玩，也能多學。

樂趣不只能幫助我們在私人生活中與他人培養感情，在辦公室也一樣，畢竟如果不曾一起大笑，你究竟能多了解一個人？威廉・漢普斯（William Hampes）研究 98 名學生，發現幽默與信任之間有顯著關聯，我們比較容易信任一起說笑過的人。

然而，如果我們是老闆，就不能想著日子要好玩，對吧？錯。如果想招募最頂尖的人才，最好想辦法讓每個人都擁有美好時光。《領導力與組織研究期刊》（*Journal of Leadership and Organizational Studies*）的研究發現：「職場樂趣是比薪資報酬與晉升機會還有效的應徵吸引力預測指標。」沒錯，意思就是各位想的那樣：在人們心中，金錢和升遷的重要性，不如能在有趣的地方工作。

　　不過，就算在有趣的地方工作，依舊避免不了長工時，對吧？畢竟工作時數多，產出也多，真的是這樣嗎？讓我們來看一下人中龍鳳……或悲慘人士的情形（看你從哪個角度看）。

　　管理顧問工作以長工時與超高工作量出名，一週工作80小時很常見，沒事就出差，還有大量電子郵件往返，許多顧問苦於「PowerPoint帶來的死亡酷刑」（death by PowerPoint）。萊斯莉・佩羅（Leslie Perlow）與潔西卡・波特（Jessica Porter）想知道，要是頂尖顧問公司做一件石破天驚的事會怎樣：讓員工固定休一天假，那真是太超乎想像的概念。對波士頓諮詢公司（Boston Consulting Group, BCG）過著瘋狂步調的員工來說，這種事不可能。你當然可以休息，但要是臨時有重要的事，公司需要你，而且永遠都會發生急事，做不到佩羅所說的「可預測的休息時間」（predictable time off, PTO）。佩羅第一次和波士頓諮詢公司提這件事的時候，和她談的第一位合夥人拒絕。她花了6個月時間，才在公司找到另一位願意嘗試這個瘋狂點子的合夥人。

各位想必不會意外，員工喜歡這個休息的點子。相較於適用舊制的工作者，得到「可預測休息時間」的顧問，滿意工作的可能性高 23％，早上興奮起床工作的可能性多 24％。從各種指標來看，得以休息的員工，更喜歡自己的工作與生活，也更可能留在公司。這種結果順理成章，畢竟休息讓人心情愉快，不過還不只如此。得到休息的顧問說自己提供客戶更佳服務的可能性也高 11％，而客戶也證實這樣的說法：得到「可預測休息時間」團隊獲得的評分，最低分和沒休息的團隊同分，最高分則遠遠超過。

波士頓諮詢公司聽進這樣的研究結果。四年後，公司美國東北地區 86％的團隊皆試行「可預測休息時間」。員工工作時間變少，公司績效卻提升，顯然一般員工有工作上的極限。工作量過高時，工作品質就會受影響，生活品質也下降。

2014 年的蓋洛普調查顯示，39％的美國人，一週工作 50 小時以上。18％的美國人，一週工作 60 小時以上。額外的工時帶來什麼好處？史丹佛研究顯示，幾乎沒有好處。工作超過 55 小時後，生產力陡然下降：「工作 70 小時的人，多出的那 15 小時，幾乎沒有任何產出。」唯一增加的，只有壓力而已。

《社會經濟期刊》（*Journal of Socio-Economics*）的研究發現，加班壓力奪走的快樂，超過加班費帶來的快樂，得不償失。

樂趣與放鬆還在哪些方面與成功有關？嗯，今日似乎每

一間公司都喊著要創新，說自己需要創意，然而長時間待在辦公室會帶來新點子嗎？不會。研究一再顯示，放鬆才會帶來創意，壓力龐大與工作過度不會。

事實上，我們每天的黃金創意時間，發生在抵達辦公室之前。多數人在洗澡時想出最佳點子。賓州大學正向心理學教授史考特·巴瑞·考夫曼（Scott Barry Kaufman）發現，72％的人在沖澡時想到新點子，頻率遠超過上班時間。為什麼洗澡有這麼大的魔力？因為洗澡令人放鬆。別忘了，阿基米德可不是在辦公室大喊：「我知道了！」，而是在舒服洗著熱水澡時想出浮力原理。

許多現代工作地點的「衝、衝、衝」環境，完全不利於創意思考。哈佛大學的艾默伯教授發現，身處高度時間壓力，會讓想出創意解決法的可能性下降 45％。壓力太大不會帶來創意，只會帶來「壓力宿醉」（pressure hangover），你的繆思女神會離家出走，幾天都不回來。

真要有創意的話，就得暫離緊張帶來的高度專注狀態，讓自己的大腦神遊一下。研究人員推測，做白日夢其實和解決問題很像，用到大腦解謎時用到的區域。比較會神遊的人，也比較能解決問題。

說到休息，我們得好好談一談每日的重要休息時間：睡眠。我知道我絕對不是第一個拉著各位大談睡眠很重要的人，不過我保證當最惱人的一個。

睡眠不足會造成很多問題

研究顯示，睡眠不足讓人明顯變笨。華盛頓大學醫學院的約翰・麥迪納（John Medina）教授指出：

> 以成績排名前 10%、原本科科拿 A 的學生為例，研究顯示如果這名學生週間睡不到 7 小時，週末大約多睡 40 分鐘，成績會開始滑落至無睡眠剝奪組墊底的 9%。

此外，我們的腦力恢復速度沒有想像中快。2008 年一份斯德哥爾摩研究顯示，一天睡 5 小時一兩天後，就算再度擁有正常睡眠一週，人們依舊感到未 100% 回到原先狀態。

研究已經證實睡眠會影響決策、道德感、健康，以及花多少時間漫無目的上網。研究也顯示，「美容覺」是真有其事。科學家請實驗參與者看睡眠剝奪前後的照片，看起來很累的人，永遠被評為較不具吸引力。

我知道，我知道，各位覺得自己沒事。不，你才不會沒事。你就像喊著自己可以開車的醉鬼。睡眠剝奪麻煩就麻煩在這：你不一定會注意到自己沒睡飽。不感到累，不代表一定就有好好充分休息，拿得出最佳表現。各位親愛的朋友，我們體內的睡眠評估儀不是很準確。《紐約時報》報導賓州大學研究人員大衛・丁格斯（David Dinges）的發現：經過兩週每晚睡 4 小時後，受試者表示自己有點累，不過還撐得住。然而，研究人員接著請他們做各種測驗，結果發現他們

腦袋和糨糊一樣。丁格斯還發現，經過兩週每晚睡 6 小時後，基本上和喝醉沒兩樣。然而，美國人每晚一般睡多久？蓋洛普說 6.8 小時，因此各位讀這段話時，大概處於微醺狀態。

世上的確有人一晚只需要睡幾小時就足夠，但各位大概不是這種人，因為「短眠者」（short sleepers）只占 1％ 至 3％ 的人口。這種人士很難研究，因為這是少數不會跑到醫院抱怨的人。各位認識那種開朗、向上到有點變態的晨型人嗎？短眠者永遠都像那樣。研究人員稱之為「行為被激發」（behaviorally activated），那是一種症狀不明顯的輕度躁症，也就是我們在第 1 章看過的問題。那種現象和躁症一樣，但比較沒那麼嚴重。那樣的人沒瘋，只不過樂觀、精力充沛，而且情緒受挫後，立刻就能恢復。這種「疾病」是一種家族遺傳，源自 hDEC2 基因變異。因此，如果各位沒那種基因問題，不，你不是短眠者，你只是累到不知道自己有多累。

我們試圖和短眠者一樣時會發生什麼事？讓我們來看極端的例子，因為老實講，極端的例子比較有趣。

史上一個叫藍迪・加德納（Randy Gardner）的人曾創下紀錄，連續 11 天保持清醒。研究人員記錄整個過程，發現加德納並未出現持久健康問題，終於補眠後就恢復正常。儘管如此，加德納在沒睡覺的期間，大腦完全失控，一段時間後開始口齒不清，出現幻覺，雙眼無法對焦。這位白人青少年，一度認為自己是非裔美式足球選手。金氏世界紀錄甚至因為睡眠剝奪帶來的危害過大，後來不再收錄這類紀錄。孩

子們，別在家做這種傻事。

　　睡眠不只影響我們有多累，也不只影響頭腦清楚程度，還影響情緒。我們都有又累又煩的時刻，但睡眠不足的危害不只如此，甚至深入到神經科學的層面。我們疲憊時，大腦會忍不住專注於負面事物。還記得杏仁核嗎？前文那位感受不到恐懼的女性，她大腦出問題的地方就是杏仁核。加州大學柏克萊分校馬修・沃克（Matthew Walker）所做的研究顯示，睡眠剝奪會讓我們處於幾乎和那名女性相反的狀況：整個世界是負面的。學生保持清醒 35 小時後，fMRI 的分析顯示，相較於睡眠正常者，他們的杏仁核碰上負面事物時，反應激增 60％。睡足 8 小時後，大腦會「重開機」，回到較為平穩的狀態。不睡覺，大腦就會對負面事物產生過激反應。簡單來說，疲憊時我們很難快樂。

　　我們早上的情緒也會影響一整天的表現。睡眠品質與充滿壓力的通勤時間，從我們踏進辦公室的那一刻起，就影響著生產力，直到晚上下班為止。華頓商學院的研究顯示，早晨情緒會影響我們對事物的反應。同事犯的錯讓你覺得是小事一樁，過去就算了，還是天要塌下來了？同理，萬一老闆今天進辦公室時怒氣沖沖，明天再提加薪的事。

　　晨間時光之所以重要，還有另一個原因：早上通常是我們生產力最高的時刻。杜克大學的艾瑞利教授與我對談時指出：「多數人在早上頭兩個小時最具生產力，不是一醒來開始算，但如果你是 7 點起床，大約 8 點至 10 點半之間生產力最高。」不要讓疲憊暴躁的情緒，毀掉那段時間。

換個方式想：在睡眠剝奪的情況下做 3 小時的事，或是樂觀向上時做 1 小時，哪一個效果比較好？疲憊、暴躁、分心狀態下做 10 小時的事，生產力遠不如狀態好時的 3 小時。所以，與其關注工作多少小時，不如想辦法讓自己處於最佳狀態，不是嗎？

好，接下來的節目是《嚇到你改過向善：睡眠篇》。英國研究人員研究一群白領工作者，他們原本一般每晚睡 6 到 8 小時，但後來減少睡眠時間。研究人員持續追蹤他們十多年，結果發現什麼？很多人死了。那項研究指出：「證據顯示，睡眠時間從每晚 6、7 或 8 小時減少的人士，相較於同一期間維持相同睡眠長度者，暴露於更高的全死因及心血管疾病死亡風險。」

既然如此，我們為什麼沒讓自己睡飽？大家都喜歡睡覺，不是嗎？答案當然是因為工作（如果你猜不到我會講這個答案，麻煩現在就去睡個午覺）。賓州大學醫學院研究人員馬西亞・巴斯納（Mathias Basner）表示：「證據強烈顯示，花在工作上的時間是最明顯的睡眠小偷。不論是哪一個社會人口階層、或是採取何種研究方法，結論都一樣。」電玩程式設計師艾文・羅賓森（Evan Robinson）說得好：究竟為什麼我們喝得醉醺醺去上班，公司想都不想就會開除我們，卻毫不在乎地製造出讓我們等同酒醉上班的情境？

我們不是一天可以跑 24 小時、一週工作 7 天都不會故障的電腦，我們需要休息。然而，我們在工作時間睡覺卻會被處罰，儘管那其實是相當好的點子。證據強烈顯示，小睡

一下可以提升績效。

　　如果要提小睡片刻，不能不提太空人。

　　適當的睡眠仰賴環境提供的提示。周圍很亮時，大腦會覺得自己應該醒著；暗下時則該準備上床睡覺，因此太空人就慘了。一出地球，睡眠線索全數消失。地球人一天只看到日出一次，太空人卻在相同的 24 小時內，看到十幾次太陽升起，也因此美國航太總署（NASA）不得不從事大量睡眠研究。太空人要是累到無法好好工作，後果不堪設想。經費數十億美元的 NASA 成立所謂的「疲勞對策計畫」（Fatigue Countermeasures Program），其實就是這個政府機關的「午睡」（nap）代號。航太總署的研究顯示，小睡片刻可以讓駕駛頭腦更清醒：「研究明確指出，預先設定好 40 分鐘飛行中休息時間，可以大幅改善長途飛行任務的表現與生理警覺狀態。」

　　剛才提到睡眠剝奪讓人難以快樂。你猜怎麼著？睡 90 分鐘的午覺可以帶來相反效果。睡一下，不但可以減少大腦對於負面事物的過激反應，還能增加對正面事物的反應。

　　休息與享受樂趣能幫上什麼忙？午睡時間太短，我們講點大的：休假。德國教師研究顯示，休假兩週可以增加工作投入程度，減少倦怠，效果可達 1 個月。放假可以讓人充電（歡迎各位把這一頁撕下來，貼在老闆桌上）。不過要記住，這不代表要是行事曆上寫著有旅行，就能以此為藉口，要求自己過度工作，剝奪自己的睡眠。研究人員也發現，回來工作後要是壓力過大，放假的效果將不到 1 個月就消失。你又

在耗損自己。反過來說，要是回家後繼續讓自己享受樂趣，放假效果就會延長。

我們需要樂趣，我們需要休息。樂趣與休息會增加我們成功的機會，對雇主來說也有好處。辛辛苦苦工作，不一定會帶來有品質的工作成效。要是成天上網鬼混教會我們任何事，那就是「量」不一定等於「質」。與其增加工作量，不如交出品質更好的工作。別忘了 80 ／ 20 觀點，要做看得見成效的事，別把時間都用在看電子郵件。

作家東尼・史瓦滋（Tony Schwartz）指出：「高績效基本上是用精力換來的，而不是時間。」記得要重質不重量，時間不是每小時都能換來相同產出。人不是機器，時間模式是機器模式。人類的工作不是當機器，而是讓機器產出有意義的事物。

好了，兩方的說法我們都聽到了。沒錯，像威廉斯一樣懷抱著熱情執著，發了瘋似地努力，可以有極佳成效，不過代價通常是犧牲人際關係。過長工時對並未做著夢幻工作的人而言，弊大於利。沒人想成為過勞死的下一個統計數據。享受樂趣，多睡覺，好好放假，或許會減少工作時間，卻會提升工作品質與投入程度，利多於弊。

那麼，為什麼工作與生活平衡帶來這麼大的兩難？以前的人好像沒這種問題……還是有？問題究竟是什麼？要怎麼解決？答案是世界變了，而且是翻天覆地的大變化。不過，我們還是可以做點什麼。

為了說明這個問題，一定得提蜘蛛人……

彼得好累（人人都是蜘蛛人）

彼得‧帕克（Peter Parker）又覺得渾身無力。他幾乎隨時都很累，打擊犯罪的確很耗體力，但原本超能力讓他不會累成這樣，最近不曉得怎麼了。

彼得先前以蜘蛛人身分出擊時，發現一套新戰袍。那套蜘蛛裝不像以前的造型是藍紅相間，而是黑白的，不但看起來超炫，還可以增強能力，甚至完美模擬任何衣服。彼得再也不必在蜘蛛裝上，再套別的便服。對於身分必須保密的人來說，實在有夠方便。此外，新戰袍提供源源不絕的蜘蛛絲，材質更堅韌。對於靠擺盪在蜘蛛網間打擊犯罪的人來說，實在太美好。

然而，自從彼得拿到新蜘蛛裝後，就開始疲累，無時無刻不累，不過當然不可能是新衣的問題，畢竟那只是一塊布。直到一天晚上，他脫下蜘蛛裝，倒進床裡，一下就睡著……

接著蜘蛛裝動了，悄悄覆在彼得身上，再次包裹他，讓他起身，一起盪到窗外，飛身於一束又一束蜘蛛絲中。整個過程中，被蜘蛛裝包裹住的彼得依舊安靜沉睡。

隔天彼得醒來，又覺得累了，但不明白為什麼。他知道自己得想辦法解決這個問題。

彼得尋求驚奇四超人（Fantastic Four）隊長李德‧理查茲（Reed Richards）的協助。李德是厲害科學家，做了一些測試後，得知令人皺眉的消息：新的蜘蛛裝其實不是蜘蛛

裝，那不是布料製成的東西，而是活物。那是一種生物學上的共生體，就和寄生蟲一樣，智商很高，而且擁有自己的意志，靠吸取蜘蛛人的超能力維生，還想和彼得融為一體，而且是永永遠遠融為一體，彼得將成為這個共生體的一部分。戰袍不是來幫彼得的，而是彼得要為戰袍所用。

然而，更大的問題來了：這下子彼得獲知真相，共生體也知道他知道，但彼得怎麼樣都擺脫不了⋯⋯

我們暫停一下。我知道有人心裡在想：為什麼這個人一直在講什麼超級英雄的蜘蛛裝？各位如果不是漫畫迷，不好意思，忍耐一下，我馬上就解釋。

各位剛得到一份工作時，是不是感覺那是很好的機會？公司是不是給了好像還不錯的薪水福利？然而你踏上邁向成功之路後，是不是開始感到精疲力竭？永遠都好累？那份工作是不是要你晚上也得工作，隨時付出心力，該睡覺還在工作？是不是感覺你變成工作的一部分，而不是工作成為你的一部分？你是不是試著堅持分開工作與生活，卻發現不管怎麼努力，依舊擺脫不了？

沒錯，就是這樣。

我來當各位的李德幫忙診斷：你擁有的可能不是一份工作，而是共生體。

好了，各位蜘蛛人，我們得想辦法反擊。

誰最清楚這世界加在我們身上的壓力？誰最知道你我有多被時間困住？誰明白我們被迫變得多不耐煩？答案是電梯設計師。

作家格雷克指出，奧的斯電梯公司（Otis Elevator company）的產品，大約每九天的載運人數就等同全球人口，而搭電梯的人希望每一件事都更快一些。電梯要快一點抵達自己的樓層，快一點上下樓，開門速度也要更快。電梯設計師窮盡一切所能，解決只要慢一秒我們就抓狂的問題。演算法讓電梯可以預測需求，縮減等候時間。三菱（Mitsubishi）製造上升速度快如飛機的電梯，每秒超過 12 公尺，但我們依舊不耐煩地跺腳翻白眼，就是不夠快。

電梯設計師發現我們平均大約可以等 15 秒。到了 40 秒，我們就開始握拳。人們填問卷時，明明只等了 2 分鐘，卻說自己等上 10 分鐘。因此，電梯設計師試圖矇騙我們。各位看過那種有鏡子的電梯大廳嗎？那不是美化環境的設計。裝設那些鏡子是因為自戀的我們看著自己時，比較不會注意到究竟等了多久，少一點抱怨。

然而，一踏入電梯後，我們又再度不耐煩。設計師稱這種問題為「電梯門停頓」（door dwell），也就是電梯門閉起前的時間。電梯門通常不到 4 秒就闔上，但不管，我們就是覺得不夠快。電梯哪一個按鈕最常被按到字跡脫落？格雷克證實，是關電梯門的「關」字。

一場無止境的競賽

這讓我們回到尋求工作與生活平衡的主題。我們向來如此被時間困住嗎？我們的爸媽、祖父母，也有這種苦於無三頭六臂的感覺嗎？ 1986 年到 1996 年的十年間，媒體一共提

及「工作與生活平衡」這個詞彙 32 次，光是 2007 年一年，就提了 1,674 次，時代真的在變。

首先，人們工時增長。《哈佛商業評論》調查美國薪資前 6％的 1,500 多人，發現 35％的人一週工作超過 60 小時，10％更是在辦公室待驚人的 80 小時以上。1980 年時，美國大學畢業的全職男性 22.2％每週工作 50 小時。2001 年為 30.5％。相關數據解釋了為什麼許多人感到「有錢無閒」，不過很多人更是感到「沒錢也沒閒」。

那麼長的工作時數，自然必須從某個地方擠出時間。《哈佛商業評論》研究薪資前 6％，一週工時超過 60 小時的人士，發現「超過 69％的人認為，要是工作可以不要那麼忙，自己會更健康；58％的人認為，工作讓自己無法建立良好親子關係；46％認為，工作讓自己無法與另一半維持良好關係；50％的人說，工作使他們無法擁有美滿性生活。」

各位可以想像，這一切對快樂產生多大影響。過去大多數的研究都顯示，成人比年輕人快樂，但現在不一樣。2010 年起，30 歲以下者比先前世代的年輕人快樂，但超過 30 歲者，則沒有以前相同年齡組別那麼快樂。可能原因是什麼？研究人員珍・圖溫吉（Jean Twenge）指出：

> 美國文化愈來愈強調目光要遠大，追尋你的夢想。年輕時，這種事令人熱血沸騰，但一般成人發現，自己的夢可能不會有實現的一天了，他們對不可避免的結果感到不快樂。在以前的年代，成人沒有那

麼高的期待，今日的期待則高到不可能實現。

另一份研究顯示，1976 年到 2000 年間，中學高年級生的抱負與期望高到荒謬的境界，而且還隨時間持續升高。算一算，也就是說……沒錯，他們現在已經長成失意成人。套用《鬥陣俱樂部》（*Fight Club*）中偉大哲學家泰勒‧德頓（Tyler Durden）的話來說：「我們被電視帶大，還以為自己有一天會變百萬富翁、電影明星或搖滾巨星，但根本不會有這種事。我們慢慢得知事實，心中非常非常憤怒。」

發生什麼事？現代人的成功標準高到不合理，不只難以達成，根本不可能做到。電視給我們看二十幾歲就變億萬富翁的矽谷人。你覺得自己擅長一件事？網路上有人比你好，他們不費吹灰之力就做到你會的事，而且比你快樂，連牙齒都更潔白。人類史上大部分的時候，我們看著身旁部落的一、兩百人，總有什麼事我們會是最好的。我們可以突出，可以特別，可以有價值，現在則得和全球七十幾億人拚，永遠有人比我們好，媒體也永遠都在報導這種人。你覺得自己快要趕上，標準又提高了。

如果這種內心的自我期待還不夠糟，現代世界實際上也的確更競爭。如今人才市場是全球市場，也就是說，你不行的話，公司就換別人上，地球另一頭總有別人行。電腦帶來效率，需要的人工變少，每有一個職缺，全球人才市場提供十個人選。

這個世界喊著：「多一點，多一點，多一點。」我們自

己也一樣。楊可勒維奇夥伴（Yankelovich Partners）的 J・沃克・史密斯（J. Walker Smith）告訴《華爾街日報》：「現在沒人想當中產階級，每個人都想當最上層的人。」我們今日擁有的東西，大概遠比從前多，但大概沒有快樂多少。我們的直覺反應是「再多一點」就能解決問題，再多一點錢，多一點食物，多一點這個那個，反正多一點就對了。我們甚至不確定自己需要多一點什麼，但是目前擁有的，絕對不夠。鈕轉到一般最高的 10 還不夠，伯莎，我要 11。這不是反資本主義的抱怨，也不是祖父在說：「你們小孩就是不懂得感恩。」這是另一個我們本能失控的例子。問題出在我們追求「能讓自己開心的事物」時沒有終點線，這是一場頭獎是更多派的吃派比賽。

科技為我們帶來了什麼樣的生活？

　　過高的期待，讓我們難以達成環顧四周後自然替自己設定的目標，但那還不是最糟的。雪上加霜的是，在今日的世界，一切全是我們的錯，或至少感覺起來如此。

　　人類樂愛選擇，21 世紀給了我們近乎無限的選擇。在科技的輔助之下，我們現在永遠可以選擇工作。辦公室大門再也不是晚上五點關門。我們與朋友共度、和孩子玩耍的每一分鐘，也可以拿來工作，也因此每一刻都是一個選擇。過去沒有這樣的選擇，現在我們則隨時想到眼前的時間可以拿來工作，這是一股龐大的壓力。

　　我和斯沃斯莫爾學院（Swarthmore College）的貝瑞・

施瓦茨（Barry Schwartz）教授聊，施瓦茨教授平日研究選擇自然帶來的快樂問題：

> 在現在這個年代，你回家，工作也跟著你回家。事實上，不管我們走到哪，工作都跟到哪。你去打球時，工作就在你口袋裡，對吧？也就是說，你不一定隨時都想工作，但你必須決定「不」要工作。工作與生活之間沒有界線。「我該陪孩子玩，還是該回覆這些電子郵件？」30 年前沒有這種問題。回家了，當然是跟孩子玩，不必做決定，然而現在你得做決定。

科技以利弊參半的方式大量增加選擇。還記得剛才那個收入前 6％的研究嗎？「72％的人表示，科技協助自己把工作做好，59％表示，科技延長了工作日。另外，64％的人表示科技侵害到家庭時間。」研究人員佩羅進行訪談時，某位主管看著自己的智慧型手機：「我愛這玩意，也恨這玩意。我愛，是因為太方便。我恨，是因為它控制著我。」

施瓦茨指出，當世界沒給我們太多選擇，事情不如所願，那是這個世界的錯。我們還能怎樣？然而，當眼前有 100 種選擇，而我們沒選好，那就是我們的問題了，誰叫你沒好好挑。

這就是問題所在：我們喜歡有選擇，但討厭做選擇。有選擇，代表擁有各種可能性。做選擇，則代表失去可能性。

選擇多，後悔機率也高。當我們永遠可以選擇把時間花在工作上，要不就犧牲工作，要不就是犧牲其他每一件事。花在工作的時間多，就代表與朋友、配偶、孩子相處的時間變少。此外，由於要是選錯是我們的錯，做選擇的壓力又更大。我們更努力工作，罪惡感卻加深，因為我們所做的每一件事，隨時隨地都在接受公審。

吉姆·魯本斯（Jim Rubens）在《過度成功》（*Over Success*）一書中，提及這種現象對我們造成的影響：

> 一份針對 2,300 位收入 5 萬美元以上的消費者調查發現，此一群組「給自己高度的期待與壓力，人際關係疏離，心情焦慮。」不到四成的受訪者，回答自己「感覺是社群的一份子」、「生活達到正確平衡」、「有很多好友」。僅三成的人滿意自己的外表，18％滿意自己的戀愛關係。

2008 年時，52％的人表示壓力讓自己晚上睡不著覺，40％說壓力大到想哭。三分之一的女性表示如果滿分是 10 分，自己承受的壓力為 8 分、9 分或 10 分。

我們的家庭時間也深受影響。1980 年至 1997 年間，家庭對話次數下降 100％。沒錯，100％。研究作者指出這個數據代表「1997 年時，一般的美國家庭，每週不花任何時間把家庭對話當成重要活動。」此外，「2000 年取美國青少年代表性樣本的全國 YMCA 調查顯示，21％的青少年最擔

心的事是，『與父母相處的時間不夠多』。」美國小屁孩最大的煩惱，居然是不常見到父母，顯然問題真的大了。

然而，當我們承受著工作與家庭都得成功的強大壓力，當永遠有選擇，感覺選錯都是我們的錯，我們急於找到解答。有的人放棄人生某個面向，以求其他面向能有所表現。《剛剛好》（*Just Enough*）作者蘿拉・納許（Laura Nash）與霍華・史蒂文森（Howard Stevenson），以及哈佛商學院的克里斯汀生教授，稱此一策略為「排序法」（sequencing）。這種心態就像是：我先做自己討厭的工作，賺了很多錢之後，我會成家，然後我會做讓自己快樂和想做的事。

然而，親情與友情沒辦法等。克里斯汀生教授說得沒錯：「等感情發生嚴重問題時，通常已經來不及修復。也就是說，說來矛盾，最需要投入家庭與維繫親密友情的時刻，就是表面上最沒必要的時刻。」

你想要什麼？衡量人生的四項重要指標

《剛剛好》作者的研究也證實，高階主管這個族群的確事業很有成就，然而他們的個人生活聽起來很像威廉斯與愛因斯坦：「我們進一步研究後，發現許多人的其他目標，不一定做得很好，包括家庭、公司長期健全度、打造大家真心重視的工作環境，以及培養出了公眾鎂光燈後依舊不變的性格。」我們無法把人際關係安排在某個時間點再去維繫，人與人之間的關係需要不間斷的定期關注。如同哲學家愛默生所言：「我們總是準備以後要好好過生活，不曾真正活在

當下。」

好了，感嘆時間結束：我們可以做什麼改變這一切？

各位需要想出自己對於成功的定義。我們再也無法靠環顧四周，決定自己夠不夠成功。試圖比別人成功是很危險的一件事，因為你努力與投注心力的程度都要看別人，永遠都得全速前進才可能跟上。在這個全球一起競爭、總有人願意24小時無休的年代，光是模糊說出「我想當第一」，不大可能做到。我們希望有選擇、希望有彈性，現在我們有了，而且沒有極限。我們再也無法看一看四周，決定何時該停下腳步，因為這個世界永遠叫我們多做一點。

請做好心理準備，我要告訴各位一個壞消息：你得做出選擇。這世界不會畫下終點線，你得自己畫。你得問自己：我想要什麼？否則我們只會得到別人想要的東西。實話很不耐聽，但在今日的世界，當每一件事的極限都由別人決定，不可能「事事兼顧」。以前我們等著這個世界告訴我們，什麼時候已經足夠，今日我們必須自己決定平衡點，否則將碰上人們死前第一後悔的事：沒勇氣活出自己想要的生活，都在過別人的生活。

企業家白田健（Ken Hakuta）表示：「成功是商場上你永遠得面對的事，你永遠得以某個標準詮釋成功，那個標準該是你自己的目標。」

施瓦茨教授表示，我們不該成為「撿拾者」（picker），而該成為「選擇者」（chooser）。撿拾者從現成選項中挑選，誤以為事情一定只能像眼前那樣，不是 A，就是 B。選擇者

則「深思熟慮，知道或許眼前的現成選項都不盡如人意，或許如果想要正確選項，就得自己創造。」

什麼樣的組合，會讓你感到已經擁有夠多？什麼時候不再覺得需要更多？在這個沒有極限、每個選項都喊著「選我」的世界，是什麼讓你往椅背一靠，冷靜回答：「不用，謝了」?《剛剛好》一書作者訪談六十多位高成就專業人士，以及九十位高階主管，發現多數受訪者也不知道答案。值得注意的是，他們犯下一致的錯誤，而那些錯誤讓研究人員了解我們的人生需要什麼，以及如何得到那些事物。

我們全都知道，想擁有美好生活的話，錢不是一切……然而沒人真的確定，其他還需要什麼、又要如何得到。我們就承認吧，金錢很好計算，至少短期能帶來一定的快樂。我們全都知道愛、朋友及其他事物也很重要……然而它們複雜多了，沒辦法請亞馬遜（Amazon.com）的 Prime 會員服務替我們送到家。

「依據指標衡量生命」是一個令人頭痛的問題，因為我們無法用單一標準判定人生成不成功。

《剛剛好》作者稱之為「一概而論策略」（collapsing strategy），把每一件事都用單一指標衡量人生是否處於正軌。多數人只看錢，目標是「讓數字上升」。這個指標方便、簡單……但完全不適用。剛才提過，《剛剛好》作者訪談的超級成功人士，通常感到自己人生其他領域少了點什麼，例如人際關係。我們試圖把每一件事都用相同指標來衡量時，結果就是沮喪。

研究人員發現，我們必須依據多重指標來衡量人生，例如希望家庭關係和樂的話，就得花時間相處，因此指標可以是「相處多少小時」。不過，如果相處時間都在大吼大叫的話，也不會因此關係良好，我們得同時評估相處時間的數量與品質。

　　相關研究提出四項最重要的指標：

1. **快樂**（happiness）：人生感到愉悅或滿足
2. **成就**（achievement）：以相似的目標來說，你完成的事勝過他人
3. **意義**（significunce）：替自己關心的人帶來正面影響
4. **傳承**（legacy）：你的價值觀、你功成名就的方法，也能幫助其他人踏上成功之路

　　此外，研究人員還提出如何用簡單的方法，詮釋這四項指標必須提供的人生感受：

1. **快樂＝享受**
2. **成就＝獲勝**
3. **意義＝（對他人來說）重要**
4. **傳承＝推廣**

　　每一項指標帶來的感受要多強烈，才會感覺自己成功了？現在就要決定在這輩子剩下的日子，這四項指標都該如何平衡，任務太過艱巨，不必想那麼遠。10 歲會讓我們心滿意足的東西，到了 20 歲就會不一樣，更別提 80 歲。人生一直在變，沒關係的。細節會變，但我們的價值觀，一般不會變動得太厲害。

我們必須定期照顧到這四種需求，忽略任何一項，就注定失敗。只靠單一指標衡量生命是不行的，有些事只要延遲太久，可能就不會有那麼一天。巴菲特講過一段我個人很喜歡的話，很能說明一切：「我很擔心一種人，那種人說：『這件事我來撐十年，我真的不是很喜歡這件事，但撐完後我就會去做 ABCDE⋯⋯』」，那很像是把性生活省起來，等老了再享受，不是太明智的抉擇。」

這些說的都很有道理，但我們還是得解決工作與生活要平衡的難題。何時該畫出界線？怎麼知道自己已經「贏」得夠多，該是時候「做對他人有意義的事」，以及「留下點什麼」？

學會選擇，夠好便已足夠

第一件事，就是問自己什麼叫「夠好」？

許多人不清楚這個問題的答案，這就是為什麼我們會有工作生活平衡的問題。在一個有無限選項與無限競爭的世界，你沒辦法說「自己只要最好的」。海倫仙度絲（Head and Shoulders）洗髮精以前多達 26 種，寶鹼（Procter & Gamble）說「夠了」，減為稍微合理一點的 15 種，結果利潤大增 10%。

施瓦茨教授表示，有限制其實是好事，這樣做起決定比較容易，生活更簡單。有限制，就「不是你的錯」，我們也因此更快樂。有限制，有取捨，最終是好事。無限的自由只會讓我們動彈不得，不知從何選起。此外，今日我們只能依

據自己的價值觀，自己判定什麼時候已經夠了，不能等別人替我們決定。

　　碰上大量選擇時，有兩種方法解決法：一種是「最大化法」（maximizing），一種是「滿意即可法」（satisficing）。「最大化」是指探索所有選項，逐一評估，盡量挑出最好的。「滿意即可」是指想一想自己需要什麼，接著選擇第一個符合那些需求的東西。「滿意即可」是一種「夠好就好」的人生原則。

　　現代生活不可能做到「最大化」，那種做法只會使我們挫折連連。亞馬遜會推薦「最適合您的書」。我們要是真的每本都評估一下，要評估到天荒地老。另外一個更為深層、較不明顯的問題，則是我們會以為多評估一點可能性，就會帶來客觀上更好的結果。的確這樣沒錯，但等我們終於選出來之後，卻會導致主觀的快樂減少。

　　施瓦茨與希拉‧艾茵格（Sheila Iyengar）的研究發現，學生畢業後如果試著以「最大化法」尋找最理想的工作，最後的確會找到比較好的工作，薪水高 20％。然而，他們對工作感到不開心的程度，高過採取「滿意即可法」的同儕。採取「最大化法」的學生不停有期待，也比較容易懊悔，永遠覺得自己可以做得更好才對。當然，如果是在比較動開腦手術的外科醫生，選出最好的醫師當然是好事，然而在人生多數領域，「最大化法」只會讓我們不開心。「最大化」與「滿意即可」的提出者諾貝爾獎得主赫伯特‧西蒙（Herbert Simon）表示，最終當我們把壓力、結果、努力等所有元素都算進去後，反而「滿意即可法」才能帶來最多東西。

如同納許與史蒂文森所言：「如果是必須取捨的兩件事，無法兩個都極大化。」我們又要再度回到第 3 章健康不佳的史賓賽採取的原則：一天就是只有 24 小時，你的精力就只有那麼多。同時有好幾個領域要顧的時候，你得畫出界線，不可能全部心力都放在一件事情上，卻想要人生每個領域都成功。

一切要回到一個問題：我想要什麼？如果你不決定，這個世界會替你決定。那就像永無止境踩跑步機，永遠都在跑，但永遠去不了任何地方。艾倫・卡林司基（Ellen Galinsky）做過一項研究，問孩子：「如果你可以許一個願望，只能許一個，可以改變爸媽的工作影響你的生活方式，你會許什麼願望？」最熱門的答案是什麼？孩子希望爸媽「壓力小一點，不再那麼累」。

工作與生活想達到平衡？請記住施瓦茨教授告訴我的一句話：「夠好，其實就已經夠好。」

OK，所以我們得想一想四大指標，每一項「夠好」就好。還得當「選擇者」，別當「撿拾者」。我們想「征服世界」，但也想晚上六點回到家，而且週末不用工作，感覺不可能辦到？嗯，各位知道誰成功化不可能為可能嗎？誰真的征服過這個世界？

答案是成吉思汗。成吉思汗是怎麼辦到的？他有計畫。

鐵木真永遠有計畫

鐵木真在野蠻的年代生於蠻荒之地。12 世紀的亞洲大

草原，就像從前的美國西部，但是更沒秩序。光是活下去就不容易，那一區的遊牧民族為了爭奪資源，永遠劍拔弩張。

當時，光是討老婆就很困難，太多男人窮到付不起聘金，乾脆用搶的。是真的，歷史上真的有這種事。雖然綁架自己未來老婆的事屢見不鮮，沒人喜歡女兒被強行擄走。竊賊四處橫行、人人強取豪奪，再加上搶妻，部族與部族間結下永遠無法化解的梁子。

必要時刻，就得動用必要手段。大草原上，每個人永遠在冤冤相報。或許這次你贏了，大喊一聲「好耶！」（hurray，沒錯，這個歡呼聲就是來自蒙古話），但下週必然有人跑來報復，然後你回擊，沒完沒了。歷史上，我們把蒙古人想成野蠻人，而他們的確是⋯⋯直到鐵木真出現。

我們不確定鐵木真生於何時（一般猜測 1162 年），也不曉得生於何地，只知道他早年過得辛苦，父親被敵對部落下毒暗殺，從小過著受制於人的生活，不曾讀書寫字，不像亞歷山大大帝接受過良好教育，過著天之驕子的生活。不過，鐵木真是兵法界的神童莫札特，敵人甚至指控他使用巫術，借用邪靈之力才百戰百勝。

一個在野蠻時代的蠻荒之地長大的不識字少年，是如何做到在二十五年內打下的江山，就大過羅馬人四百年間的擴張？鐵木真是如何建立綿延 1,931 萬公里的帝國？而且靠的是人數一直未超過 10 萬的軍隊。如同作家傑克・魏澤福（Jack Weatherford）所言：他是如何只靠一支「可以輕鬆塞進現代大型體育館」的隊伍，就辦到一切？

大草原上其他每一個人，永遠有冤報冤，有仇報仇，鐵木真打破這個惡性循環。他不只以牙還牙，還思考自己要什麼，接著擬定計畫。

　　他的第一步，就是統一大草原上分散的部落，打破造成遊牧部長期結怨的親族制度，任人唯才，獎勵能力與忠誠，不看血統，不靠鬥爭，廢除搶親制，嚴厲懲罰違規者，消弭草原地區多年衝突，還廢棄各部族原先的名字，大家都是「氈帳內的子民」。1206 年時，大草原上的蒙古遊牧部落團結起來，向鐵木真獻上今日我們熟知的尊號：成吉思汗。

　　光是統一草原就是空前的勝利。然而，成吉思汗又是如何打敗中國與歐洲等更先進的文明？他是如何靠著僅僅 10 萬人的遊牧部隊，就擊敗世界上其他訓練、裝備、人數都更勝一籌的雄兵？喔，這點他也有計畫。

　　他的策略是不玩敵人那套，善用遊牧民族的優勢。蒙古人 3 歲就開始騎馬，靠著速度與機動性，在沒有現代裝備的情況下，擊敗人數更多、裝備更精良的軍隊。魏澤福寫道：「成吉思汗創新的戰鬥技術，淘汰中世紀歐洲身穿笨重盔甲的騎士，改採整齊變換隊形、訓練有素的騎兵。」蒙古人習慣以大地為家，不需要在軍隊後方拖著前進速度緩慢的補給線。每一位戰士自己多備三到五匹馬，坐騎永不疲憊。搶在燃料引擎發明數百年前，九天內就能前進 965 公里。

　　此外，蒙古軍也以現代軍隊的模式打仗，「從四面八方一擁而上，襲擊敵人，每支部隊獨立負責一個方向」。如果去看蒙古軍隊發動戰爭的方式，你會以為他們穿越時空，未

卜先知，但其實是現代將領師法成吉思汗，研究他的作戰方式，只不過戰馬換成飛機坦克。成吉思汗的閃電戰比德國人早了數百年。

成吉思汗的軍隊看起來像鄉下佃農，也因此常被輕視，成吉思汗也樂於利用這點，從不虛張聲勢。要是敵人以為他很弱，太好了。他在戰場上最喜歡用的一招，就是假裝撤退。敵人相信自己贏了，就會乘勝追擊，隊形凌亂……呆呆衝向設好埋伏的蒙古軍，接著蒙古弓箭手萬箭齊發，甕中捉鱉。

當然，戰場上永遠會冒出新挑戰。成吉思汗永遠有計畫，但也隨機應變，從每一次的小型戰鬥中學習。許多人還以為，蒙古軍碰上中國城牆就會束手無策，大草原上連兩層樓的建築都沒有，更別說知道如何攻擊碉堡等軍事防禦措施。然而蒙古人雖然沒圍過城，也沒見過弩砲與投石機，他們不必自己來。

成吉思汗知道，世上有自己不知道的事，有他沒時間學的事，也因此永遠廣招天下賢才。戰敗者要是可能派上用場，就會被允許加入蒙古。曾有敵人弓箭手射中成吉思汗坐騎，害他墜馬，但那名弓箭手被抓到時，成吉思汗非但沒下令處決，還封為將軍。蒙古人也以類似方式，吸收不少熟悉圍城戰的中國工匠，成吉思汗的軍隊因此所向披靡，「為城池的年代劃下句點」。

成吉思汗的計畫十分可靠，他死後帝國並未崩塌，持續擴張了一百五十年。下次各位寄信時，別忘了成吉思汗的功

勞，他帶來全球第一個國際郵政系統。

　　成吉思汗原是個亂世中失怙，大字不識一個的無名小卒，卻成為史上最強大的英雄。他並未盲目應對問題，而是想好自己要什麼，擬定計畫，然後橫行天下。

擬定計畫，可以提升掌控感

　　我們需要的就是一個計畫。多數人沒花時間計畫，像大草原上的部落一樣被動，生活給什麼，就怎麼回應，而工作與生活平衡的問題，在於過去的界線早已消失。我們無法靠這個世界告訴我們何時該停下、何時該換擋，今日得靠我們自己做決定。也就是說，我們需要一個計畫，要不然永遠會覺得做得不夠多。各位對抗的不是中國軍隊或東歐敵人，你最重要的戰爭，是你和自己的戰爭，但只要擁有正確計畫，一定可以打贏這場仗。適合你的東西，將有點不同於適合其他每一個人的東西，不過還是可以靠幾件事幫忙……

　　施瓦茨教授指出，今天因為選項太多，我們變成「撿拾者」，沒成為「選擇者」，我們很大的問題就出在這。我們沒決定自己要什麼，接著想辦法得到，而是東西被硬塞到面前，然後就聳聳肩：「好吧，應該可以吧。」基本上，我們讓別人告訴我們該做些什麼。亞里斯多德說，神是「不動的推動者」（unmoved mover）。神推動事物，但不由別人告訴祂該怎麼動。我們該好好學一學這種策略。

　　被動不僅會影響心想事成的可能性，還會剝奪我們真正快樂的機會。研究顯示，我們通常並未選擇真正能使自己快

成功不再跌跌撞撞

樂的事物，而是挑簡單的做。正向心理學大師契克森特米海伊發現，看電視讓青少年13％的時候真正快樂，從事嗜好活動則達34％，運動或遊戲是44％。然而，青少年最常做什麼？他們看電視的時間是四倍。我們沒計畫時，就會被動做最好做的事，而不是做真正能帶來滿足感的事。

羅伯特・艾比斯坦（Robert Epstein）調查三十國三萬人，發現最有效的減壓法就是擬定計畫。未雨綢繆令人感到勝券在握，而掌控感又是成功的祕訣。fMRI研究顯示，掌控感會激勵我們行動，當我們感覺自己能創造不同時，更可能投入。方向盤由我們的雙手操控時，前方就不再感覺那麼可怕。此外，最值得注意的一件事──也是對我們來說最有用的──就是一切的改變，不需要來自真正的當家作主，只需要「感覺」起來是那樣就夠了。喬・辛普森斷了一條腿受困山中時，無法掌控自己的情境，但他把逃生想成一場遊戲後，感覺自己有辦法做到。

掌控感的重要性可以追溯到神經科學的層次。簡單來說，我們處於壓力狀態時，腦筋就會不清楚。壓力會使大腦的思考區域──前額葉皮質（prefrontal cortex）──舉白旗投降，改由邊緣系統（limbic system）接手，也就是掌管情緒的蜥蜴腦。耶魯醫學院（Yale School of Medicine）艾美・亞恩斯坦（Amy Arnsten）的研究顯示：「就連相當微弱的不可控壓力，都能造成前額葉認知能力急速下降。」亞恩斯坦在訪談中也提到：「只有在我們感到無力掌控時，才會損失前額葉功能，而且是由前額葉皮質決定我們是否處於掌控狀

態。就算自己能掌控是一種錯覺，認知功能依舊維持不變。」此外，我們的心臟也不喜歡缺乏掌控感。《健康心理學》（*Health Psychology*）期刊的研究發現，當我們心中有無力感，心臟病發作的可能性就會大增。各位猜哪一種人增加的機率最多？一般被視為心臟問題風險不高的族群。

如果要了解掌控感在日常生活的重要性，可以看一看創業家。一份近兩千人的小型企業主調查顯示，超過 50％的人每週工作 40 小時以上，也就是說自己創業沒比給人請輕鬆。41％的人說替自己工作可以減輕壓力，32％則說壓力增加。然而各位知道嗎？高達 79％的人滿意自行經營小事業，70％喜歡自己的生活方式，遠超過先前我們看過的非自雇者工作滿意度。所以說，創業者和受雇者工作時數差不多，壓力也差不多，但創業者快樂許多。為什麼？被問到為何創業時，最常出現的理由包括：「自己當老闆比較好」、「自己做決定」、「可以照自己的意思做」。換句話說，這群人想要掌控感。雖然整體工作時數與壓力沒發生太大變化，卻會比較快樂。

那生產力與成功呢？倫敦政經學院研究印度 357 名執行長如何運用時間，以及利潤受到的影響，結果發現大老闆如果工時長，公司賺的錢也多，不過真正的差異，來自執行長如何運用那些時間。利潤能夠增加，全部要歸功給依據計畫和員工一起進行的活動。至於並未遵守計畫的時間，則未替公司多帶來一毛錢。

所以說，如果想要成功又快樂，有計畫很重要。接下

來，提供各位從現在起就可以執行的步驟，但在詳細說明之前，一定要再度提醒一個重點：這是你的計畫。最可能妨礙計畫的人就是你自己。而我們之所以自己妨礙自己，原因是不假思索便認為：「我做不到」、「老闆不會答應的」。不是每個人都有辦法逐字逐句做到下列步驟，但是可別遇一點麻煩就退縮了。就算無法完全做到，至少要抱持同樣的精神──簡單來說，試就對了。

掌握這五件事，計畫每一天

大家會犯的另一個大錯，就是瀏覽一下清單，看到自己做過的事，就大喊：「那個我做了！我真聰明！這本書不用看了。」讚美自己感覺很好，但你看這本書是為了改善人生。請把注意力放在計畫中你「沒」做的那些部分。別忘了，想著負面事物令人不舒服，但著眼於不足之處，才可能獲得改善，專家都是這麼做的。

#1：追蹤時間都用在哪裡

不曉得自己把時間用在哪，就不可能設法取得平衡。前Intel 執行長安迪・葛洛夫（Andy Grove）講過一句話：「若想了解一間公司的政策，那就觀察他們實際做的事，而不是他們號稱自己將會做的事。」如實寫下自己每個小時做了什麼，不要依賴不可靠的記憶。記錄一週。你做的事帶你去哪裡？那是你想去的地方嗎？小心，這個練習會帶來很大的心理衝擊，我敢保證，各位浪費的時間比想像中多。記錄時，

順便留意一下，自己花的時間對四大指標帶來多少幫助：

1. 快樂＝享受

2. 成就＝獲勝

3. 意義＝（對他人來說）重要

4. 傳承＝推廣

也或者，我們把時間花在「以上皆非」的事？

我們可以利用打擊罪犯的方法，改善時間利用方式。若想減少城市中的犯罪，盯著區域會比追蹤個人有效率。研究人員發現，五成犯罪集中在城市僅 5％的地點，進而提出「熱點」警政（"hot spot" policing），只要加倍巡邏少數幾個熱點，就能讓相關地區犯罪少一半，全市的緊急通報可以少6％至 13％。

找一找自己行事曆上的熱點。你在哪些時候浪費最多時間？什麼時候你會過分為了四大指標中的其中一項，犧牲其他事物？改變自己在熱點做的事，成效將超過模糊的「我要減少工作量」或「我要努力多陪陪家人」。此外，記得研究一下可行的模式。你在什麼時間做事會事半功倍？一大清早，還是愈晚愈有精神？在家，還是在辦公室的時候？盡量善用這樣的時間地點。

記住，如果兩件事都得仰賴「時間」這項資源，就不可能兩件事都極大化。此外，也不要採取「有一天我會去做」的策略，用適合自己的方式平衡四大指標。好好決定每週要分配多少時間給每一項指標，詳細時間可以再調整，但現在就要有初步決定。我是說真的，把它寫下來，我等你（作者

輕聲哼起歌）。一個項目達標後，繼續研究其他項目的熱點。

我們在探討恆毅力的那章提過，把事情變遊戲，可以讓麻煩問題變得引人入勝。著名創投家維諾德・柯斯拉（Vinod Khosla）平日投資績效一流，但也請助理記錄自己一個月和家人共進多少次晚餐。替自己想出聰明指標，可以改變你的生活。安侯建業（KPMG）的策略投資與成長計畫總經理凱文・博倫（Kevin Bolen）想要多一點和妻子、兩個兒子相處的時間，而他的熱點是出差，也因此他的目標是「喪失」飛行常客計畫的白金卡會員身分。雖然免費機票與紅利因此減少，這代表他平衡工作與生活的努力奏效了。

#2：和主管談談

有些人說自己身不由己，做不了太大改變，主管不會答應的。然而，如果真心想讓工作與生活平衡，不要輕易斷言不可能。和主管坐下來好好談一談。不要開口就說：「嘿，我想減少工作量。」問清楚公司究竟希望你扮演什麼樣的角色、他們有哪些期待。如果這裡那裡做一點變化，是否真的會影響工作。主管的答案可能出乎意料，尤其是如果你想著他們的需求，試著尋求雙贏。問一問，他們希望你花多少時間做回信與開會等「淺薄工作」（shallow work）、多少時間花在真正能看見成效的「深度工作」（deep work）。光是談一談就能減輕壓力。《職場健康心理學期刊》（*Journal of Occupational Health Psychology*）的研究顯示，工作上碰到很多要求時，釐清自己被期待做到的事可以減輕壓力，也比較

容易做對選擇，減少擔憂情緒。

此外，主管可能不會發現，但聊一聊對他們也有好處。《哈佛商業評論》介紹過一種名為「主動合夥」（active partnering）的策略，方法是員工與主管說出自己在公私兩方面希望達成的事。一份 473 名主管的研究顯示，經過一年的主動合夥後，62 名原本想離職的人決定留下，甚至有人獲得升遷。

每個人的計畫都會不斷地變動，也因此必須不時聊一聊，不過主管大概會喜歡這樣的溝通，畢竟胸中有計畫、懂得詢問優先順序，還試著解決問題的積極員工十分珍貴，還需要主管擦屁股的員工才令人頭疼。此外，做出成績後，自然也會獲得更多自由度，更能按照自己的意思執行計畫。好好做，每個人都能享受到正向循環。

好了，現在已經找出有問題的熱點、事半功倍的時間安排法，也分配時間給四大指標，主管也給了方向、放手讓你去做，現在你真的可以讓事情不一樣……

#3：待辦清單是陷阱，請善用行事曆

喬治城大學（Georgetown University）的卡爾‧紐波特（Cal Newport）教授是生產力的成吉思汗，他認為待辦清單不是好東西，因為清單並未將時間納入考量。各位有沒有想過，為什麼清單上的事永遠做不完？因為我們很容易就把需要 28 小時才能做完的事，塞進一天 24 小時內就得做完的清單。我們對於自己究竟有多少時間做多少事，必須實際一

點。唯一的方法就是把事情排進行事曆，而不是列出永無止境的待辦事項。

決定好幾點要下班，就知道自己有多少時間工作，接著按照優先順序，排進你需要做的事。紐波特教授稱這種方法為「固定時間表的生產力」（fixed schedule productivity）。工作與生活若想平衡的話，就得畫出界線，強迫自己有效率。把截止時間訂在下午六點，接著安排一天中要做的事，控制住工作颱風，安排時間時要實際一點，就不會被永遠都做不完的事嚇到。

大部分的人用錯誤方式使用日曆——安排日曆時，其實不是在安排工作，而是在安排打擾。會議被放進行事曆，打電話被放進行事曆，看醫生也被放進行事曆。各位知道哪件事經常不在行事曆上嗎？真正該做的工作。其他的事都只是干擾而已。它們通常是別人該做的事，卻堂而皇之占據我們的時間，真正該做的事則無人理會。如果說真正的工作是指會影響利潤、讓你被賞識、加薪或升官的事，恕我直言，或許那些事也該分得一點時間。

此外，一天至少要挪出一小時「受保護的時間」，最好安排在早上。在每天這一個小時內，讓自己不受干擾地完成真正的工作。這個小時和宗教儀式一樣神聖不可侵犯，電子郵件、會議、電話通常只是「淺薄工作」，受保護的小時必須用在紐波特所說的「深度工作」，讓事情有所進展，不要只是原地踏步。「淺薄工作」讓我們不會被開除，但「深度工作」才能讓我們獲得升遷，不要把這個小時留到一天要結

束、可能受干擾的時段。在這個小時中，把所有腦力集中在重要工作上。研究顯示，醒來後的 2.5 小時至 4 小時是頭腦最清醒的時刻，難道要把那段時間浪費在視訊會議或員工會議上？

萬一辦公室讓人精疲力竭該怎麼辦？萬一隨時受到干擾，那就把那段「受保護的時間」安排在上班前一小時，在家裡做。杜拉克引用一項針對 12 名高階主管所做的瑞典研究，那 12 名主管每工作 20 分鐘就會被打斷，其中唯一能做出良好決策的一名主管，在進入混亂的辦公室前，先在家中工作 90 分鐘。

詳細計畫好每一天，一開始令人感覺麻煩，但真的有用。此外，就連空閒時間最好也要計畫一下。各位嚇到退避三舍前，請先看一些數據。《快樂研究期刊》（*Journal of Happiness Studies*）一份 403 人的研究顯示，管理空閒時間與高品質的生活有關。值得注意的是，增加空閒時間不會對快樂產生影響，但要是事先安排好時間則不一樣。前文提過，我們通常並未明智運用休息時間，只做順手就能做的事，而不是真正能讓自己快樂的事。花時間計畫一下，就更可能享受到真正的樂趣，而不是坐在沙發上一直看電視。

安排好每一件事的時間，挪出「受保護的時間」，可以確保自己有時間做真正重要的事。不過，我知道各位心中在想：可是那些「淺薄工作」又不會因此消失。應付忙碌工作的一個好方法是「分批」處理，不要一有信件進來就處理，安排在幾個空檔一起回信、回電，或收拾需要整理的文件。

空檔時間結束後，就關掉提示音，讓電話靜音，回頭做重要工作。我個人一天安排三個這樣的時段，但有些工作需要更頻繁的互動時間，重點是盡量掌控與安排這樣的時段，不要讓它們打斷深度工作。人類在沒有電子郵件與 Facebook 的年代登上月球、蓋出金字塔，你真的可以兩小時不要查看你的電子裝置。萬一主管要求立刻回覆怎麼辦？那就設定電子郵件，讓自己只有在信件來自老闆或其他重要人士時，才收到通知。

　　詳細安排好時間後，還得做一件事，才不會前功盡棄：學會說「不」。如果你避開不必要的瑣事，把每一件事放進行事曆，挪出不受干擾的時段，還分批處理忙碌工作，但無法阻止別人把不重要的工作堆在你桌上，你永遠還是會陷在「淺薄工作」的泥沼。你已經從主管那裡得知自己的優先要務，也好好分配一天中實際擁有的工作時數。如果是不重要的事，你就是沒時間做，必須說「不」。套用巴菲特的話來說：「成功人士與超級成功人士的區別，在於超級成功人士幾乎對每一件事都說『不』。」

#4：掌控你的環境

　　環境很重要，比你想的重要。環境會在不知不覺中影響決定。杜克大學的艾瑞利教授告訴我：

> 過去四十年間，社會科學的重大發現是環境很重要。你去吃自助餐，要是自助餐以 A 方式排列，你

就會吃到 A。如果以不同方式排列，就會吃到不同東西。我們以為是自己做的決定，但其實環境深深影響著我們，也因此我們必須思考如何改變環境。

當然，我們無法時時刻刻都掌控周遭環境，但我們能夠左右事情的程度，超過我們一般選擇去做的程度。干擾是真的會讓人變笨。教室位於吵雜鐵路旁的學生，功課整整落後教室安靜的學生一年。處理噪音後，學業表現的差異就消失了。辦公室也差不多，研究顯示，最具生產力的程式設計師有一個共通點，不是資歷、不是薪水，也不是每項專案花的時間，而是上司提供不受干擾的環境。

我們可以從環境下手，讓環境變成我們的優勢。艾科爾推薦「20 秒法則」：讓該做的事少 20 秒開始做的障礙，不該做的事則多 20 秒障礙。20 秒聽起來不多，但結果將會十分不同。重新整理工作空間，讓自己看不見誘惑，就能做出更佳選擇。艾瑞利教授提到 Google 紐約辦公室做過一項簡單研究：把原本一伸手就能拿到的 M&M's 巧克力，改放在必須打開蓋子的容器內。這只是小小動點手腳，但結果發生什麼事？大家吃下肚的 M&M's 巧克力在一個月就減少 300 萬。所以說，各位，快點關掉那個網頁瀏覽器，還有記得把手機放在房間遙遠的另一頭充電。

我明白掌控環境不容易，各位可能碰上共享的辦公空間、開放式的辦公室、愛聊天的同事，以及在背後盯著員工的老闆。這就是為什麼我建議一天之中，至少要挪出一段時

間做一件簡單的事：躲起來。你可以借用會議室，在會議室工作，不但可以隔絕干擾，大概還會創意大增。史丹佛大學的菲佛與蘇頓兩位教授表示：「大量研究顯示，權威人士愈常待在一旁與問的問題愈多，尤其是給的建議愈多時，工作做出來的創意度就愈低。為什麼？因為創意工作經常碰上挫折與失敗，然而老闆在看的時候，大家都想要成功。也就是說，大家會做保證成功、已有成功先例，比較沒創意的事。」

＃５：以正確方式結束一天，準時下班

各位已經讓自己擁有「固定時間表的生產力」，對吧？決定好幾點要下班，也安排好行程表。很好，因為佩羅指出，工作與生活能平衡的關鍵，在於執行「嚴格的關機機制」。找出自己何時可以離開辦公室，才有時間做讓自己感到「享受」、「獲勝」、「重要」、「推廣」等四大指標的事，而不只有工作、工作、工作。

除非各位想痛恨自己的工作，要不然結束一天的方式，遠比想像中重要。為了解釋這個概念，我必須談一談塞屁股的事，是真的把東西塞進臀部。諾貝爾獎得主康納曼與唐納・雷德梅爾（Donald Redelmeier）研究人們記憶中的大腸鏡檢查有多不舒服，發現手術長度與平均疼痛度不會影響人們的記憶，真正有影響的，似乎是最不舒服的時刻與手術的結尾。時間較長且平均而言較痛，但疼痛高峰沒那麼不舒服、結尾溫和的大腸鏡檢查，在人們記憶中比較沒那麼不舒服。然而，如果是一下子就結束、平均而言比較不痛，但疼

痛高峰期很痛、結束時不舒服的檢查，人們會記成一場不舒服的經歷。不論是與配偶吵架，或是好萊塢電影最後的台詞，事情怎麼收尾很重要。因此，請花時間讓一天有美好尾聲。每天在辦公室待的那最後幾分鐘，深深影響著我們對於工作的感受。

紐波特教授建議大家要有「關機儀式」（shutdown ritual），好好結束今天的工作，替明天做準備。研究顯示，寫下明天需要處理的工作，可以讓大腦放鬆下來。神經科學家丹尼爾·J·列維廷（Daniel J. Levitin）指出，當我們關切一件事、大腦灰質擔心會忘記，就會啟動「複述迴路」（rehearsal loop）區，結果就是一直擔心，一直煩惱。寫下想法，替明天擬定計畫，可以關掉那一區。

請給自己一些停機時間。最好的減壓法是什麼？從事興趣或是和朋友共享時光都是很好的辦法。研究顯示，週末令人開心，是因為有比較多時間和自己喜歡的人共處。我們週末與朋友相處的時間多 1.7 小時，而這會增強快樂感。此外，不要輕忽睡眠，你不想產生自己是美式足球明星的幻覺。

好了，現在各位大致上都有計畫了，請把它寫下來（成吉思汗不識字沒辦法，但你可以。）鮑邁斯特所做的研究顯示，寫下計畫不但可以幫助我們達成目標，還能讓大腦在該放鬆時，不再一直牽掛。

計畫不必一開始就很完美，有時我們會搞砸，沒關係的。別忘了疼惜自己，原諒自己不但會感覺好一點，還能減

少拖延症。一項針對 119 位學生所做的研究顯示，原諒自己一次考試沒準備好的學生，第二場考試就比較不會拖拖拉拉不準備，心情比較能回復，忘掉這次的事，在下次拿出更好的表現，而不是自責個沒完。

找出哪些事行得通、哪些事行不通之後，想辦法調整計畫。在四大指標中，哪一項花的時間還不夠多？不斷調整，一直調到接近你要的平衡。杜拉克指出，達成目標的方法就是追蹤、檢討與改善；有計畫可以讓我們更接近圓滿人生。

目前全球 0.5％的男性是成吉思汗的後代，也就是兩百個有一個。從許多標準來看，成吉思汗都很成功，他是個有計畫的人。但各位不必跟他一樣「征服世界」，如果把四項指標記在心中，就會知道「夠好」便已足夠。

協助創辦時代華納公司（TimeWarner）的史蒂芬・傑・羅斯（Steven Jay Ross）表示：

> 人有三種──一種人進辦公室，腳擺在桌上，開始做夢 12 小時；一種人早上五點到達，工作 16 個小時，不曾停下來做夢；還有一種人腳擺桌上，做夢 1 小時，接著開始圓夢。

在這六章中，我們談了很多，最後為了鼓勵大家行動，我們來看要是努力，人生可以有多美好。

成功不再跌跌撞撞

　　請吸口氣，做好心理準備，接下來這句話聽起來有點傷人。

　　「你要是死了就好了。」

　　這句話實在刺人心扉，尤其如果是媽媽對兒子這樣講。然而，馬丁只剩一具空殼，動也不動地躺在床上，呈現腦死狀態。當媽的人，再也受不了看到兒子這樣。

　　爸媽每天照顧馬丁，爸爸晚上兩小時起來一次，把他翻動一下，以免得褥瘡。全家人為了照顧馬丁，承受了極大的壓力。因為愛他，雖然醫生說他這輩子不會復原了，還是日以繼夜照顧一副曾是自己兒子的軀殼。馬丁已經像那樣數年了。

　　馬丁其實沒有腦死，他的意識完全清楚，但是他被「困住了」。他能夠意識到周遭世界，但身體動彈不了。他聽見母親說的話，只是無法以任何方式回應。

　　聽到媽媽希望自己死，的確傷人，但也沒有想像中的糟，畢竟馬丁自己也很想結束生命。媽媽並不是恨他到咒他死，只是眼睜睜看著活力充沛的兒子變成一具活屍，希望他可以不要再受苦。馬丁不怨母親說了那句話，他憐憫媽媽。

　　12歲的一場怪病，讓馬丁躺在床上被宣布腦死，然而

幾年後，馬丁依舊活在一具自己再也無法操控的身體裡。整整11年一般人無法想像的光陰裡，那就是他的全部人生。

媽媽希望你死去，聽起來很糟沒錯，但至少還是一種罕見的關注。從很久以前開始，整個世界早已經把馬丁當成沒有生命的物體，一塊要處理、搬動、整理、清潔，但不必互動的東西。馬丁不是病人，頂多就是一輩子的負擔。

當人們不再把你當人，就會做一些奇怪的事，像是在你面前挖鼻屎，然後面不改色地吃下去，或是在你面前一遍又一遍地照鏡子，不擔心會被批評自戀。此外，他們還會放出在「真人」面前忍很久的人響屁。

最讓馬丁無法忍受的，是無所不在的無力感。人們替他決定生活的一切，包括該不該攝取營養、身體該躺左側還是右側等。醫院看護冷酷無情，馬丁遭受無數次非人虐待，但無能為力，發不出聲音。

各位有沒有晚上抱著恐懼入眠的經驗？馬丁每一晚都是這樣，他的身體不能動，只有無盡的思緒陪著他。你會感覺無能為力，那就像腦中停不下來的歌曲，這個地獄只有你一個人，而且沒有希望。

馬丁單純只是為了撐下去，不至於瘋掉，無意間成為禪宗大師。他屏棄雜念，以無師自通的方式學會正念。幾小時、幾天、甚至幾週的時間，瞬間就過去。他超然於生活、超然於念頭，然而那樣的空不是涅槃，而是黑洞。沒有苦難，但也沒有希望。他的確偶爾會讓一個念頭溜進腦海，那句母親說過的感嘆：要是死了就好了。

這個世界有時會闖進來抓住他,把他拉回現實。誰最常做這種事?折磨他?邦尼。

那隻令人無法忍受的紫色恐龍,永遠在電視上歡欣鼓舞地唱歌。它是如此快樂,提醒著馬丁自己有多悲慘。然而,馬丁沒辦法轉台,也沒辦法把電視砸了,只能被迫一遍又一遍地聽著快樂歌曲。

馬丁無法逃離這個世界,因此選了另一條路。他開始躲進自己的想像裡,幻想著一切可能成真的美好事物,超越物理定律,超越現實,絕對不受不聽使喚的頑固身體限制。馬丁靠著幻想人生想要的一切打發時間。

然後,兩件事發生。在馬丁 25 歲左右,身體某些部位,逐漸可以活動,手可以抓握。一名護士追蹤眼動後,開始認為馬丁可能還活在那具軀殼裡,說服醫生再做一次測試,結果發現馬丁的確還在。

事情進展得很快,馬丁有了操縱桿和電腦後,就開始和外界溝通。有了輪椅後,就開始可以行動。馬丁重獲新生,不過就像播客節目《無形之事》(Invisibilia)指出,馬丁並未滿足於這些變化。他做了這麼久的夢,他要開始圓夢。

兩年後,馬丁找到一份辦公室工作,但沒有停下腳步。對電腦很在行的他,接著成為自由網頁設計師,自己開公司。

他去上大學。

他寫下描述自身經歷的自傳《困在身體裡的男孩》(Ghost Boy),廣獲好評。

馬丁學會開車。

2009 年時,馬丁再也不孤單,33 歲的他和喬安娜結為連理。喬安娜是他妹妹的朋友,兩人在 Skype 上認識。過了十多年面部不能動的日子後,現在馬丁笑到臉疼。

馬丁接受 BBC 採訪:

> 成功很奇妙,成功會帶來更多成功。我一旦做到某件事,那件事就會鼓勵我更進一步。於是,我覺得哪些事有可能的看法,不斷地在擴展。如果我能做到這件事,還可以做到其他哪些事?

馬丁目前依舊得坐輪椅,也得靠電腦輔助才能說話。然而,他接受教育、事業成功,擁有幸福婚姻,過著美好生活。我們想都無法想像要做到那樣的事,馬丁必須比一般人多努力多少。

很少人一生中會碰上像馬丁‧皮斯托留斯(Martin Pistorius)碰上的挑戰,但我們卻常常覺得自己陷在困境之中,幾乎被「困住了」。我們試著得到心靈上的解脫,或是過得渾渾噩噩,但如同華納創辦人羅斯所言,我們要做夢,然後去追夢,才會成功。那是唯一的路。

成功有許多種形式,有的令人讚嘆,有的簡簡單單,有的接近荒謬。我們為媒體報導的成功感到目眩神迷,忘記自己定義的成功才重要,只要去做就可能達成。

不必擔心自己有多少天賦。布魯姆研究的雕塑家、奧運

選手、數學家等成功人士顯示，天分通常無法決定我們在人生中能多有成就。布魯姆表示：「經過四十年全面研究美國及國外的學校學習後，我的主要結論是：只要先前與當下擁有適當的學習環境，世界上任何人能學會的事，幾乎所有人都能學會。」

是什麼讓你裹足不前，不去追求自己定義的成功？大部分的事靠著時間與努力就能克服。當我思考成功的限制時，經常想到拼字遊戲的故事。奈傑・理查（Nigel Richards）是史上最厲害的拼字選手，得過法文拼字冠軍。FiveThirtyEight.com 網站指出：「他的官方排名與第二名的差距，大約等同第二名與第二十名的差距。」理查甚至是28歲才開始玩拼字遊戲，但第一次參加國家錦標賽就獲勝，沒人法文拼字跟他一樣厲害。喔，對了，我忘了提一件事⋯⋯

理查其實不會法文。

他領獎的時候，還需要譯者幫他翻譯感言。他多年稱霸英文拼字比賽之後，改攻法文，開始背單字。他不曉得那些字是什麼意思，而且法文拼字比賽比北美拼字比賽困難，多了近二十萬個單字，但理查想當法文拼字冠軍，所以就去做了，沒讓不會說法文這件事阻擋自己。

這本書談了許多與成功有關的事，從登山的危險性談恆毅力的力量，還談到諾貝爾獎得主如何靠塞屁股研究，讓我們了解快樂的感受是怎麼一回事。在全書的最後這幾頁，我們來簡單總結一下。

關於成功，各位最該銘記在心的是什麼？

三個字：「一致性。」

成功不是任何單一特質的結果，當「你是誰」與「你選擇待在哪裡」兩件事一致，你就會成功。在正確角色中，發揮正確能力。當個好人，讓身邊也圍繞著其他好人。給自己說個能夠繼續走下去、和這個世界產生連結的故事。建立一個能為自己提供協助的人脈網絡，找到一份符合你天生內向或外向性格的工作，靠著一定程度的自信，支持自己走下去，但遇到不可避免的失敗時，要有辦法從錯誤中學習，並且原諒自己。此外，四大指標要平衡，才能活出不後悔的圓滿人生。

史蒂文森與納許兩位教授，研究努力達到平衡的成功人士：

> 當你從事的職業，符合你的價值觀、讓你發揮招牌長處，所處的環境又讓你如魚得水，你就會擁有強大的心理動力，希望達到「成就」、「意義」、「快樂」與「傳承」四件事。當你內心選擇的成功目標，與周圍的人一致，報酬會更高。

那麼，你要如何達成一致性？數千年前的德爾菲神諭早已開示，要「認識自己」。你的增強因子是什麼？你是給予者、索取者或互利者？比較內向還是外向？自信不足或過度自信？在四大指標中，你自然就做到哪幾項，哪些則會一直

忽略？

接下來，讓自己的相關特質與周遭世界能夠協調，選擇正確池塘，找到可以運用增強因子的工作，說個能讓自己繼續往前走的故事。偶爾做做小實驗，拓展自己的視野，利用WOOP法讓自己美夢成真。

最重要的「一致性」是什麼？培養與親朋好友之間的關係，他們可以協助你成為你想當的人。財務成功很好，但快樂是成功人生不可或缺的元素。事業成功，不一定就會快樂，但研究顯示，快樂可以帶來成功。

快樂來自人際關係，學者和暢銷作家艾科爾指出：「我在 2007 年研究過 1,600 名哈佛學生，發現『自覺社會支持』與『快樂』之間的相關係數為 0.7，高過『抽煙』與『癌症』之間的關聯。」賺多少錢帶來的快樂，等同良好的社交生活？《社會經濟期刊》的數據說，一年得多賺 12.1 萬美元才行。

看著大方向，會發生什麼事？如果你躺在床上，死神要來接你了，成功的意義是什麼？有學者找出答案。哈佛醫學院教授喬治・范倫（George Vaillant）主持的「格蘭特研究」（Grant Study），追蹤一群男性的一生，從大學一直到過世。范倫如何總結這項歷時數十年的研究？「人生唯一真正重要的事，是你和他人的關係。」

人際關係和愛？是不是感覺太溫情主義，和成功沒有太大關聯？別這麼想。范倫團隊計算追蹤對象 47 歲時的人際關係分數——結婚多久、有無孩子、家人關係親不親密、朋

友有多少，算出來的結果幾乎和事業成功度吻合。人際關係分數就像水晶球，可以預測收入與職業生涯的精彩度。分數最高者的收入，是最低者的兩倍以上。該不會人緣好是結果，不是原因？大概不是。最具同理心者，收入是最自戀者的 2.5 倍。

人際關係不只讓人更成功，還可以救你一命。還記得身體出狀況的史賓賽・葛萊登嗎？第 3 章提及他接受肝臟移植。他第一次生重病時，醫生就知道他終有一天得換肝，所有朋友都接受測試，找出合適的捐贈者（肝臟很特別，具備再生能力，捐贈者與受贈者最終會再度長出完整器官。）史賓賽的朋友卡爾成功配對，時間一年年過去了，史賓賽的健康持續惡化，醫生說沒辦法了，一定得移植器官。

卡爾不僅自願捐肝，自從得知自己適合捐贈後，就悄悄從飲食與運動養生著手，努力讓體能達到高峰。如此一來，時間一到的時候，就能捐給史賓賽最健康的肝。卡爾私底下的計畫，讓兩個好朋友今日健康又快樂。我希望你我也能如此幸運，擁有像卡爾這種肝膽相照的摯友。

要是我們能利用對自我的認識，選對職涯，待在正確團體，就能創造正向循環，不只事業成功，還能帶來快樂與滿足感。

本書就要結束，看完了瘋狂的自行車選手、感覺不到疼痛與恐懼的人、古怪鋼琴大師、連續殺人犯、海盜、監獄幫派、美國海軍海豹部隊、多倫多浣熊、少林武僧、一個人能當蝙蝠俠多長時間、艾狄胥數、牛頓與愛因斯坦、威廉斯與

蜘蛛人、哈佛與 MIT 的雷達戰爭、鬼影部隊、NYPD 人質談判小組、美國皇帝（願他安息）、西洋棋電腦、頭髮染成橘色的日本摔角選手、成吉思汗，以及一個在全世界飛來飛去說謝謝的人。感謝各位願意花這麼多時間，閱讀這麼多瘋狂的故事，和我一起走過這趟旅程。

希望本書透過研究分析與精彩故事，讓各位了解人生的成功要素。我成功了嗎？這要交由各位決定。我不是萬事通，只不過是一朵內向蘭花、有希望的怪物、非篩選型的領導人，以及想當給予者的互利者，而且通常太過自信，需要在自我疼惜方面下點功夫。不過，我想我已經選對池塘，讓自己近朱者赤，那已是夠好。請你也要花點時間找出自己是誰，為自己找到正確的水域。

如果各位還有興趣進一步了解的話，可以造訪我的網站：Bakadesuyo.com，上頭還有更多資訊。如同「人脈」這個令人存疑的詞彙，各位的蜥蜴腦無法真正抓住「作家」或「寫手」的概念，也因此讓我們用大腦能夠理解的方式來說就好：我是你的朋友，想打聲招呼的話，歡迎寫信到：ebarker@ucla.edu。

祝福各位一帆風順。

謝 辭

勞勃・狄尼洛（Robert DeNiro）告訴我，永遠不要和名人裝熟。
——鮑伯・華格納（Bob Wagner）

　　我沒辦法和華特・格林一樣，為了說謝謝，在全球飛來飛去，但至少能在這裡向讓本書能交到各位手中的人士表達謝意——許多人的貢獻讓作者在寫書過程中不至於發瘋。

　　每位作者都會告訴你，寫書有多辛苦，但多數人不會提及這件事有多寂寞。要不是有下列幾位優秀人士，我做不到：

　　感謝超級經紀人吉姆・列文（Jim Levine）與我的編輯希拉蕊・羅森（Hilary Lawson）和喬凡娜・尤莎（Genoveva Llosa）。

　　感謝所有在本書分享故事、研究與點子的人士。

　　再次感謝我的父母，沒有他們，就沒有我。

　　感謝所有閱讀我部落格的優秀讀者（沒錯，各位週日都會收到電子郵件）。

　　感謝傑森・海洛克（Jason Hallock），他是所有豪斯醫生（House）最好的威爾森（Wilson）。

　　感謝唐・艾摩爾（Don Elmore）。沒有盧修斯・福克斯（Lucius Fox），就沒有蝙蝠俠。

　　感謝泰勒・柯文（Tyler Cowen）推薦網友看一個無名

小卒的部落格。

感謝安德魯・凱文・沃克（Andrew Kevin Walker）、茱莉・德克（Julie Durk）、茱爾・福爾摩斯（Drew Holmes）把我拉出家門，還讓我加入「加油團」（The Rally Pals）。

感謝朋友與其他沒被揭露名字的同黨：黛比・「沙發火」・羅莎（Debbie "Couchfire" Rosa）、尼克・卡蘭斯尼（Nick Krasney）、麥克・古德（Mike Goode）、拉胡・馬納凡拉（Raghu Manavalan）、克里斯・佛斯（Chris Voss）。

感謝我的堂弟萊恩（Ryan），他是我在世上最親的兄弟。感謝姑姑克萊兒（Clare），她寄生日卡片給快餓死的作家時，總夾著一張支票。也感謝姑姑芭芭拉（Barbara）在我大學時寄來愛心包裹。

感謝寫書過程中提供建議與指導的人士：丹・品克（Dan Pink）、亞當・格蘭特（Adam Grant）、大衛・艾比斯坦（David Epstein）、申恩・史諾（Shane Snow）、約翰・理查森（John Richardson）與席拉・西恩（Sheila Heen）。

感謝聖多那光明會（Sedona Illuminati）的詹姆士・柯利爾（James Clear）、萊恩・霍利得（Ryan Holiday）、喬許・卡夫曼（Josh Kaufman）、申恩・巴利許（Shane Parrish）、尼爾・艾爾（Nir Eyal）、提姆・厄本（Tim Urban）。

感謝支持我半瘋狂計劃的好人：鮑伯・拉丁（Bob Radin）、保羅・寇侯（Paulo Coelho）、克里斯・葉（Chris Yeh）、珍妮佛・艾克（Jennifer Aaker），以及傑夫・湯普森警探（Jeff Thompson，他問我想不想和紐約市警察局人質談

判小組一起受訓——好像我有可能拒絕一樣）。

最後，大三當面嘲笑我作家夢的女友，感謝妳給我動力。

參 考 目 錄

寫一本書需要翻遍半座圖書館。
——塞繆爾・約翰遜（Samuel Johnson），18 世紀英國文學家

前言　成功需要哪些因素？

Auerbach, Stephen. *Bicycle Dreams*. Auerfilms, 2009. Film.
Coyle, Daniel. "That Which Does Not Kill Me Makes Me Stranger." *New York Times,* February 5, 2006. www.nytimes.com/2006/02/05/sports/playmagazine/05robicpm.html?pagewanted=all&_r=0.
"Limits of the Body." *Radiolab*. Season 7, episode 3. Radio broadcast, 32:07. Aired April 16, 2010. www.radiolab.org/story/91710-limits-of-the-body/.
Snyder, Amy. *Hell on Two Wheels*. Chicago: Triumph Books, 2011.

第 1 章　乖乖聽話，你就會成功？

Alexander, Susan. "How Neil Young Became the First Artist to Get Sued for Not Being Himself." Lateral Action. http://lateralaction.com/articles/neil-young/.
Altman, Sam. "Lecture 9: How to Raise Money (Marc Andreessen, Ron Conway, and Parker Conrad)." How to Start a Startup. Stanford University class lecture. http://startupclass.samaltman.com/courses/lec09/.
Arnold, Karen D. *Lives of Promise*. San Francisco: Jossey-Bass, 1995.
Barnett, J. H., C. H. Salmond, P. B. Jones, and B. J. Sahakian. "Cognitive Reserve in Neuropsychiatry." *Psychological Medicine* 36, no. 08 (2006): 1053–64. http://dx.doi.org/10.1017/S0033291706007501.
Bazzana, Kevin. *Wondrous Strange*. Toronto: McClelland and Stewart, 2010.
Belsky, Jay, Charles R. Jonassaint, Michael Pluess, Michael Vicente Stanton, B. H. Brummett, and R. B. Williams. "Vulnerability Genes or Plasticity Genes?" *Molecular Psychiatry* 14, no. 8 (2009): 746–54. doi:10.1038/mp.2009.44.
Chambliss, Daniel F. "The Mundanity of Excellence: An Ethnographic Report on

Stratification and Olympic Swimmers." *Sociological Theory* 7, no. 1 (Spring
    1989): 70–86. doi:10.2307/202063.
Christian, Brian. *The Most Human Human*. New York: Anchor, 2011.
"Congenital Insensitivity to Pain." NIH, U.S. National Library of Medicine. Last
    modified November 2012. https://ghr.nlm.nih.gov/condition/congenital-
    insensitivity-to-pain.
Coryell, W., J. Endicott, Monika Keller, N. Andreasen, W. Grove, R. M. A.
    Hirschfeld, and W. Scheftner. "Bipolar Affective Disorder and High
    Achievement: A Familial Association." *American Journal of Psychiatry* 146, no. 8
    (1989): 983–88. doi:10.1176/ajp.146.8.983.
Dobbs, David. "Can Genes Send You High or Low? The Orchid Hypothesis A-
    bloom." DavidDobbs.net. June 8, 2013. http://daviddobbs.net/smoothpebbles/
    orchids-dandelions-abloom-best-of-wired-nc-10/.
Dobbs, David. "The Science of Success." *The Atlantic,* December 2009. www.
    theatlantic.com/magazine/archive/2009/12/the-science-of-success/307761/.
Ellis, Bruce J., and W. Thomas Boyce. "Biological Sensitivity to Context." *Current
    Directions in Psychological Science* 17, no. 3 (2008): 183–87. doi:10.1111/j.1467-
    8721.2008.00571.x.
El-Naggar, Mona. "In Lieu of Money, Toyota Donates Efficiency to New York
    Charity." *New York Times,* July 26, 2013. www.nytimes.com/2013/07/27/
    nyregion/in-lieu-of-money-toyota-donates-efficiency-to-new-york-charity.html.
Gaskin, Darrell J., and Patrick Richard. "Appendix C: The Economic Costs of Pain in
    the United States," from *Relieving Pain in America*. Institute of Medicine (U.S.)
    Committee on Advancing Pain Research, Care, and Education. Washington,
    DC: National Academies Press, 2011. www.ncbi.nlm.nih.gov/books/
    NBK92521/.
Gino, Francesca, and Dan Ariely. "The Dark Side of Creativity: Original Thinkers
    Can Be More Dishonest." *Journal of Personality and Social Psychology* 102, no. 3
    (2012): 445–59. doi:10.1037/a0026406.
Götz, Karl Otto, and Karin Götz. "Personality Characteristics of Successful Artists."
    Perceptual and Motor Skills 49, no. 3 (December 1979): 919–24. doi:10.2466/
    pms.1979.49.3.919.
Gould, Stephen Jay. "Return of the Hopeful Monster." The Unofficial Stephen Jay
    Gould Archive. www.stephenjaygould.org/library/gould_hopeful-monsters.
    html.
Haynes, V. Dion. "Being at Head of Class Isn't Same as Having Inside Track on Life."
    Chicago Tribune, June 11, 1995. http://articles.chicagotribune.com/1995-06-11/
    news/9506110252_1_valedictorians-boston-college-achievers.
Heckert, Justin. "The Hazards of Growing Up Painlessly." *New York Times Magazine,*

November 15, 2012. www.nytimes.com/2012/11/18/magazine/ashlyn-blocker-feels-no-pain.html?pagewanted=all.

Herbert, Wray. "On the Trail of the Orchid Child." *Scientific American,* November 1, 2011. www.scientificamerican.com/article/on-the-trail-of-the-orchid-child/.

Howe, Sandra. "Valedictorians Don't Stay at the Head of the Class, Says Education Researcher." *Boston College Chronicle* 4, no. 5 (1995). www.bc.edu/bc_org/rvp/pubaf/chronicle/v4/N2/ARNOLD.html.

Inouye, Dane. "Congenital Insensitivity to Pain with Anhidrosis." *Hohonu* 6 (2008). http://hilo.hawaii.edu/academics/hohonu/documents/Vol06x04CongenitalInsensitivitytoPainwithAnhidrosis.pdf.

Interview with Gautam Mukunda by author. "Gautam Mukunda of Harvard Explains Secret to Being a Better Leader." *Barking Up the Wrong Tree* (blog). March 18, 2013. www.bakadesuyo.com/2013/03/interview-harvard-business-school-professor-gautam-mukunda-teaches-secrets-leader/.

Interview with Shawn Achor by author. "Be More Successful: New Harvard Research Reveals a Fun Way to Do It." *Barking Up the Wrong Tree* (blog). September 28, 2014. www.bakadesuyo.com/2014/09/be-more-successful/.

Johnson, Steven. *Where Good Ideas Come From.* New York: Riverhead Books, 2011.

Judson, Olivia. "The Monster Is Back, and It's Hopeful." Opinionator. *New York Times,* January 22, 2008. http://opinionator.blogs.nytimes.com/2008/01/22/the-monster-is-back-and-its-hopeful/.

Lacy, Susan. "Inventing David Geffen." *American Masters.* TV documentary, 1:55:00. Aired November 20, 2012.

Levine, Mark. "The Age of Michael Phelps." *New York Times,* August 5, 2008. www.nytimes.com/2008/08/05/sports/05iht-05phelps.15022548.html?_r=0.

Lewis, Randy. "Listen to What Got Him Sued." *Los Angeles Times,* June 15, 2011. http://articles.latimes.com/2011/jun/15/entertainment/la-et-neil-young-treasure-20110615.

McMenamin, Brigid. "Tyranny of the Diploma." *Forbes,* December 28, 1998. www.forbes.com/free_forbes/1998/1228/6214104a.html.

Mueller, Jennifer S., Jack Goncalo, and Dishan Kamdar. "Recognizing Creative Leadership: Can Creative Idea Expression Negatively Relate to Perceptions of Leadership Potential?" Cornell University, School of Industrial and Labor Relations. 2010. http://digitalcommons.ilr.cornell.edu/articles/340/.

Mukunda, Gautam. *Indispensable.* Boston: Harvard Business Review Press, 2012. Kindle Edition.

Nagasako, Elna M., Anne Louise Oaklander, and Robert H. Dworkin. "Congenital Insensitivity to Pain: An Update." *Pain* 101, no. 3 (2003): 213–19. doi:10.1016/S0304-3959(02)00482-7.

Papageorge, Nicholas W., Victor Ronda, and Yu Zheng. "The Economic Value of Breaking Bad Misbehavior, Schooling, and the Labor Market." Social Science Research Network. June 1, 2016. http://dx.doi.org/10.2139/ssrn.2503293.

Pete, Steven. "Congenital Analgesia: The Agony of Feeling No Pain." BBC News Magazine. July 17, 2012. www.bbc.com/news/magazine-18713585.

Pressfield, Steven. "Suing Neil Young." StevenPressfield.com. July 31, 2013. www.stevenpressfield.com/2013/07/suing-neil-young/.

Rao, Hayagreeva, Robert Sutton, and Allen P. Webb. "Innovation Lessons from Pixar: An Interview with Oscar-Winning Director Brad Bird." *McKinsey Quarterly,* April 2008. www.mckinsey.com/business-functions/strategy-and-corporate-finance/our-insights/innovation-lessons-from-pixar-an-interview-with-oscar-winning-director-brad-bird.

Rubin, Shira. "The Israeli Army Unit That Recruits Teens with Autism." *The Atlantic,* January 6, 2016. www.theatlantic.com/health/archive/2016/01/israeli-army-autism/422850/.

Silvia, Paul J., James C. Kaufman, Roni Reiter-Palmon, and Benjamin Wigert. "Cantankerous Creativity: Honesty–Humility, Agreeableness, and the HEXACO Structure of Creative Achievement." *Personality and Individual Differences* 51, no. 5 (2011): 687–89. doi:10.1016/j.paid.2011.06.011.

Simonton, Dean Keith. *Greatness.* New York: Guilford Press, 1994.

Simonton, Dean Keith. "The Mad-Genius Paradox: Can Creative People Be More Mentally Healthy but Highly Creative People More Mentally Ill?" *Perspectives on Psychological Science* 9, no. 5 (2014): 470–80. doi:10.1177/1745691614543973.

Simonton, Dean Keith. *The Wiley Handbook of Genius.* Hoboken, NJ: Wiley-Blackwell, 2014.

Sokolove, Michael. "Built to Swim." *New York Times Magazine,* August 8, 2004. www.nytimes.com/2004/08/08/magazine/built-to-swim.html.

Stanley, Thomas J. *The Millionaire Mind.* Kansas City, MO: Andrews McMeel, 2001.

Stein, Joel. "Thirteen Months of Working, Eating, and Sleeping at the Googleplex." *Bloomberg Businessweek,* July 22, 2015. www.bloomberg.com/news/features/2015-07-22/thirteen-months-of-working-eating-and-sleeping-at-the-googleplex.

Tough, Paul. *How Children Succeed.* Boston: Houghton Mifflin Harcourt, 2012.

Weeks, David, and Jamie James. *Eccentrics, A Study of Sanity and Strangeness.* New York: Villard, 1995.

Westby, Erik L., and V. L. Dawson. "Creativity: Asset or Burden in the Classroom?" *Creativity Research Journal* 8, no. 1 (1995): 1–10. doi:10.1207/s15326934crj0801_1.

第 2 章 好人總是沒好報？

Axelrod, Robert. *The Evolution of Cooperation*. New York: Basic Books, 2006.

Bachman, W. "Nice Guys Finish First: A SYMLOG Analysis of U.S. Naval Commands." In *The SYMLOG Practitioner: Applications of Small Group Research*. Edited by R. B. Polley, A. P. Hare, and P. J. Stone. New York: Praeger, 1988, 60.

Baumeister, Roy F., Ellen Bratslavsky, Catrin Finkenauer, and Kathleen D. Vohs. "Bad Is Stronger than Good," *Review of General Psychology* 5, no. 4 (2001): 323–70. https://carlsonschool.umn.edu/file/49901/download?token=GoY7afXa.

Bernerth, Jeremy B., Shannon G. Taylor, Jack H. Walker, and Daniel S. Whitman. "An Empirical Investigation of Dispositional Antecedents and Performance-Related Outcomes of Credit Scores." *Journal of Applied Psychology* 97, no. 2 (2012): 469–78. http://dx.doi.org/10.1037/a0026055.

Blackburn, Keith, and Gonzalo F. Forgues-Puccio. "Why Is Corruption Less Harmful in Some Countries than in Others?" *Journal of Economic Behavior and Organization* 72, no. 3 (2009): 797–810. doi:10.1016/j.jebo.2009.08.009.

Bowden, Mark. "The Man Who Broke Atlantic City." *The Atlantic*, April 2012. www.theatlantic.com/magazine/archive/2012/04/the-man-who-broke-atlantic-city/308900/.

Butler, Jeffrey, Paola Giuliano, and Luigi Guiso. "The Right Amount of Trust." NBER Working Paper No. 15344, National Bureau of Economic Research, Cambridge, MA, September 2009. Revised June 2014. doi:10.3386/w15344.

Chan, Elaine, and Jaideep Sengupta. "Insincere Flattery Actually Works: A Dual Attitudes Perspective." *Journal of Marketing Research* 47, no. 1 (2010): 122–33. doi:http://dx.doi.org/10.1509/jmkr.47.1.122.

Cottrell, Catherine A., Steven L. Neuberg, and Norman P. Li. "What Do People Desire in Others? A Sociofunctional Perspective on the Importance of Different Valued Characteristics." *Journal of Personality and Social Psychology* 92, no. 2 (2007): 208–31. http://dx.doi.org/10.1037/0022-3514.92.2.208.

DeSteno, David. *The Truth About Trust*. New York: Penguin, 2014.

Dutton, Kevin. *The Wisdom of Psychopaths*. New York: Macmillan, 2010.

Falk, Armin, Ingo Menrath, Pablo Emilio Verde, and Johannes Siegrist. "Cardiovascular Consequences of Unfair Pay." IZA Discussion Paper No. 5720, Institute for the Study of Labor, Bonn, Germany, May 2011. http://repec.iza.org/dp5720.pdf.

Friedman, Howard S., and Leslie R. Martin. *The Longevity Project*. New York: Plume,

成功不再跌跌撞撞

2012.

Gambetta, Diego. *Codes of the Underworld*. Princeton, NJ: Princeton Univ. Press, 2011.

Gino, Francesca, Shahar Ayal, and Dan Ariely. "Contagion and Differentiation in Unethical Behavior: The Effect of One Bad Apple on the Barrel." *Psychological Science* 20, no. 3 (2009): 393–98. doi:10.1111/j.1467-9280.2009.02306.x.

"The Good Show." *Radiolab*. Season 9, episode 1. Radio broadcast, 1:05:07. Aired December 14, 2010. www.radiolab.org/story/103951-the-good-show/.

Grant, Adam. *Give and Take*. New York: Penguin, 2013.

Helliwell, John F., and Haifang Huang. "Well-Being and Trust in the Workplace." *Journal of Happiness Studies* 12, no. 5 (2011): 747–67. doi:10.3386/w14589.

Ilan, Shahar. "Thou Shalt Not Be a Freier." *Haaretz*, January 28, 2007. www.haaretz.com/print-edition/opinion/thou-shalt-not-be-a-freier-1.211247.

Interview with Adam Grant by author. "Adam Grant Teaches You the Right Way to Give and Take." *Barking Up the Wrong Tree* (blog). April 9, 2013. www.bakadesuyo.com/2013/04/interview-wharton-business-school-professor-teaches-approach-give/.

Interview with Robert Cialdini by author. "Robert Cialdini Explains the Six Ways to Influence People—Interview:" *Barking Up the Wrong Tree* (blog). June 3, 2013. www.bakadesuyo.com/2013/06/robert-cialdini-influence/.

Interview with Robert Sutton by author. "The Leadership Secret Steve Jobs and Mark Zuckerberg Have in Common." *Barking Up the Wrong Tree* (blog). November 19, 2013. www.bakadesuyo.com/2013/11/scaling-up-excellence/.

James Jr., Harvey S. "Is the Just Man a Happy Man? An Empirical Study of the Relationship Between Ethics and Subjective Well-Being." *Kyklos* 64, no. 2 (2011): 193–212. doi:10.1111/j.1467-6435.2011.00502.x.

Kivimäki, Mika, Jane E. Ferrie, Eric Brunner, Jenny Head, Martin J. Shipley, Jussi Vahtera, and Michael G. Marmot. "Justice at Work and Reduced Risk of Coronary Heart Disease Among Employees." *Archives of Internal Medicine* 165, no. 19 (2005): 2245–51. doi:10.1001/archinte.165.19.2245.

Kordova, Shoshana. "Word of the Day Freier רייארפ." *Haaretz*, January 14, 2013. www.haaretz.com/news/features/word-of-the-day/word-of-the-day-freier-1508-1512-1488-1497-1497-1512.premium-1.493882.

Lambert, Craig. "The Psyche on Automatic." *Harvard Magazine*, November–December 2010. http://harvardmagazine.com/2010/11/the-psyche-on-automatic?page=all.

Leeson, Peter T. "An arrgh chy: The Law and Economics of Pirate Organization." *Journal of Political Economy* 115, no. 6 (2007): 1049–94. doi:10.1086/526403.

Leeson, Peter T. *The Invisible Hook*. Princeton, NJ: Princeton Univ. Press, 2009.

Leeson, Peter T. "Pirational Choice: The Economics of Infamous Pirate Practices." *Journal of Economic Behavior and Organization* 76, no. 3 (2010): 497–510. doi:10.1016/j.jebo.2010.08.015.

Malhotra, Deepak. "How to Negotiate Your Job Offer—Prof. Deepak Malhotra (Harvard Business School)." YouTube video, 1:04:23. Posted November 20, 2012. www.youtube.com/watch?v=km2Hd_xgo9Q.

Markman, Art. "Are Successful People Nice?" *Harvard Business Review,* February 9, 2012. https://hbr.org/2012/02/are-successful-people-nice.

Marks, Michelle, and Crystal Harold. "Who Asks and Who Receives in Salary Negotiation." *Journal of Organizational Behavior* 32, no. 3 (2011): 371–94. doi:10.1002/job.671.

Miller, Marjorie. "It's a Sin to Be a Sucker in Israel." *Los Angeles Times,* July 25, 1997. http://articles.latimes.com/1997/jul/25/news/mn-16208.

Mogilner, Cassie, Zoë Chance, and Michael I. Norton. "Giving Time Gives You Time." *Psychological Science* 23, no. 10 (2012): 1233–38. doi:10.1177/0956797612442551.

Morrow, Lance. "Dr. Death." Books, *New York Times,* August 29, 1999. www.nytimes.com/books/99/08/29/reviews/990829.29morrowt.html.

Niven, David. *The 100 Simple Secrets of Successful People.* New York: HarperCollins, 2009.

Nowak, Martin, and Karl Sigmund. "A Strategy of Win-Stay, Lose-Shift That Outperforms Tit-for-Tat in the Prisoner's Dilemma Game." *Nature* 364 (1993): 56–58. doi:10.1038/364056a0.

Nowak, Martin, and Roger Highfield. *SuperCooperators.* New York: Free Press, 2012.

Nyberg, A., L. Alfredsson, T. Theorell, H. Westerlund, J. Vahtera, and M. Kivimäki. "Managerial Leadership and Ischaemic Heart Disease Among Employees: The Swedish WOLF Study." *Occupational and Environmental Medicine* 66 (2009): 51–55. doi:10.1136/oem.2008.039362.

Pfeffer, Jeffrey. *Power.* New York: HarperBusiness, 2010.

Reuben, Ernesto, Paola Sapienza, and Luigi Zingales. "Is Mistrust Self-Fulfilling?" *Economics Letters* 104, no. 2 (2009): 89–91. http://ssrn.com/abstract=1951649.

Schnall, Simone, Jean Roper, and Daniel M. T. Fessler. "Elevation Leads to Altruistic Behavior." *Psychological Science* 21, no. 3 (2010): 315–20. doi:10.1177/0956797609359882.

Schwitzgebel, Eric. "Do Ethicists Steal More Books? More Data." *The Splintered Mind* (blog). December 08, 2006. http://schwitzsplinters.blogspot.com/2006/12/do-ethicists-steal-more-books-more-data.html.

Skarbek, David. *The Social Order of the Underworld.* Oxford: Oxford Univ. Press, 2014.

Smith, Pamela K., Nils B. Jostmann, Adam D. Galinsky, and Wilco W. van Dijk.

"Lacking Power Impairs Executive Functions." *Psychological Science* 19 no. 5 (2008): 441–47. doi:10.1111/j.1467–9280.2008.02107.x.

Stewart, James B. *Blind Eye.* New York: Simon and Schuster, 2012.

Sutton, Robert I. *Good Boss, Bad Boss.* New York: Piatkus, 2010.

University of California, Berkeley. "Gossip Can Have Social and Psychological Benefits." Public release. January 17, 2012. www.eurekalert.org/pub_releases/2012-01/uoc--gch011712.php.

University of Nebraska, Lincoln. "To Be Good, Sometimes Leaders Need to Be a Little Bad." Public release. October 19, 2010. www.eurekalert.org/pub_releases/2010-10/uon-tbg101910.php.

Van Kleef, Gerben A., Astrid C. Homan, Catrin Finkenauer, Seval Gündemir, and Eftychia Stamkou. "Breaking the Rules to Rise to Power: How Norm Violators Gain Power in the Eyes of Others." *Social Psychological and Personality Science* 2, no. 5 (2011): 500–7. doi:10.1177/1948550611398416.

Veenhoven, R. "Healthy Happiness: Effects of Happiness on Physical Health and the Consequences for Preventive Health Care." *Journal of Happiness Studies* 9, no. 3 (2008): 449–69. doi:10.1007/s10902-006-9042-1.

Weiner, Eric. *Geography of Bliss.* New York: Twelve Books, 2008.

Wu, Long-Zeng, Frederick Hong-kit Yim, Ho Kwong Kwan, and Xiaomeng Zhang. "Coping with Workplace Ostracism: The Roles of Ingratiation and Political Skill in Employee Psychological Distress." *Journal of Management Studies* 49, no. 1 (2012): 178–99. doi:10.1111/j.1467-6486.2011.01017.x.

第 3 章　退縮者永無勝利，勝利者永不退縮？

Abramson, Leigh McMullan. "The Only Job with an Industry Devoted to Helping People Quit." *The Atlantic,* July 29, 2014. www.theatlantic.com/business/archive/2014/07/the-only-job-with-an-industry-devoted-to-helping-people-quit/375199/.

"The Acceptance Prophecy: How You Control Who Likes You." *Psyblog,* August 27, 2009. www.spring.org.uk/2009/08/the-acceptance-prophesy-how-you-control-who-likes-you.php.

Akil II, Bakari. "How the Navy SEALs Increased Passing Rates." *Psychology Today,* November 09, 2009. www.psychologytoday.com/blog/communication-central/200911/how-the-navy-seals-increased-passing-rates.

Albert Einstein College of Medicine. "'Personality Genes' May Help Account for Longevity." News release. May 24, 2012. http://www.einstein.yu.edu/news/

releases/798/personality-genes-may-help-account-for-longevity/.

Alloy, Lauren B., and Lyn Y. Abramson. "Judgment of Contingency in Depressed and Nondepressed Students: Sadder but Wiser?" *Journal of Experimental Psychology* 108, no. 4 (1979): 441–85. http://dx.doi.org/10.1037/0096-3445.108.4.441.

Amabile, Teresa, and Steven J. Kramer. "The Power of Small Wins." *Harvard Business Review,* May 2011. https://hbr.org/2011/05/the-power-of-small-wins.

Amabile, Teresa, and Steven J. Kramer. *The Progress Principle.* Boston: Harvard Business Review Press, 2011.

American Heart Association. "Optimism Associated with Lower Risk of Having Stroke." ScienceDaily. July 22, 2011. www.sciencedaily.com/releases/2011/07/110721163025.htm.

Anonymous. "The Effects of Too Much Porn: 'He's Just Not That Into Anyone.'" *The Last Psychiatrist* (blog). February 15, 2011. http://thelastpsychiatrist.com/2011/02/hes_just_not_that_into_anyone.html.

Ariely, Dan. *The Upside of Irrationality.* New York: HarperCollins, 2010.

Ariely, Dan. "What Makes Us Feel Good About Our Work?" Filmed October 2012. TEDxRiodelaPlata video, 20:26. www.ted.com/talks/dan_ariely_what_makes_us_feel_good_about_our_work.

Association for Psychological Science. "In Hiring, Resume Info Could Help Employers Predict Who Will Quit." August 19, 2014. www.psychologicalscience.org/index.php/news/minds-business/in-hiring-resume-info-could-help-employers-predict-who-will-quit.html.

Association for Psychological Science. "Keep Your Fingers Crossed! How Superstition Improves Performance." News release. July 13, 2010. www.psychologicalscience.org/index.php/news/releases/keep-your-fingers-crossed-how-superstition-improves-performance.html.

Association for Psychological Science. "Why Are Older People Happier?" ScienceDaily. January 12, 2012. www.sciencedaily.com/releases/2012/01/120106135950.htm.

Babcock, Philip S., and Mindy Marks. "The Falling Time Cost of College: Evidence from Half a Century of Time Use Data." NBER Working Paper No. 15954, National Bureau of Economic Research, Cambridge, MA, April 2010. www.nber.org/papers/w15954.

Bakalar, Nicholas. "Future Shock Concept Gets a Personal Twist," *New York Times,* February 22, 2005. www.nytimes.com/2005/02/22/health/psychology/future-shock-concept-gets-a-personal-twist.html.

Baumeister, Roy F. "Suicide as Escape from Self." *Psychological Review* 97, no. 1 (1990): 90–113. doi:10.1037//0033-295X.97.1.90.

Baumeister, Roy F., and John Tierney. *Willpower.* New York: Penguin, 2011.

Ben-Shahar, Tal. *Choose the Life You Want*. New York: The Experiment, 2014.

Boudarbat, Brahim, and Victor Chernoff. "The Determinants of Education-Job Match among Canadian University Graduates." IZA Discussion Paper No. 4513, Institute for the Study of Labor, Bonn, Germany, October 2009. http://ftp.iza.org/dp4513.pdf.

Brad. "BUD/S Pool Comp Tips." SEAL Grinder PT, December 18, 2013. http://sealgrinderpt.com/navy-seal-workout/buds-pool-comp-tips.html/.

Brooks, David. *The Road to Character*. New York: Random House, 2015.

Carrére, Sybil, Kim T. Buehlman, John M. Gottman, James A. Coan, and Lionel Ruckstuhl. "Predicting Marital Stability and Divorce in Newlywed Couples." *Journal of Family Psychology* 14, no. 1 (2000): 42–58. http://dx.doi.org/10.1037/0893-3200.14.1.42.

Collins, Jim. "Best New Year's Resolution? A 'Stop Doing' List." JimCollins.com. December 30, 2003. www.jimcollins.com/article_topics/articles/best-new-years.html.

Cooper, Douglas P., Jamie L. Goldenberg, and Jamie Arndt. "Empowering the Self: Using the Terror Management Health Model to Promote Breast Self-Examination." *Self and Identity* 10, no. 3 (2011): 315–25. doi:10.1080/15298868.2010.527495.

Courtiol, A., S. Picq, B. Godelle, M. Raymond, and J.-B. Ferdy. "From Preferred to Actual Mate Characteristics: The Case of Human Body Shape." *PLoS ONE* 5, no. 9 (2010): e13010. doi:10.1371/journal.pone.0013010.

Cowen, Tyler. "Be Suspicious of Stories." Filmed November 2009. TEDxMidAtlantic video, 15:57. http://www.ted.com/talks/tyler_cowen_be_suspicious_of_stories.

Coyle, Daniel. "How to Prepare for a Big Moment." The Talent Code. January 21, 2014. http://thetalentcode.com/2014/01/21/how-to-prepare-for-a-big-moment/.

Csikszentmihályi, Mihály. *Creativity*. New York: HarperCollins, 2009.

Csikszentmihályi, Mihály. *Finding Flow*. New York: Basic Books, 2007.

Currey, Mason. *Daily Rituals*. New York: Knopf, 2013.

Diener, Ed, and Micaela Y. Chan. "Happy People Live Longer: Subjective Well-Being Contributes to Health and Longevity." *Applied Psychology: Health and Well-Being* 3, no. 1 (2011): 1–43. doi:10.1111/j.1758-0854.2010.01045.x.

Dignan, Aaron. *Game Frame*. New York: Free Press, 2011.

"The Dilbert Index? A New Marketplace Podcast." Freakonomics podcast, 5:13. February 23, 2012. http://freakonomics.com/2012/02/23/the-dilbert-index-a-new-marketplace-podcast/.

Dreifus, Claudia. "A Surgeon's Path from Migrant Fields to Operating Room." *New York Times,* May 13, 2008. www.nytimes.com/2008/05/13/science/13conv.

html?_r=0.

Drucker, Peter. *The Effective Executive.* New York: HarperBusiness, 2006.

Duckworth, Angela. *Grit.* New York: Scribner, 2016.

Duckworth, Angela L., Christopher Peterson, Michael D. Matthews, and Dennis R. Kelly. "Grit: Perseverance and Passion for Long-Term Goals." *Journal of Personality and Social Psychology* 92, no. 6 (2007): 1087–101. http://dx.doi.org/10.1037/0022-3514.92.6.1087.

Feiler, Bruce. *The Secrets of Happy Families.* New York: William Morrow, 2013.

"Fighting Germs with Fun." YouTube video, 2:40. Posted by dw3348p, December 15, 2009. www.youtube.com/watch?v=p9nCRJo73oI.

Frankl, Viktor E. *Man's Search for Meaning.* Boston: Beacon Press, 2006.

Fry, Prem S., and Dominique L. Debats. "Perfectionism and the Five-Factor Personality Traits as Predictors of Mortality in Older Adults." *Journal of Health Psychology* 14, no. 4 (2009): 513–24. doi:10.1177/1359105309103571.

Gardner, Howard E. *Creating Minds.* New York: Basic Books, 2011.

Gerster, Jane. "Toronto Vows to Outsmart Its Raccoons." *Wall Street Journal,* August 23, 2015. www.wsj.com/articles/toronto-vows-to-outsmart-its-raccoons-1440373645.

Ghofrani, Hossein A., Ian H. Osterloh, and Friedrich Grimminger. "Sildenafil: From Angina to Erectile Dysfunction to Pulmonary Hypertension and Beyond." *Nature Reviews Drug Discovery* 5 (2006): 689–702. doi:10.1038/nrd2030.

Gilbert, Daniel. *Stumbling on Happiness.* New York: Vintage, 2007.

Gilovich, Thomas, and Victoria Husted Medvec. "The Experience of Regret: What, When, and Why." *Psychological Review* 102, no. 2 (1995): 379–95. doi:10.1037/0033-295X.102.2.379.

Gino, Francesca. *Sidetracked.* Boston: Harvard Business Review Press, 2013.

Glass, Ira. "Tough Room Act One: Make 'em Laff." *This American Life.* Episode 348. Radio broadcast, 59:00. Aired February 8, 2008. www.thisamericanlife.org/radio-archives/episode/348/tough-room?act=1#play.

Gonzales, Laurence. *Deep Survival.* New York: W. W. Norton, 2004.

Gottschall, Jonathan. *The Storytelling Animal.* Boston: Mariner, 2013.

Gottschall, Jonathan. "Why Fiction Is Good for You." *Boston Globe,* April 29, 2012. www.bostonglobe.com/ideas/2012/04/28/why-fiction-good-for-you-how-fiction-changes-your-world/nubDy1P3viDj2PuwGwb3KO/story.html.

Grant, Adam. *Give and Take.* New York: Penguin, 2013.

Gurari, Inbal, Michael J. Strube, and John J. Hetts. "Death? Be Proud! The Ironic Effects of Terror Salience on Implicit Self-Esteem." *Journal of Applied Social Psychology* 39, no. 2 (2009): 494–507. doi:10.1111/j.1559-1816.2008.00448.x.

Holiday, Ryan. *The Obstacle Is the Way.* New York: Portfolio, 2014.

"How Many Doctors Does It Take to Start a Healthcare Revolution?" Freakonomics podcast, 53:56. April 9, 2015. http://freakonomics.com/2015/04/09/how-many-doctors-does-it-take-to-start-a-healthcare-revolution-a-new-freakonomics-radio-podcast/.

Interview with Dan Ariely by author. "How to Motivate People—4 Steps Backed by Science." *Barking Up the Wrong Tree* (blog). April 6, 2014. www.bakadesuyo.com/2014/04/how-to-motivate-people/.

Interview with James Pennebaker by author. "How to Deal with Anxiety, Tragedy, or Heartache—4 Steps from Research." *Barking Up the Wrong Tree* (blog). November 15, 2014. www.bakadesuyo.com/2014/11/how-to-deal-with-anxiety/.

Interview with James Waters by author. "A Navy SEAL Explains 8 Secrets to Grit and Resilience." *Barking Up the Wrong Tree* (blog). January 13, 2015. www.bakadesuyo.com/2015/01/grit/.

Interview with Peter Sims by author. "The System That All Creative Geniuses Use to Develop Their Ideas." *Barking Up the Wrong Tree* (blog). September 24, 2013. www.bakadesuyo.com/2013/09/peter-sims/.

Interview with Richard Wiseman by author. "How to Attract Good Luck: 4 Secrets Backed by Research." *Barking Up the Wrong Tree* (blog). July 19, 2015. www.bakadesuyo.com/2015/07/how-to-attract-good-luck/.

Interview with Shawn Achor by author. "Be More Successful: New Harvard Research Reveals a Fun Way to Do It." *Barking Up the Wrong Tree* (blog). September 28, 2014. www.bakadesuyo.com/2014/09/be-more-successful/.

Interview with Spencer Glendon by author. Unpublished.

Isabella, Jude. "The Intelligent Life of the City Raccoon." *Nautilus,* October 9, 2014. http://nautil.us/issue/18/genius/the-intelligent-life-of-the-city-raccoon.

Iyengar, Sheena. *The Art of Choosing.* New York: Twelve, 2011.

Johnson, Steven. *Everything Bad Is Good for You.* New York: Riverhead Books, 2006.

Johnson, Steven. *Where Good Ideas Come From.* New York: Riverhead Books, 2011.

Jonas, Eva, Jeff Schimel, Jeff Greenberg, and Tom Pyszczynski. "The Scrooge Effect: Evidence That Mortality Salience Increases Prosocial Attitudes and Behavior." *Personality and Social Psychology Bulletin* 28, no. 10 (2002): 1342–53. http://dx.doi.org/10.1177/014616702236834.

Kivetz, Ran, Oleg Urminsky, and Yuhuang Zheng. "The Goal-Gradient Hypothesis Resurrected: Purchase Acceleration, Illusionary Goal Progress, and Customer Retention." *Journal of Marketing Research* 43, no. 1 (2006): 39–58. doi:http://dx.doi.org/10.1509/jmkr.43.1.39.

Lee, Louise. "Don't Be Too Specialized If You Want a Top Level Management Job." Insights by Stanford Business. August 1, 2010. www.gsb.stanford.edu/insights/dont-be-too-specialized-if-you-want-top-level-management-job.

Lee, Spike W. S., and Norbert Schwarz. "Framing Love: When It Hurts to Think We Were Made for Each Other." *Journal of Experimental Social Psychology* 54 (2014): 61–67. doi:10.1016/j.jesp.2014.04.007.

Lench, Heather C. "Personality and Health Outcomes: Making Positive Expectations a Reality." *Journal of Happiness Studies* 12, no. 3 (2011): 493–507. doi:10.1007/s10902-010-9212-z.

Levitt, Steven D., and Stephen J. Dubner. *Think Like a Freak*. New York: William Morrow, 2014.

Liberman, Varda, Nicholas R. Anderson, and Lee Ross. "Achieving Difficult Agreements: Effects of Positive Expectations on Negotiation Processes and Outcomes." *Journal of Experimental Social Psychology* 46, no. 3 (2010): 494–504. http://dx.doi.org/10.1016/j.jesp.2009.12.010.

Linden, David J. *The Compass of Pleasure*. New York: Penguin, 2012.

Lockhart, Andrea. "Perceived Influence of a Disney Fairy Tale on Beliefs on Romantic Love and Marriage." Ph.D. diss., California School of Professional Psychology, 2000.

Lyubomirsky, Sonja, Rene Dickerhoof, Julia K. Boehm, and Kennon M. Sheldon. "Becoming Happier Takes Both a Will and a Proper Way: An Experimental Longitudinal Intervention to Boost Well-Being." *Emotion* 11, no. 2 (2011): 391–402. doi:10.1037/a0022575.

MacDonald, Kevin. *Touching the Void*. Final Four Productions, 2003. Film.

Martin, Michael. "Illegal Farm Worker Becomes Brain Surgeon." *Tell Me More*. Radio broadcast, 13:51. Aired December 5, 2011. www.npr.org/2011/12/05/143141876/illegal-farm-worker-becomes-brain-surgeon.

McGonigal, Jane. *Reality Is Broken*. New York: Penguin, 2011.

McRaney, David. "Confabulation." You Are Not So Smart podcast, 28:00. May 30, 2012. http://youarenotsosmart.com/2012/05/30/yanss-podcast-episode-three/.

Meredith, Lisa S., Cathy D. Sherbourne, Sarah J. Gaillot, Lydia Hansell, Hans V. Ritschard, Andrew M. Parker, and Glenda Wrenn. *Promoting Psychological Resilience in the U.S. Military*. Santa Monica: RAND Corporation, 2011. Ebook. www.rand.org/pubs/monographs/MG996.html.

Miller, Gregory E., and Carsten Wrosch. "You've Gotta Know When to Fold 'Em: Goal Disengagement and Systemic Inflammation in Adolescence." *Psychological Science* 18, no. 9 (2007): 773–77. doi:10.1111/j.1467-9280.2007.01977.x.

Minkel, J. R. "Dark Knight Shift: Why Batman Could Exist—But Not for Long." *Scientific American,* July 14, 2008. www.scientificamerican.com/article/dark-knight-shift-why-bat/.

Mischel, Walter. *The Marshmallow Test*. Boston: Back Bay Books, 2015.

Munroe, Randall. *What If?* Boston: Houghton Mifflin Harcourt, 2014.

成功不再跌跌撞撞

The NALP Foundation. "Keeping the Keepers II: Mobility and Management of Associates." Associate Attrition Reports. www.nalpfoundation.org/keepingthekeepersii.

Newheiser, Anna-Kaisa, Miguel Farias, and Nicole Tausch. "The Functional Nature of Conspiracy Beliefs: Examining the Underpinnings of Belief in the Da Vinci Code Conspiracy." *Personality and Individual Differences* 51, no. 8 (2011): 1007–11. doi:10.1016/j.paid.2011.08.011.

Niven, David. *100 Simple Secrets of Successful People.* New York: HarperCollins, 2009.

Oettingen, Gabriele. *Rethinking Positive Thinking.* New York: Current, 2014.

Ohio State University. "'Losing Yourself' in a Fictional Character Can Affect Your Real Life." ScienceDaily, May 7, 2012. www.sciencedaily.com/releases/2012/05/120507131948.htm.

Orlick, Terry, and John Partington. "Mental Links to Excellence." *Sport Psychologist* 2, no. 2 (1988): 105–30. doi:10.1123/tsp.2.2.105.

Parker, Matt. *Things to Make and Do in the Fourth Dimension.* New York: Farrar, Straus and Giroux, 2014.

Peterson, Christopher. *Pursuing the Good Life.* New York: Oxford Univ. Press, 2012.

Pettit, Michael. "Raccoon Intelligence at the Borderlands of Science." *American Psychological Association* 41, no. 10 (2010): 26. www.apa.org/monitor/2010/11/raccoon.aspx.

Pfeffer, Jeffrey. *Managing with Power.* Boston: Harvard Business Review Press, 1993.

Polavieja, Javier G., and Lucinda Platt. "Nurse or Mechanic? The Role of Parental Socialization and Children's Personality in the Formation of Sex-Typed Occupational Aspirations." *Social Forces* 93, no. 1 (2014): 31–61. doi:10.1093/sf/sou051.

Polly, Matthew. *American Shaolin.* New York: Penguin, 2007.

Polly, Matthew. *Tapped Out.* New York: Avery, 2011.

Quiñones-Hinojosa, Alfredo, and Mim Eichler Rivas. *Becoming Dr. Q.* Berkeley: Univ. of California Press, 2011.

Rich, Frank. "In Conversation: Chris Rock." *Vulture,* November 30, 2014. www.vulture.com/2014/11/chris-rock-frank-rich-in-conversation.html.

Rock, David. *Your Brain at Work.* New York: HarperCollins, 2009.

Rooney, Andy. "Eliminating House Clutter." *Chicago Tribune,* October 21, 1984. http://archives.chicagotribune.com/1984/10/21/page/72/article/eliminating-house-clutter.

Root-Bernstein, Robert, Lindsay Allen, Leighanna Beach, Ragini Bhadula, Justin Fast, Chelsea Hosey, Benjamin Kremkow, et al. "Arts Foster Scientific Success: Avocations of Nobel, National Academy, Royal Society, and Sigma Xi Members." *Journal of Psychology of Science and Technology* 1, no. 2 (2008): 51–63.

doi:10.1891/1939-7054.1.2.51.

"SEALs BUD/s Training, 2 of 4." YouTube video, 1:46. Posted by America's Navy, December 1, 2006. www.youtube.com/watch?v=0KZuA7o1NIY.

Seligman, Martin. *Authentic Happiness.* New York: Simon and Schuster, 2002.

Seligman, Martin. *Learned Optimism.* New York: Vintage, 2011.

Simpson, Joe. *Touching the Void.* Bournemouth, UK: Direct Authors, 2012.

Sims, Peter. *Little Bets.* New York: Simon and Schuster, 2013.

Skillman, Peter. "Peter Skillman at Gel 2007." Video, 18:42. Posted by Gel Conference, 2009. https://vimeo.com/3991068.

Society for Personality and Social Psychology. "How Thinking About Death Can Lead to a Good Life." ScienceDaily. April 19, 2012. www.sciencedaily.com/releases/2012/04/120419102516.htm.

Specht, Jule, Boris Egloff, and Stefan C. Schmukle. "The Benefits of Believing in Chance or Fate: External Locus of Control as a Protective Factor for Coping with the Death of a Spouse." *Social Psychological and Personality Science* 2, no. 2 (2011): 132–37. doi:10.1177/1948550610384635.

Staff. "The Benefits of Bonding with Batman." *PacificStandard,* August 21, 2012. www.psmag.com/business-economics/the-benefits-of-bonding-with-batman-44998.

Stanley, Thomas J. *The Millionaire Mind.* Kansas City, MO: Andrews McMeel, 2001.

Swartz, Tracy. "Dave Chappelle Show's No-Phone Policy Draws Mixed Emotions from Attendees." *Chicago Tribune,* December 2, 2015. http://www.chicagotribune.com/entertainment/ct-dave-chappelle-cellphone-ban-ent-1203-20151202-story.html.

Thompson, Derek. "Quit Your Job." *The Atlantic,* November 5, 2014. www.theatlantic.com/business/archive/2014/11/quit-your-job/382402/.

Vagg, Richard. *The Brain.* Darlow Smithson Productions, 2010. Film.

Wilson, Timothy D. *Redirect.* Boston: Little, Brown, 2011.

Wiseman, Richard. *The Luck Factor.* Calgary, Canada: Cornerstone Digital, 2011.

Wrosch, Carsten, Michael F. Scheier, Gregory E. Miller, Richard Schulz, and Charles S. Carver. "Adaptive Self-Regulation of Unattainable Goals: Goal Disengagement, Goal Reengagement, and Subjective Well-Being." *Personality and Social Psychology Bulletin* 29, no. 12 (2003): 1494–508. doi:10.1177/0146167203256921.

Wrzesniewski, Amy, and Jane E. Dutton. "Crafting a Job: Revisioning Employees as Active Crafters of Their Work." *Academy of Management Review* 26, no. 2 (2001): 179–201. doi:10.5465/AMR.2001.4378011.

Zabelina, Darya L., and Michael D. Robinson. "Child's Play: Facilitating the Originality of Creative Output by a Priming Manipulation." *Psychology of*

Aesthetics, Creativity, and the Arts 4, no. 1 (2010): 57–65. doi:10.1037/a0015644.

Zauberman, Gal, and John G. Lynch Jr. "Resource Slack and Propensity to Discount Delayed Investments of Time Versus Money." *Journal of Experimental Psychology* 134, no. 1 (2005): 23–37. doi:10.1037/0096-3445.134.1.23.

Zehr, E. Paul. *Becoming Batman*. Baltimore, MD: Johns Hopkins Univ. Press, 2008.

第 4 章　你認識誰比知道什麼更重要（除非你真的很懂）

"About: MIT Radiation Laboratory," Lincoln Laboratory, MIT website. www.ll.mit.edu/about/History/RadLab.html.

"The Acceptance Prophecy: How You Control Who Likes You." *Psyblog,* August 27, 2009. www.spring.org.uk/2009/08/the-acceptance-prophesy-how-you-control-who-likes-you.php.

Achor, Shawn. *The Happiness Advantage*. New York: Crown Business, 2010.

Algoe, Sara B., Shelly L. Gable, and Natalya C. Maisel. "It's the Little Things: Everyday Gratitude as a Booster Shot for Romantic Relationships." *Personal Relationships* 17 (2010): 217–33. doi:10.1111/j.1475–6811.2010.01273.x.

Apatow, Judd. *Sick in the Head*. New York: Random House, 2015.

"Anecdotes About Famous Scientists." *Science Humor Netring*. http://jcdverha.home.xs4all.nl/scijokes/10.html#Erdos_8.

Aron, Arthur, and Elaine Aron. *The Heart of Social Psychology*. Lanham, MD: Lexington Books, 1989.

Baker, Wayne E. *Achieving Success Through Social Capital*. San Francisco: Jossey-Bass, 2000.

Bandiera, Oriana, Iwan Barankay, and Imran Rasul. "Social Incentives in the Workplace." *Review of Economic Studies* 77, no. 2 (2010): 417–58. doi:10.1111/j.1467–937X.2009.00574.x.

Barker, Eric. "Do You Need to Be Friends with the People You Work With?" *Barking Up the Wrong Tree* (blog). August 11, 2011. www.bakadesuyo.com/2011/08/do-you-need-to-be-friends-with-the-people-you/.

Barrick, Murray R., Susan L. Dustin, Tamara L. Giluk, Greg L. Stewart, Jonathan A. Shaffer, and Brian W. Swider. "Candidate Characteristics Driving Initial Impressions During Rapport Building: Implications for Employment Interview Validity." *Journal of Occupational and Organizational Psychology* 85, no. 2 (2012): 330–52. doi:10.1111/j.2044-8325.2011.02036.x.

Bartlett, Monica Y., Paul Condon, Jourdan Cruz, Jolie Baumann Wormwood, and

David Desteno. "Gratitude: Prompting Behaviours That Build Relationships." *Cognition and Emotion* 26, no. 1 (2011): 2–13. doi:10.1080/02699931.2011.56 1297.

Bendersky, Corinne, and Neha Parikh Shah. "The Downfall of Extraverts and the Rise of Neurotics: The Dynamic Process of Status Allocation in Task Groups." *Academy of Management Journal* 556, no. 2 (2013): 387–406. doi:10.5465/amj.2011.0316.

Bernstein, Elizabeth. "Not an Introvert, Not an Extrovert? You May Be an Ambivert." *Wall Street Journal,* July 27, 2015. www.wsj.com/articles/not-an-introvert-not-an-extrovert-you-may-be-an-ambivert-1438013534.

Bernstein, Elizabeth. "Why Introverts Make Great Entrepreneurs." *Wall Street Journal,* August 24, 2015. www.wsj.com/articles/why-introverts-make-great-entrepreneurs-1440381699.

Bolz, Captain Frank, and Edward Hershey. *Hostage Cop.* New York: Rawson Associates, 1980.

Booyens, S. W. *Dimensions of Nursing Management.* Cape Town, South Africa: Juta Academic, 1998.

Bosson, Jennifer K., Amber B. Johnson, Kate Niederhoffer, and William B. Swann Jr. "Interpersonal Chemistry Through Negativity: Bonding by Sharing Negative Attitudes About Others." *Personal Relationships* 13, no. 2 (2006): 135–50.

Bouchard, Martin, and Frédéric Ouellet. "Is Small Beautiful? The Link Between Risks and Size in Illegal Drug Markets." *Global Crime* 12, no. 1 (2011): 70–86. doi:10.1080/17440572.2011.548956.

Brafman, Ori, and Judah Pollack. *The Chaos Imperative.* New York: Crown Business, 2013.

Breen, Benjamin. "Newton's Needle: On Scientific Self-Experimentation." *PacificStandard,* July 24, 2014. https://psmag.com/newton-s-needle-on-scientific-self-experimentation-b8a2df4d0ff2#.4pb3vdh96.

Bruzzese, Anita. "On the Job: Introverts Win in the End." *USA Today,* April 28, 2013. www.usatoday.com/story/money/columnist/bruzzese/2013/04/28/on-the-job-introverts-vs-extroverts/2114539/.

Cain, Susan. *Quiet.* New York: Broadway Books, 2012.

Casciaro, Tiziana, Francesca Gino, and Maryam Kouchaki. "The Contaminating Effects of Building Instrumental Ties: How Networking Can Make Us Feel Dirty." NOM Unit Working Paper No. 14–108, Harvard Business School, Boston, MA, April 2014. www.hbs.edu/faculty/Publication%20Files/14-108_dacbf869-fbc1-4ff8-b927-d77ca54d93d8.pdf.

Casciaro, Tiziana, and Miguel Sousa Lobo. "Competent Jerks, Lovable Fools, and the Formation of Social Networks." *Harvard Business Review,* June 2005. https://

hbr.org/2005/06/competent-jerks-lovable-fools-and-the-formation-of-social-networks.

Chabris, Christopher and Daniel Simons. *The Invisible Gorilla*. New York: Harmony, 2011.

Chan, Elaine, and Jaideep Sengupta. "Insincere Flattery Actually Works: A Dual Attitudes Perspective." *Journal of Marketing Research* 47, no. 1 (2010): 122–33. http://dx.doi.org/10.1509/jmkr.47.1.122.

Charness, Neil. "The Role of Deliberate Practice in Chess Expertise." *Applied Cognative Psychology* 19, no. 2 (March 2005): 151–65. doi:10.1002/acp.1106.

Chen, Frances S., Julia A. Minson, and Zakary L. Tormala. "Tell Me More: The Effects of Expressed Interest on Receptiveness During Dialog." *Journal of Experimental Social Psychology* 46, no. 5 (2010): 850–53. doi:10.1016/j. jesp.2010.04.012.

Christakis, Nicholas A., and James H. Fowler. *Connected*. Boston: Little, Brown, 2009.

Clark, Dorie. "How to Win Over Someone Who Doesn't Like You." *Forbes*, September 16, 2012. www.forbes.com/sites/dorieclark/2012/09/16/how-to-win-over-someone-who-doesnt-like-you/#742b8a8f4132.

Cohen, Daniel H. "For Argument's Sake." Filmed February 2013. TEDxColbyCollege video, 9:35. www.ted.com/talks/daniel_h_cohen_for_argument_s_sake?language=en.

Cohen, Don, and Laurence Prusak. *In Good Company*. Boston: Harvard Business Review Press, 2001.

Conti, Gabriella, Andrea Galeotti, Gerrit Müller, and Stephen Pudney. "Popularity." *Journal of Human Resources* 48, no. 4 (2013): 1072–94. https://ideas.repec.org/a/uwp/jhriss/v48y2013iv1p1072-1094.html.

Cottrell, Catherine A., Steven L. Neuberg, and Norman P. Li. "What Do People Desire in Others? A Sociofunctional Perspective on the Importance of Different Valued Characteristics." *Journal of Personality and Social Psychology* 92, no. 2 (2007): 208–31. http://dx.doi.org/10.1037/0022-3514.92.2.208.

Coyle, Daniel. *The Little Book of Talent*. New York: Bantam, 2012.

Cross, Robert L., Andrew Parker, and Rob Cross. *The Hidden Power of Social Networks*. Boston: Harvard Business Review Press, 2004.

Csikszentmihályi, Mihály. *Creativity*. New York: HarperCollins, 2009.

Dabbs Jr., James M., and Irving L. Janis. "Why Does Eating While Reading Facilitate Opinion Change?—An Experimental Inquiry." *Journal of Experimental Social Psychology* 1, no. 2 (1965): 133–44. http://dx.doi.org/10.1016/0022-1031(65)90041-7.

Diener, Ed, Ed Sandvik, William Pavot, and Frank Fujita. "Extraversion and Subjective Well-Being in a U.S. National Probability Sample." *Journal of Research in Personality* 26, no. 3 (1992): 205–15. doi:10.1016/0092-6566(92)90039-7.

Duhigg, Charles. *The Power of Habit.* New York: Random House, 2012.

Ein-Dor, Tsachi, Abira Reizer, Philip R. Shaver, and Eyal Dotan. "Standoffish Perhaps, but Successful as Well: Evidence That Avoidant Attachment Can Be Beneficial in Professional Tennis and Computer Science." *Journal of Personality* 80, no. 3 (2011): 749–68. doi:10.1111/j.1467-6494.2011.00747.x.

Enayati, Amanda. "Workplace Happiness: What's the Secret?" CNN.com. July 10, 2012. www.cnn.com/2012/07/09/living/secret-to-workplace-happiness/index.html.

Ensher, Ellen A., and Susan E. Murphy. *Power Mentoring.* San Francisco: Jossey-Bass, 2005.

Ericsson, K. Anders, Ralf T. Krampe, and Clemens Tesch-Römer. "The Role of Deliberate Practice in the Acquisition of Expert Performance." *Psychological Review* 100, no. 3 (1993): 363–406. http://dx.doi.org/10.1037/0033-295X.100.3.363.

Feiler, Daniel C., and Adam M. Kleinbaum. "Popularity, Similarity, and the Network Extraversion Bias." *Psychological Science* 26, no. 5 (2015): 593–603. doi:10.1177/0956797615569580.

Flora, Carlin. *Friendfluence.* New York: Anchor, 2013.

Flynn, Francis J., and Vanessa K. B. Lake. "If You Need Help, Just Ask: Underestimating Compliance with Direct Requests for Help." *Journal of Personality and Social Psychology* 95, no. 1 (2008): 128–43. doi:10.1037/0022-3514.95.1.128.

Friedman, Howard S., and Leslie R. Martin. *The Longevity Project.* New York: Plume, 2012.

"From Benford to Erdos." *Radiolab.* Season 6, episode 5. Radio broadcast, 22:59. Aired November 30, 2009. www.radiolab.org/story/91699-from-benford-to-erdos/.

Garner, Randy. "What's in a Name? Persuasion Perhaps." *Journal of Consumer Psychology* 15, no. 2 (2005): 108–16. doi:10.1207/s15327663jcp1502_3.

Gawande, Atul. "Personal Best." *New Yorker,* October 3, 2011. www.newyorker.com/magazine/2011/10/03/personal-best.

Gladwell, Malcolm. "Most Likely to Succeed," *New Yorker,* December 15, 2008. www.newyorker.com/magazine/2008/12/15/most-likely-to-succeed-2.

Gleick, James. *Isaac Newton.* New York: Vintage, 2007.

Gordon, Cameron L., Robyn A. M. Arnette, and Rachel E. Smith. "Have You Thanked Your Spouse Today?: Felt and Expressed Gratitude Among Married Couples." *Personality and Individual Differences* 50, no. 3 (2011): 339–43. doi:10.1016/j.paid.2010.10.012.

Gosling, Sam. *Snoop.* New York: Basic Books, 2009.

Gottman, John, and Nan Silver. *The Seven Principles for Making Marriage Work.* New York: Harmony, 1999.

Goulston, Mark. *Just Listen.* New York: AMACOM, 2015.

Grant, Adam. *Give and Take.* New York: Penguin, 2013.

Green, Sarah. "The Big Benefits of a Little Thanks." Interview with Francesca Gino and Adam Grant. *Harvard Business Review,* November 27, 2013. https://hbr.org/ideacast/2013/11/the-big-benefits-of-a-little-t.

Green, Walter. *This Is the Moment!* Carlsbad, CA: Hay House, 2010.

Groth, Aimee. "The Dutch Military Is Trying Out a New Secret Weapon: Introverts." *Quartz,* July 14, 2015. http://qz.com/452101/the-dutch-military-is-trying-out-a-new-secret-weapon-introverts/.

Harari, Yuval Noah. *Sapiens.* New York: Harper, 2015.

Harrell, Thomas W., and Bernard Alpert. "Attributes of Successful MBAs: A 20-Year Longitudinal Study." *Human Performance* 2, no. 4 (1989): 301–22. doi:10.1207/s15327043hup0204_4.

Hast, Tim. *Powerful Listening. Powerful Influence.* Seattle: Amazon Digital Services, 2013.

Hemery, David. *Sporting Excellence.* New York: HarperCollins Willow, 1991.

Heskett, James. "To What Degree Does the Job Make the Person?" Working Knowledge, Harvard Business School. March 10, 2011. http://hbswk.hbs.edu/item/to-what-degree-does-the-job-make-the-person.

Hodson, Gordon, and James M. Olson. "Testing the Generality of the Name Letter Effect: Name Initials and Everyday Attitudes." *Personality and Social Psychology Bulletin* 31, no. 8 (2005): 1099–111. doi:10.1177/0146167205274895.

Hoffman, Paul. *The Man Who Loved Only Numbers.* New York: Hachette, 1998.

Hoffman, Paul. "The Man Who Loved Only Numbers." *New York Times.* www.nytimes.com/books/first/h/hoffman-man.html.

Holiday, Ryan. "How to Find Mentors." *Thought Catalog.* August 5, 2013. www.thoughtcatalog.com/ryan-holiday/2013/08/how-to-find-mentors.

Hotz, Robert Lee. "Science Reveals Why We Brag So Much." *Wall Street Journal,* May 7, 2012. www.wsj.com/news/articles/SB10001424052702304451104577390392329291890.

Hove, Michael J., and Jane L. Risen. "It's All in the Timing: Interpersonal Synchrony Increases Affiliation." *Social Cognition* 27, no. 6 (2009): 949–61. http://dx.doi.org/10.1521/soco.2009.27.6.949.

Interview with Adam Grant by author. "Adam Grant Teaches You the Right Way to Give and Take." *Barking Up the Wrong Tree* (blog). April 9, 2013. www.bakadesuyo.com/2013/04/interview-wharton-business-school-professor-teaches-approach-give/.

Interview with Adam Rifkin by author. "Silicon Valley's Best Networker Teaches You His Secrets." *Barking Up the Wrong Tree* (blog). February 18, 2013. www.bakadesuyo.com/2013/02/interview-silicon-valleys-networker-teaches-secrets-making-connections/.

Interview with Albert Bernstein by author. "How to Make Difficult Conversations Easy." *Barking Up the Wrong Tree* (blog). December 28, 2014. www.bakadesuyo.com/2014/12/difficult-conversations/.

Interview with Alex Korb by author. "New Neuroscience Reveals 4 Rituals That Will Make You Happy." *Barking Up the Wrong Tree* (blog). September 20, 2015. www.bakadesuyo.com/2015/09/make-you-happy-2/.

Interview with Ben Casnocha by author. "Interview—NYT/WSJ Bestselling Author Ben Casnocha Teaches You the New Secrets to Networking and Career Success." *Barking Up the Wrong Tree* (blog). April 15, 2013. www.bakadesuyo.com/2013/04/interview-casnocha-networking/.

Interview with Chris Voss by author. "Hostage Negotiation: The Top FBI Hostage Negotiator Teaches You the Secrets to Getting What You Want." *Barking Up the Wrong Tree* (blog). January 7, 2013. www.bakadesuyo.com/2013/01/interview-negotiation-secrets-learn-top-fbi-hostage-negotiator/.

Interview with John Gottman by author. "The 4 Most Common Relationship Problems—And How to Fix Them." *Barking Up the Wrong Tree* (blog). December 7, 2014. www.bakadesuyo.com/2014/12/relationship-problems/.

Interview with Nicholas Christakis by author. "The Lazy Way to an Awesome Life: 3 Secrets Backed by Research." *Barking Up the Wrong Tree* (blog). July 26, 2015. www.bakadesuyo.com/2015/07/awesome-life/.

Interview with NYPD hostage negotiators by author. "NYPD Hostage Negotiators on How to Persuade People: 4 New Secrets." *Barking Up the Wrong Tree* (blog). November 22, 2015. www.bakadesuyo.com/2015/11/hostage-negotiators/.

Interview with Ramit Sethi by author. "NYT Bestselling Author Ramit Sethi Explains the Secrets to Managing Money, Negotiating, and Networking." *Barking Up the Wrong Tree* (blog). February 25, 2013. www.bakadesuyo.com/2013/02/nyt-bestselling-author-ramit-sethis-explains-manage-money-negotiate-improve/.

Interview with Richard Wiseman by author. "How to Attract Good Luck: 4 Secrets Backed by Research." *Barking Up the Wrong Tree* (blog). July 19, 2015. www.bakadesuyo.com/2015/07/how-to-attract-good-luck/.

Interview with Robin Dreeke by author. "How to Get People to Like You: 7 Ways from an FBI Behavior Expert." *Barking Up the Wrong Tree* (blog). October 26, 2014. www.bakadesuyo.com/2014/10/how-to-get-people-to-like-you/.

Jones, Janelle M., and Jolanda Jetten. "Recovering From Strain and Enduring Pain: Multiple Group Memberships Promote Resilience in the Face of Physical Challenges." *Social Psychological and Personality Science* 2, no. 3 (2011): 239–44. doi:10.1177/1948550610386806.

"Judd Apatow." *The Daily Show with Jon Stewart.* ComedyCentral.com. Online video of TV broadcast, 6:16. Aired June 15, 2015. http://thedailyshow.cc.com/videos/mkfc6y/judd-apatow.

"Judd Apatow: A Comedy-Obsessed Kid Becomes 'Champion of the Goofball.'" *Fresh Air.* Radio broadcast, 37:22. Aired June 17, 2015. www.npr.org/2015/06/17/415199346/judd-apatow-a-comedy-obsessed-kid-becomes-champion-of-the-goofball.

Judge, Timothy A., Chad A. Higgins, Carl J. Thoresen, and Murray R. Barrick. "The Big Five Personality Traits, General Mental Ability, and Career Success Across the Life Span." *Personnel Psychology* 52, no. 3 (1999): 621–52. doi:10.1111/j.1744-6570.1999.tb00174.x.

Judge, Timothy A., Joyce E. Bono, Remus Ilies, and Megan W. Gerhardt. "Personality and Leadership: A Qualitative and Quantitative Review." *Journal of Applied Psychology* 87, no. 4 (2002): 765–80. doi:10.1037//0021-9010.87.4.765.

Kesebir, S., and S. Oishi. "A Spontaneous Self-Reference Effect in Memory: Why Some Birthdays Are Harder to Remember than Others." *Psychological Science* 21, no. 10 (2010): 1525–31. doi:10.1177/0956797610383436.

Kreider, Tim. *We Learn Nothing.* New York: Free Press, 2012.

Kuhnen, Camelia M., and Joan Y. Chiao. "Genetic Determinants of Financial Risk Taking." *PLoS ONE* 4, no. 2 (2009): e4362. http://dx.doi.org/10.1371/journal.pone.0004362.

Lajunen, Timo. "Personality and Accident Liability: Are Extraversion, Neuroticism, and Psychoticism Related to Traffic and Occupational Fatalities?" *Personality and Individual Differences* 31, no. 8 (2001): 1365–73. doi:10.1016/S0191-8869(00)00230-0.

"Lawbreakers." *Crowd Control.* Season 1, episode 1. National Geographic channel. Aired November 24, 2014. http://channel.nationalgeographic.com/crowd-control/episodes/lawbreakers/.

Levin, Daniel Z., Jorge Walter, and J. Keith Murnighan. "Dormant Ties: The Value of Reconnecting." *Organization Science* 22, no. 4 (2011) 923–39. doi:10.2307/20868904.

Levin, Daniel Z., Jorge Walter, and J. Keith Murnighan. "The Power of Reconnection—How Dormant Ties Can Surprise You." *MIT Sloan Management Review,* March 23, 2011. http://sloanreview.mit.edu/article/the-power-of-reconnection-how-dormant-ties-can-surprise-you/.

Liberman, Varda, Nicholas R. Anderson, and Lee Ross. "Achieving Difficult Agreements: Effects of Positive Expectations on Negotiation Processes and Outcomes." *Journal of Experimental Social Psychology* 46, no. 3 (2010): 494–504. http://dx.doi.org/10.1016/j.jesp.2009.12.010.

Lindstrom, Martin. *Brandwashed.* New York: Crown Business, 2011.

Lockwood, Penelope, and Ziva Kunda. "Superstars and Me: Predicting the Impact of Role Models on the Self." *Journal of Personality and Social Psychology* 73, no. 1 (1997): 91–103. http://citeseerx.ist.psu.edu/viewdoc/download?doi=10.1.1.578.7014&rep=rep1&type=pdf.

Lount Jr., Robert B., Chen-Bo Zhong, Niro Sivanathan, and J. Keith Murnighan. "Getting Off on the Wrong Foot: The Timing of a Breach and the Restoration of Trust." *Personality and Social Psychology Bulletin* 34, no. 12 (2008): 1601–12. doi:10.1177/0146167208324512.

Lyubomirsky, Sonya. *The Myths of Happiness.* New York: Penguin, 2013.

Macdonald, Kevin. *One Day in September.* Sony Pictures Classics, 2009. Film.

Malhotra, Deepak. "How to Negotiate Your Job Offer—Prof. Deepak Malhotra (Harvard Business School)." YouTube video, 1:04:23. Posted November 20, 2012. www.youtube.com/watch?v=km2Hd_xgo9Q.

Marche, Stephen. "Is Facebook Making Us Lonely?" *The Atlantic,* May 2012. www.theatlantic.com/magazine/archive/2012/05/is-facebook-making-us-lonely/308930/.

Marks, Gary, Norman Miller, and Geoffrey Maruyama. "Effect of Targets' Physical Attractiveness on Assumptions of Similarity." *Journal of Personality and Social Psychology* 41, no. 1 (1981): 198–206. doi:10.1037/0022-3514.41.1.198.

Marmer, Max, Bjoern Lasse Herrmann, Ertan Dogrultan, and Ron Berman. "Startup Genome Report Extra on Premature Scaling: A Deep Dive into Why Most Startups Fail." Startup Genome. August 29, 2011. https://s3.amazonaws.com/startupcompass-public/StartupGenomeReport2_Why_Startups_Fail_v2.pdf.

Martin, Steve J. "Can Humor Make You a Better Negotiator?" Excerpt from original article (unavailable). *Barking Up the Wrong Tree* (blog). November 28, 2011. www.bakadesuyo.com/2011/11/can-humor-make-you-a-better-negotiator/.

Max-Planck-Gesellschaft. "Negative Image of People Produces Selfish Actions." Public release. April 12, 2011. www.eurekalert.org/pub_releases/2011-04/m-nio041211.php.

McMains, Michael J., and Wayman C. Mullins. *Crisis Negotiations.* 4th ed. Abingdon-on-Thames, UK: Routledge, 2010.

McPherson, Miller, Lynn Smith-Lovin, and Matthew E. Brashears. "Social Isolation in America: Changes in Core Discussion Networks over Two Decades." *American Sociological Review* 71, no. 3 (2006): 353–75.

doi:10.1177/000312240607100301.

Mongrain, Myriam, and Tracy Anselmo-Matthews. "Do Positive Psychology Exercises Work? A Replication of Seligman et al." *Journal of Clinical Psychology* 68, no. 4 (2012). doi:10.1002/jclp.21839.

Neal, Andrew, Gillian Yeo, Annette Koy, and Tania Xiao. "Predicting the Form and Direction of Work Role Performance from the Big 5 Model of Personality Traits." *Journal of Organizational Behavior* 33, no. 2 (2012): 175–92. doi:10.1002/job.742.

Neffinger, John, and Matthew Kohut. *Compelling People*. New York: Plume, 2013.

Nettle, Daniel. "The Evolution of Personality Variation in Humans and Other Animals." *American Psychologist* 61, no. 6 (2006): 622–31. http://dx.doi. org/10.1037/0003-066X.61.6.622.

Niven, David. *100 Simple Secrets of the Best Half of Life*. New York: HarperCollins, 2009.

Nizza, Mike. "A Simple B.F.F. Strategy, Confirmed by Scientists." *The Lede* (blog). *New York Times*, April 22, 2008 http://thelede.blogs.nytimes. com/2008/04/22/a-simple-bff-strategy-confirmed-by-scientists/.

Ohio State University. "Young People Say Sex, Paychecks Come in Second to Self-Esteem." Public release. January 6, 2011. www.eurekalert.org/pub_releases/2011-01/osu-yps010611.php.

Paulhus, Delroy L., and Kathy L. Morgan. "Perceptions of Intelligence in Leaderless Groups: The Dynamic Effects of Shyness and Acquaintance." *Journal of Personality and Social Psychology* 72, no. 3 (1997): 581–91. http://neuron4.psych. ubc.ca/~dpaulhus/research/SHYNESS/downloads/JPSP%2097%20with%20 Morgan.pdf.

Pavot, William, Ed Diener, and Frank Fujita. "Extraversion and Happiness." *Personality and Individual Differences* 11, no. 12 (1990): 1299–306. doi:10.1016/0191-8869(90)90157-M.

Peters, Bethany L., and Edward Stringham. "No Booze? You May Lose: Why Drinkers Earn More Money than Nondrinkers." *Journal of Labor Research* 27, no. 3 (2006): 411–21. http://dx.doi.org/10.1007/s12122-006-1031-y.

Pickover, Clifford A. *Strange Brains and Genius*. New York: William Morrow, 1999.

Pines, Ayala Malach. *Falling in Love*. Abingdon-on-Thames, UK: Routledge, 2005.

Pink, Daniel H. "Why Extroverts Fail, Introverts Flounder, and You Probably Succeed." *Washington Post,* January 28, 2013. www.washingtonpost.com/ national/on-leadership/why-extroverts-fail-introverts-flounder-and-you-probably-succeed/2013/01/28/bc4949b0-695d-11e2-95b3-272d604a10a3_ story.html.

PON Staff. "The Link Between Happiness and Negotiation Success." *Program on Negotiation* (blog). Harvard Law School. September 20, 2011. www.pon. harvard.edu/daily/negotiation-skills-daily/the-link-between-happiness-and-negotiation-success/.

Reuben, Ernesto, Paola Sapienza, and Luigi Zingales. "Is Mistrust Self-Fulfilling?" *Economics Letters* 104, no. 2 (2009): 89–91. doi:10.1016/j.econlet.2009.04.007.

Roche, Gerard R. "Much Ado About Mentors." *Harvard Business Review,* January 1979. https://hbr.org/1979/01/much-ado-about-mentors.

Rueb, Emily S. "A 1973 Hostage Situation, Revisited." *Cityroom* (blog). *New York Times,* September 10, 2012. http://cityroom.blogs.nytimes.com/2012/09/10/a-1973-hostage-situation-revisited/?_r=2.

Ryssdal, Kai, and Bridget Bodnar. "Judd Apatow on His Band of Comedians and Radio Roots." *Marketplace,* June 24, 2015. www.marketplace.org/topics/life/big-book/judd-apatow-his-band-comedians-and-radio-roots.

Schaefer, Peter S., Cristina C. Williams, Adam S. Goodie, and W. Keith Campbell. "Overconfidence and the Big Five." *Journal of Research in Personality* 38, no. 5 (2004): 473–80. doi:10.1016/j.jrp.2003.09.010.

Schmitt, David P. "The Big Five Related to Risky Sexual Behaviour Across 10 World Regions: Differential Personality Associations of Sexual Promiscuity and Relationship Infidelity." *European Journal of Personality, Special Issue: Personality and Social Relations* 18, no. 4 (2004): 301–19. doi:10.1002/per.520.

Seibert, Scott E., and Maria L. Kraimer. "The Five-Factor Model of Personality and Career Success." *Journal of Vocational Behavior* 58, no. 1 (2001): 1–21. doi:10.1006/jvbe.2000.1757.

Seibert, Scott E., and Maria L. Kraimer. "The Five-Factor Model of Personality and Its Relationship with Career Success." *Academy of Management Proceedings,* August 1, 1999 (Meeting Abstract Supplement): A1–A6. http://proceedings. aom.org/content/1999/1/A1.2.full.pdf+html.

Seligman, Martin E. P. *Flourish.* New York: Atria, 2012.

Shambora, Jessica. "Fortune's Best Networker." *Fortune Magazine,* February 9, 2011. http://fortune.com/2011/02/09/fortunes-best-networker/.

Simonton, Dean Keith. *Greatness.* New York: Guilford Press, 1994.

Simonton, Dean Keith. *The Wiley Handbook of Genius.* Hoboken, NJ: Wiley-Blackwell, 2014.

Sims, Peter. *Little Bets.* New York: Free Press, 2011.

Sinaceur, Marwan, and Larissa Z. Tiedens. "Get Mad and Get More than Even: When and Why Anger Expression Is Effective in Negotiations." *Journal of Experimental Social Psychology* 42, no. 3 (2006): 314–22. http://dx.doi. org/10.1016/j.jesp.2005.05.002.

Singer, Monroe S. "Harvard Radio Research Lab Developed Countermeasures

成功不再跌撞撞

Against Enemy Defenses: Allied Scientists Won Radar War." *Harvard Crimson,* November 30, 1945. www.thecrimson.com/article/1945/11/30/harvard-radio-research-lab-developed-countermeasures/.

Snow, Shane. *Smartcuts.* New York: HarperBusiness, 2014.

Spurk, Daniel, and Andrea E. Abele. "Who Earns More and Why? A Multiple Mediation Model from Personality to Salary." *Journal of Business and Psychology* 26, no. 1 (2011): 87–103. doi:10.1007/s10869-010-9184-3.

Sundem, Garth. *Brain Trust.* New York: Three Rivers, 2012.

Sutin, Angelina R., Paul T. Costa Jr., Richard Miech, and William W. Eaton. "Personality and Career Success: Concurrent and Longitudinal Relations." *European Journal of Personality* 23, no. 2 (2009): 71–84. doi:10.1002/per.704.

Takru, Radhika. "Friends with Negatives," BrainBlogger.com. September 28, 2011. http://brainblogger.com/2011/09/28/friends-with-negatives/.

"Understanding the Science of Introversion and Extroversion with Dr. Luke Smilie." The Psychology Podcast with Dr. Scott Barry Kaufman, podcast, 1:10:47. July 26, 2015. http://thepsychologypodcast.com/understanding-the-science-of-introversion-and-extraversion-with-dr-luke-smillie/.

Uzzi, Brian, and Jarrett Spiro. "Collaboration and Creativity: The Small World Problem." *American Journal of Sociology* 111, no. 2 (2005): 447–504. doi:10.1086/432782.

Uzzi, Brian, and Shannon Dunlap. "How to Build Your Network." *Harvard Business Review,* December 2005. https://hbr.org/2005/12/how-to-build-your-network.

Valdesolo, Piercarlo. "Flattery Will Get You Far." *Scientific American,* January 12, 2010. www.scientificamerican.com/article/flattery-will-get-you-far/.

Walton, Gregory M., Geoffrey L. Cohen, David Cwir, and Steven J. Spencer. "Mere Belonging: The Power of Social Connections." *Journal of Personality and Social Psychology* 102, no. 3 (2012): 513–32. http://dx.doi.org/10.1037/a0025731.

Ware, Bronnie. *The Top Five Regrets of the Dying.* Carlsbad, CA: Hay House, 2012.

Weaver, Jonathan R., and Jennifer K. Bosson. "I Feel Like I Know You: Sharing Negative Attitudes of Others Promotes Feelings of Familiarity." *Personality and Social Psychology Bulletin* 37, no. 4 (2011): 481–91. doi:10.1177/0146167211398364.

Weiner, Eric. *The Geography of Bliss.* New York: Hachette, 2008.

Whisman, Mark A. "Loneliness and the Metabolic Syndrome in a Population-Based Sample of Middle-Aged and Older Adults." *Health Psychology* 29, no. 5 (2010): 550–54. http://dx.doi.org/10.1037/a0020760.

Wolff, Hans-Georg, and Klaus Moser. "Effects of Networking on Career Success: A Longitudinal Study." *Journal of Applied Psychology* 94, no. 1 (2009): 196–206. http://dx.doi.org/10.1037/a0013350.

Zagorsky, Jay. "The Wealth Effects of Smoking." *Tobacco Control* 13, no. 4 (2004): 370–74. doi:10.1136/tc.2004.008243.

Zelenski, John M., Maya S. Santoro, and Deanna C. Whelan. "Would Introverts Be Better Off If They Acted More Like Extraverts? Exploring Emotional and Cognitive Consequences of Counterdispositional Behavior." *Emotion* 12, no. 2 (2012): 290–303. http://dx.doi.org/10.1037/a0025169.

Zinoman, Jason. "Judd Apatow's New Book Is a Love Letter to Stand-Up Comedy." *New York Times,* June 14, 2015. www.nytimes.com/2015/06/15/books/judd-apatows-new-book-is-a-love-letter-to-stand-up-comedy.html?_r=0.

第 5 章　相信自己……偶爾信一下很好

Adolphs, Ralph, Daniel Tranel, and Antonio R. Damasio. "The Human Amygdala in Social Judgment." *Nature* 393 (1998): 470–74. doi:10.1038/30982.

Aldhous, Peter. "Humans Prefer Cockiness to Expertise." *New Scientist,* June 3, 2009. www.newscientist.com/article/mg20227115.500-humans-prefer-cockiness-to-expertise.

Andrews, Evan. "The Strange Case of Emperor Norton I of the United States." History.com. September 17, 2014. www.history.com/news/the-strange-case-of-emperor-norton-i-of-the-united-states.

Baumeister, Roy F., Jennifer D. Campbell, Joachim I. Krueger, and Kathleen D. Vohs. "Does High Self-Esteem Cause Better Performance, Interpersonal Success, Happiness, or Healthier Lifestyles?" *Psychological Science in the Public Interest* 4, no. 1 (2003): 1–44. doi:10.1111/1529-1006.01431.

Beyer, Rick. *The Ghost Army.* Plate of Peas Productions, 2013. Film.

Beyer, Rick, and Elizabeth Sayles. *The Ghost Army of World War II.* New York: Princeton Architectural Press, 2015.

Bhattacharya, Utpal, and Cassandra D. Marshall. "Do They Do It for the Money?" *Journal of Corporate Finance* 18, no. 1 (2012): 92–104. http://dx.doi.org/10.2469/dig.v42.n2.51.

British Psychological Society. "Good Managers Fake It." *Science Daily.* January 10, 2013. www.sciencedaily.com/releases/2013/01/130109215238.htm.

Brunell, Amy B., William A. Gentry, W. Keith Campbell, Brian J. Hoffman, Karl W. Kuhnert, and Kenneth G. DeMarree. "Leader Emergence: The Case of the Narcissistic Leader." *Personality and Social Psychology Bulletin* 34, no. 12 (2008): 1663–76. doi:10.1177/0146167208324101.

Cabane, Olivia Fox. *The Charisma Myth.* New York: Portfolio, 2012.

Carney, Dana. "Powerful Lies." Columbia Business School, Ideas at Work.

January 22, 2010. http://www8.gsb.columbia.edu/ideas-at-work/
publication/703/powerful-lies [Site no longer accessible].

Chabris, Christopher, and Daniel Simons. *The Invisible Gorilla.* New York: Harmony,
2011.

Chamorro-Premuzic, Tomas. "The Dangers of Confidence." *Harvard Business
Review,* July 2014. https://hbr.org/2014/07/the-dangers-of-confidence/.

Chamorro-Premuzic, Tomas. "Less-Confident People Are More Successful." *Harvard
Business Review,* July 6, 2012. https://hbr.org/2012/07/less-confident-people-
are-more-su.

Chance, Zoë, Michael I. Norton, Francesca Gino, and Dan Ariely. "Temporal View
of the Costs and Benefits of Self-Deception." *PNAS* 108, supplement 3 (2011):
15655–59. doi:10.1073/pnas.1010658108.

Chen, Patricia, Christopher G. Myers, Shirli Kopelman, and Stephen M. Garcia.
"The Hierarchical Face: Higher Rankings Lead to Less Cooperative Looks."
Journal of Applied Psychology 97, no. 2 (2012): 479–86. http://dx.doi.
org/10.1037/a0026308.

Colvin, Geoff. *Talent Is Overrated.* New York: Portfolio, 2010.

Constandi, Mo. "Researchers Scare 'Fearless' Patients." *Nature,* February 3, 2013.
www.nature.com/news/researchers-scare-fearless-patients-1.12350.

Crocker, Jennifer, and Lora E. Park. "The Costly Pursuit of Self-Esteem."
Psychological Bulletin 130, no. 3 (2004): 392–414. doi:10.1037/0033-
2909.130.3.392.

Crockett, Zachary. "Joshua Norton, Emperor of the United States." Priceonomics.
com. May 28, 2014. http://priceonomics.com/joshua-norton-emperor-of-the-
united-states/.

Daily Telegraph Reporter. "Worriers Who Feel Guilty Before Doing Anything
Wrong Make the Best Partners, Research Finds." *The Telegraph,* October 12,
2012. www.telegraph.co.uk/news/uknews/9602688/Worriers-who-feel-guilty-
before-doing-anything-wrong-make-best-partners-research-finds.html.

Drago, Francesco. "Self-Esteem and Earnings." *Journal of Economic Psychology* 32
(2011): 480–88. doi:10.1016/j.joep.2011.03.015.

Dunning, David, Kerri Johnson, Joyce Ehrlinger, and Justin Kruger. "Why People
Fail to Recognize Their Own Incompetence." *Current Directions in Psychological
Science* 12, no. 3 (2003): 83–87. doi:10.1111/1467-8721.01235.

Feinstein, Justin S., Colin Buzza, Rene Hurlemann, Robin L. Follmer, Nader S.
Dahdaleh, William H. Coryell, Michael J. Welsh, et al. "Fear and Panic in
Humans with Bilateral Amygdala Damage." *Nature Neuroscience* 16 (2013):
270–72. doi:10.1038/nn.3323.

Feinstein, Justin S., Ralph Adolphs, Antonio Damasio, and Daniel Tranel. "The

Human Amygdala and the Induction and Experience of Fear." *Current Biology* 21, no. 1 (2011): 34–38, http://dx.doi.org/10.1016/j.cub.2010.11.042.

Finkelstein, Stacey R., and Ayelet Fishbach. "Tell Me What I Did Wrong: Experts Seek and Respond to Negative Feedback." *Journal of Consumer Research* 39, no. 1 (2012): 22–38. doi:10.1086/661934.

Flynn, Francis J. "Defend Your Research: Guilt-Ridden People Make Great Leaders." *Harvard Business Review,* January–February 2011. https://hbr.org/2011/01/defend-your-research-guilt-ridden-people-make-great-leaders.

Furness, Hannah. "Key to Career Success Is Confidence, Not Talent." *The Telegraph,* August 14, 2012. www.telegraph.co.uk/news/uknews/9474973/Key-to-career-success-is-confidence-not-talent.html.

Gawande, Atul. "The Checklist." *New Yorker,* December 10, 2007. www.newyorker.com/magazine/2007/12/10/the-checklist.

Gino, Francesca. *Sidetracked.* Boston: Harvard Business Review Press, 2013.

Gladwell, Malcolm. "Malcolm Gladwell at HPU, North Carolina Colleges." YouTube video, 1:09:08. Posted by High Point University, January 16, 2012. www.youtube.com/watch?v=7rMDr4P9BOw.

Goldsmith, Marshall. "Helping Successful People Get Even Better." MarshallGoldsmith.com. April 10, 2003. www.marshallgoldsmith.com/articles/1401/.

Goldsmith, Marshall. "The Success Delusion." The Conference Board Review. MarshallGoldsmith.com. October 29, 2015. http://www.marshallgoldsmith.com/articles/the-success-delusion/.

Grant-Halvorson, Heidi. *Nine Things Successful People Do Differently.* Boston: Harvard Business Review Press, 2011.

Haidt, Jonathan. *The Happiness Hypothesis.* New York: Basic Books, 2006.

Hamermesh, Daniel S. *Beauty Pays.* Princeton, NJ: Princeton Univ. Press, 2011.

Hawthorne, Nathaniel. *Scarlet Letter.* Seattle: Amazon Digital Services, 2012.

Hmieleski, Keith M., and Robert A. Baron. "Entrepreneurs' Optimism and New Venture Performance: A Social Cognitive Perspective." *Academy of Management Journal* 52, no. 3 (2009): 473–88. doi:10.5465/AMJ.2009.41330755.

Horwitz, French, and Eleanor Grant. "Superhuman Powers." *Is It Real?* Season 1, episode 8. National Geographic channel. Aired August 20, 2005.

Human, Lauren J., Jeremy C. Biesanz, Kate L. Parisotto, and Elizabeth W. Dunn. "Your Best Self Helps Reveal Your True Self: Positive Self-Presentation Leads to More Accurate Personality Impressions." *Social Psychological and Personality Science* 3, no. 1 (2012): 23–30. doi:10.1177/1948550611407689.

Interview with Gautam Mukunda by author. "Gautam Mukunda of Harvard Explains the Secrets to Being a Better Leader." *Barking Up the Wrong Tree* (blog).

March 18, 2013. www.bakadesuyo.com/2013/03/interview-harvard-business-school-professor-gautam-mukunda-teaches-secrets-leader/.

"Joshua A. Norton." Virtual Museum of the City of San Francisco website. www.sfmuseum.org/hist1/norton.html.

Kahneman, Daniel. "Don't Blink! The Hazards of Confidence." *New York Times Magazine,* October 19, 2011. www.nytimes.com/2011/10/23/magazine/dont-blink-the-hazards-of-confidence.html?_r=0.

Kaufman, Scott Barry. "Why Do Narcissists Lose Popularity Over Time?" ScottBarryKaufman.com. 2015. http://scottbarrykaufman.com/article/why-do-narcissists-lose-popularity-over-time/.

Keltner, Dacher, Deborah H. Gruenfeld, and Cameron Anderson. "Power, Approach, and Inhibition." *Psychological Review* 110, no. 2 (2003): 265–84. doi:10.1037/0033-295X.110.2.265.

Kendall, Todd D. "Celebrity Misbehavior in the NBA." *Journal of Sports Economics* 9, no. 3 (2008): 231–49. doi:10.1177/1527002507301526.

Kinari, Yusuke, Noriko Mizutani, Fumio Ohtake, and Hiroko Okudaira. "Overconfidence Increases Productivity." ISER Discussion Paper No. 814. Institute of Social and Economic Research, Osaka University, Japan. August 2, 2011. doi:10.2139/ssrn.1904692.

Kraus, Michael W., and Dacher Keltner. "Signs of Socioeconomic Status: A Thin-Slicing Approach." *Psychological Science* 20, no. 1 (2009): 99–106. doi:10.1111/j.1467-9280.2008.02251.x.

Lammers, Joris, and Diederik A. Stapel. "Power Increases Dehumanization." *Group Processes and Intergroup Relations,* September 3, 2010. doi:10.1177/1368430210370042.

Lammers, Joris, Diederik A. Stapel, and Adam D. Galinsky. "Power Increases Hypocrisy: Moralizing in Reasoning, Immorality in Behavior." *Psychological Science* 21, no. 5 (2010): 737–44. doi:10.1177/0956797610368810.

Lammers, Joris, Janka I. Stoker, Jennifer Jordan, Monique Pollmann, and Diederik A. Stapel. "Power Increases Infidelity Among Men and Women." *Psychological Science* 22, no. 9 (2011): 1191–97. doi:10.1177/0956797611416252.

Lazo, Alejandro, and Daniel Huang. "Who Is Emperor Norton? Fans in San Francisco Want to Remember." *Wall Street Journal,* August 12, 2015. www.wsj.com/articles/who-is-emperor-norton-fans-in-san-francisco-want-to-remember-1439426791.

Leary, Mark R., Eleanor B. Tate, Claire E. Adams, Ashley Batts Allen, Jessica Hancock. "Self-Compassion and Reactions to Unpleasant Self-Relevant Events: The Implications of Treating Oneself Kindly." *Journal of Personality and Social Psychology* 92, no. 5 (May 2007): 887–904. doi.org/10.1037/0022-

3514.92.5.887.

Leder, Helmut, Michael Forster, and Gernot Gerger. "The Glasses Stereotype Revisited: Effects of Eyeglasses on Perception, Recognition, and Impression of Faces." *Swiss Journal of Psychology* 70, no. 4 (2011): 211–22. http://dx.doi.org/10.1024/1421-0185/a000059.

Linden, David J. "Addictive Personality? You Might Be a Leader." *New York Times,* July 23, 2011. www.nytimes.com/2011/07/24/opinion/sunday/24addicts.html?_r=0.

Machiavelli, Niccolò. *The Prince.* Inti Editions, 2015.

Marshall, Frank. "The Man vs. the Machine." FiveThirtyEight.com. October 22, 2014. ESPN video, 17:17. http://fivethirtyeight.com/features/the-man-vs-the-machine-fivethirtyeight-films-signals/.

Mingle, Kate. "Show of Force." 99% Invisible. Episode 161. April 21, 2015. http://99percentinvisible.org/episode/show-of-force/.

Misra, Ria. "That Time a Bankrupt Businessman Declared Himself Emperor of America." *io9* (blog). February 11, 2015. http://io9.gizmodo.com/that-time-a-bankrupt-businessman-declared-himself-emper-1685280529.

Moylan, Peter. "Emperor Norton." Encyclopedia of San Francisco online. www.sfhistoryencyclopedia.com/articles/n/nortonJoshua.html.

Neely, Michelle E., Diane L. Schallert, Sarojanni S. Mohammed, Rochelle M. Roberts, Yu-Jung Chen. "Self-Kindness When Facing Stress: The role of Self-Compassion, Goal Regulation, and Support in College Students' Well-Being." *Motivation and Emotion* 33, no. 1 (March 2009): 88–97. doi:10.1007/s11031-008-9119-8.

Neff, Kristin D., Ya-Ping Hsieh, and Kullaya Dejitterat. "Self-Compassion, Achievement Goals, and Coping with Academic Failure." *Self and Identity* 4 (2005): 263–87. doi:10.1080/13576500444000317.

Parke, Jonathan, Mark D. Griffiths, and Adrian Parke. "Positive Thinking Among Slot Machine Gamblers: A Case of Maladaptive Coping?" *International Journal of Mental Health and Addiction* 5, no. 1 (2007): 39–52. doi:10.1007/s11469-006-9049-1.

"Pathology of the Overconfident: Self-Deceived Individuals More Likely to Be Promoted over the More Accomplished." *Signs of the Times,* August 29, 2014. www.sott.net/article/284663-Pathology-of-the-overconfident-Self-deceived-individuals-more-likely-to-be-promoted-over-the-more-accomplished.

Pentland, Alex. *Honest Signals.* Cambridge, MA: MIT Press, 2010.

Pfeffer, Jeffrey. *Power.* New York: HarperBusiness, 2010.

Phillips, Donald T. *Lincoln on Leadership.* Marion, IL: DTP/Companion Books, 2013.

Pickover, Clifford A. *Strange Brains and Genius*. New York: William Morrow, 1999.

Richman, James. "Why Bosses Who Show Vulnerability Are the Most Liked." *Fast Company*, July 7, 2015. www.fastcompany.com/3048134/lessons-learned/why-bosses-who-show-vulnerability-are-the-most-liked.

Rock, David. *Your Brain at Work*. New York: HarperBusiness, 2009.

Rucker, Derek D., David Dubois, and Adam D. Galinsky. "Generous Paupers and Stingy Princes: Power Drives Consumer Spending on Self Versus Others." *Journal of Consumer Research* 37, no. 6 (2011). doi:10.1086/657162.

Shell, G. Richard. *Springboard*. New York: Portfolio, 2013.

Silver, Nate. "Nate Silver: The Numbers Don't Lie." YouTube video, 56:09. Posted by Chicago Humanities Festival, November 28, 2012. www.youtube.com/watch?v=GuAZtOJqFr0.

Silver, Nate. *The Signal and the Noise*. New York: Penguin, 2012.

Starek, Joanna E., and Caroline F. Keating. "Self-Deception and Its Relationship to Success in Competition." *Basic and Applied Social Psychology* 12, no. 2 (1991): 145–55. doi:10.1207/s15324834basp1202_2.

Stuster, Jack W. *Bold Endeavors*. Annapolis, MD: Naval Institute Press, 2011.

Tedlow, Richard S. *Denial*. New York: Portfolio, 2010.

Tost, Leigh Plunkett, Francesca Gino, and Richard P. Larrick. "When Power Makes Others Speechless: The Negative Impact of Leader Power on Team Performance." *Academy of Management Journal* 56, no. 5 (2013): 1465–86. doi:10.5465/amj.2011.0180.

University of Nebraska–Lincoln. "How Do I Love Me? Let Me Count the Ways, and Also Ace That Interview." ScienceDaily. April 2, 2012. www.sciencedaily.com/releases/2012/04/120402144738.htm.

Van Kleef, Gerben A., Christopher Oveis, Ilmo van der Löwe, Aleksandr LuoKogan, Jennifer Goetz, and Dacher Keltner. "Power, Distress, and Compassion Turning a Blind Eye to the Suffering of Others." *Psychological Science* 19, no. 12 (2008): 1315–22. doi:10.1111/j.1467-9280.2008.02241.x.

Verkuil, Paul R., Martin Seligman, and Terry Kang. "Countering Lawyer Unhappiness: Pessimism, Decision Latitude, and the Zero-Sum Dilemma." Public Law Research Working Paper 019, Benjamin N. Cardozo School of Law School, Yeshiva University, New York, NY, September 2000. doi:10.2139/ssrn.241942.

Vialle, Isabelle, Luís Santos-Pinto, and Jean-Louis Rulliere. "Self-Confidence and Teamwork: An Experimental Test." Gate Working Paper No. 1126, September 2011. http://dx.doi.org/10.2139/ssrn.1943453.

Wallace, Harry M., and Roy F. Baumeister. "The Performance of Narcissists Rises and Falls with Perceived Opportunity for Glory." *Journal of Personality and*

Social Psychology 82, no. 5 (2002): 819–34. http://dx.doi.org/10.1037/0022-3514.82.5.819.

Wiseman, Richard. The As If Principle. New York: Free Press, 2013.

Wood, Graeme. "What Martial Arts Have to Do with Atheism." The Atlantic, April 24, 2013. www.theatlantic.com/national/archive/2013/04/what-martial-arts-have-to-do-with-atheism/275273/.

"World with No Fear." Invisibilia. Radio broadcast, 24:43. Aired January 15, 2015. www.npr.org/2015/01/16/377517810/world-with-no-fear.

Ybarra, Oscar, Piotr Winkielman, Irene Yeh, Eugene Burnstein, and Liam Kavanagh. "Friends (and Sometimes Enemies) with Cognitive Benefits: What Types of Social Interactions Boost Executive Functioning?" Social Psychological and Personality Science, October 13, 2010. doi:10.1177/1948550610386808.

Yong, Ed. "Meet the Woman Without Fear." Not Rocket Science (blog). Discover Magazine, December 16, 2010. http://blogs.discovermagazine.com/notrocketscience/2010/12/16/meet-the-woman-without-fear/#.VgsT_yBViko.

Zenger, Jack, and Joseph Folkman. "We Like Leaders Who Underrate Themselves." Harvard Business Review, November 10, 2015. https://hbr.org/2015/11/we-like-leaders-who-underrate-themselves.

Zhao, Bin. "Learning from Errors: The Role of Context, Emotion, and Personality." Journal of Organizational Behavior 32, no. 3 (2011): 435–63. doi:10.1002/job.696.

第 6 章　工作、工作、工作……或是工作與生活平衡？

Abele, Andrea E., and Daniel Spurk. "How Do Objective and Subjective Career Success Interrelate over Time?" Journal of Occupational and Organizational Psychology 82, no. 4 (2009): 803–24. doi:10.1348/096317909X470924.

Achor, Shawn. The Happiness Advantage. New York: Crown Business, 2010.

Ackerman, Jennifer. Sex Sleep Eat Drink Dream. New York: Mariner, 2008.

Alfredsson, L., R. Karasek, and T. Theorell. "Myocardial Infarction Risk and Psychosocial Work Environment: An Analysis of the Male Swedish Working Force." Social Science and Medicine 16, no. 4 (1982): 463–67. doi:10.1016/0277-9536(82)90054-5.

Amabile, Teresa. "Does High Stress Trigger Creativity at Work?" Marketplace, May 3, 2012. www.marketplace.org/2012/05/03/life/commentary/does-high-stress-trigger-creativity-work.

American Psychological Association. Stress in America. October 7, 2008. www.apa.

org/news/press/releases/2008/10/stress-in-america.pdf.

Arnsten, Amy F. T. "Stress Signalling Pathways That Impair Prefrontal Cortex Structure and Function." *Nature Reviews Neuroscience* 10, no. 6 (2009): 410–22. doi:10.1038/nrn2648.

Axelsson, John, Tina Sundelin, Michael Ingre, Eus J. W. van Someren, Andreas Olsson, and Mats Lekander. "Beauty Sleep: Experimental Study on the Perceived Health and Attractiveness of Sleep Deprived People." *BMJ* 341 (2010): c6614. http://dx.doi.org/10.1136/bmj.c6614.

Bandiera, Oriana, Andrea Prat, and Raffaella Sadun. "Managerial Firms in an Emerging Economy: Evidence from the Time Use of Indian CEOs." July 2013. www.people.hbs.edu/rsadun/CEO_India_TimeUse_April_2013.pdf.

Barker, Eric. "How Bad Is It to Miss a Few Hours of Sleep?" (Original article unavailable.) *Barking Up the Wrong Tree* (blog). November 5, 2009. www.bakadesuyo.com/2009/11/how-bad-is-it-to-miss-a-few-hours-of-sleep-jo/.

Barnes, Christopher M., John Schaubroeck, Megan Huth, and Sonia Ghumman. "Lack of Sleep and Unethical Conduct." *Organizational Behavior and Human Decision Processes* 115, no. 2 (2011): 169–80. doi:10.1016/j.obhdp.2011.01.009.

Beck, Melinda. "The Sleepless Elite." *Wall Street Journal,* April 5, 2011. www.wsj.com/articles/SB10001424052748703712504576242701752957910.

Behncke, Stefanie. "How Does Retirement Affect Health?" IZA Discussion Paper No. 4253, Institute for the Study of Labor, Bonn, Germany, June 2009. http://ftp.iza.org/dp4253.pdf.

Bianchi, R., C. Boffy, C. Hingray, D. Truchot, E. Laurent. "Comparative Symptomatology of Burnout and Depression." *Journal of Health Psychology* 18, no. 6 (2013): 782–87. doi:10.1177/1359105313481079.

Binnewies, Carmen, Sabine Sonnentag, and Eva J. Mojza. "Recovery During the Weekend and Fluctuations in Weekly Job Performance: A Week-Level Study Examining Intra-Individual Relationships." *Journal of Occupational and Organizational Psychology* 83, no. 2 (2010): 419–41. doi:10.1348/096317909X418049.

Blaszczak-Boxe, Agata. "The Secrets of Short Sleepers: How Do They Thrive on Less Sleep?" CBSNews.com. June 27, 2014. www.cbsnews.com/news/the-secrets-of-short-sleepers-how-do-they-thrive-on-less-sleep/.

Boehm, Julia K., and Sonja Lyubomirsky. "Does Happiness Promote Career Success?" *Journal of Career Assessment* 16, no. 1 (2008): 101–16. doi:10.1177/1069072707308140.

Bradlee Jr., Ben. *The Kid.* Boston: Little, Brown, 2013.

Brown, Stuart. *Play.* New York: Avery, 2010.

Cain, Susan. *Quiet.* New York: Broadway Books, 2012.

Christensen, Clayton M., James Allworth, and Karen Dillon. *How Will You Measure Your Life?* New York: HarperBusiness, 2012. Kindle Edition.

Csikszentmihályi, Mihály. "Contexts of Optimal Growth in Childhood." *Daedalus* 122, no. 1 (Winter 1993): 31–56.

Csikszentmihályi, Mihály. *Finding Flow.* New York: Basic Books, 2007.

Currey, Mason, ed. *Daily Rituals.* New York: Knopf, 2013.

Doherty, William J. "Overscheduled Kids, Underconnected Families: The Research Evidence." http://kainangpamilyamahalaga.com/pdf/studies/Overscheduled_Kids_Underconnected_Families.pdf.

Drucker, Peter F. *The Practice of Management.* New York: HarperBusiness, 2010.

Duhigg, Charles. *Smarter Faster Better.* New York: Random House, 2016.

Eck, John E. "Sitting Ducks, Ravenous Wolves, and Helping Hands: New Approaches to Urban Policing." *Public Affairs Comment* 35, no. 2 (Winter 1989). Lyndon B. Johnson School of Government, University of Texas at Austin. https://www.researchgate.net/publication/292743996_Sitting_ducks_ravenous_wolves_and_helping_hands_New_approaches_to_urban_policing.

Ferrie, Jane E., Martin J. Shipley, Francesco P. Cappuccio, Eric Brunner, Michelle A. Miller, Meena Kumari, and Michael G. Marmot. "A Prospective Study of Change in Sleep Duration: Associations with Mortality in the Whitehall II Cohort." *Sleep* 30, no. 12 (2007): 1659–66. www.ncbi.nlm.nih.gov/pmc/articles/PMC2276139/.

Fincher, David. *Fight Club.* Twentieth Century Fox, 1999. Film.

Garbus, Liz. "Bobby Fischer Against the World." HBO Documentary, 2011. Film.

Gardner, Howard. *Creating Minds.* New York: Basic Books, 2011.

Gaski, John F., and Jeff Sagarin. "Detrimental Effects of Daylight-Saving Time on SAT Scores." *Journal of Neuroscience, Psychology, and Economics* 4, no. 1 (2011): 44–53. doi:10.1037/a0020118.

Gleick, James. *Faster.* Boston: Little, Brown, 2000.

Golden, Lonnie, and Barbara Wiens-Tuers. "To Your Happiness? Extra Hours of Labor Supply and Worker Well-Being." *Journal of Socio-Economics* 35, no. 2 (2006): 382–97. doi:10.1016/j.socec.2005.11.039.

Gould, Daniel, Suzanne Tuffey, Eileen Udry, and James E. Loehr. "Burnout in Competitive Junior Tennis Players: III. Individual Differences in the Burnout Experience." *Sports Psychologist* 11, no. 3 (1997): 257–76.

Graham, Ruth. "The Unbearable Loneliness of Creative Work." *Boston Globe,* October 04, 2015. www.bostonglobe.com/ideas/2015/10/03/the-unbearable-loneliness-creative-work/5bY0LfwuWjZnMKLZTXOHJL/story.html.

Gujar, Ninad, Steven Andrew McDonald, Masaki Nishida, and Matthew P. Walker. "A Role for REM Sleep in Recalibrating the Sensitivity of the Human Brain to Specific Emotions." *Cerebral Cortex* 21, no. 1 (2011): 115–23. doi:10.1093/cercor/bhq064.

Halliwell, John F., and Shun Wang. "Weekends and Subjective Well-Being." *Social Indicators Research* 116, no. 2 (2014): 389–407. doi:10.3386/w17180.

"Hardcore History 43: Wrath of the Khans I." Dan Carlin website. www.dancarlin.com/product/hardcore-history-43-wrath-of-the-khans-i/.

Harden, Blaine. "Japan's Killer Work Ethic." *Washington Post,* July 13, 2008. www.washingtonpost.com/wp-dyn/content/article/2008/07/12/AR2008071201630.html.

Harter, Jim, and Saengeeta Agarwal. "Workers in Bad Jobs Have Worse Wellbeing than Jobless." Gallup.com. March 30, 2011. www.gallup.com/poll/146867/Workers-Bad-Jobs-Worse-Wellbeing-Jobless.aspx.

Henry, Paul. "An Examination of the Pathways Through Which Social Class Impacts Health Outcomes." *Academy of Marketing Science Review* 2001, no. 03 (2001). www.med.mcgill.ca/epidemiology/courses/655/SES%20and%20Health.pdf.

Hewlett, Sylvia Ann, and Carolyn Buck Luce. "Extreme Jobs: The Dangerous Allure of the 70-Hour Workweek." *Harvard Business Review,* December 2006. https://hbr.org/2006/12/extreme-jobs-the-dangerous-allure-of-the-70-hour-workweek.

Hitt, Michael A., R. Duane Ireland, and Robert E. Hoskisson. *Strategic Management Concepts.* 7th ed. Cincinnati: South-Western College Pub, 2006.

Hoang, Viet. "Karoshi: The Japanese Are Dying to Get to Work." Tofugu.com. January 26, 2012. www.tofugu.com/2012/01/26/the-japanese-are-dying-to-get-to-work-karoshi/.

"Inside the Teenage Brain: Interview with Ellen Galinsky." *Frontline.* (Documentary aired January 31, 2002.) www.pbs.org/wgbh/pages/frontline/shows/teenbrain/interviews/galinsky.html.

Interview with Barry Schwartz by author. "How to Find Happiness in Today's Hectic World." *Barking Up the Wrong Tree* (blog). February 22, 2015. www.bakadesuyo.com/2015/02/how-to-find-happiness/.

Interview with Benjamin Walker by Roman Mars. "Queue Theory and Design." 99% Invisible. Episode 49. March 9, 2012. http://99percentinvisible.org/episode/episode-49-queue-theory-and-design/transcript/.

Interview with Cal Newport by author. "How to Stop Being Lazy and Get More Done—5 Expert Tips." *Barking Up the Wrong Tree* (blog). August 10, 2014. www.bakadesuyo.com/2014/08/how-to-stop-being-lazy/.

Interview with Dan Ariely by author. "How to Be Efficient: Dan Ariely's 6 New Secrets to Managing Your Time." *Barking Up the Wrong Tree* (blog). October 12, 2014. www.bakadesuyo.com/2014/10/how-to-be-efficient/.

Interview with Michael Norton by author. "Harvard Professor Michael Norton Explains How to Be Happier." *Barking Up the Wrong Tree* (blog). May 18, 2013. www.bakadesuyo.com/2013/05/harvard-michael-norton-happier/.

Interview with Scott Barry Kaufman by author. "How to Be Creative: 6 Secrets Backed by Research." *Barking Up the Wrong Tree* (blog). December 6, 2015. www.bakadesuyo.com/2015/12/how-to-be-creative/.

Interview with Shawn Achor by author. "Be More Successful: New Harvard Research Reveals a Fun Way to Do It." *Barking Up the Wrong Tree* (blog). September 28, 2014. www.bakadesuyo.com/2014/09/be-more-successful/.

Isaacson, Walter. *Einstein.* New York: Simon and Schuster, 2007.

Iyengar, Sheena S., Rachael E. Wells, and Barry Schwartz. "Doing Better but Feeling Worse: Looking for the 'Best' Job Undermines Satisfaction." *Psychological Science* 17, no. 2 (2006): 143–50. doi:10.1111/j.1467-9280.2006.01677.x.

"Jobs for Life." *The Economist,* December 19, 2007. www.economist.com/node/10329261.

Jones, Jeffrey M. "In U.S., 40% Get Less than Recommended Amount of Sleep." Gallup.com. December 19, 2013. www.gallup.com/poll/166553/less-recommended-amount-sleep.aspx.

Jones, Maggie. "How Little Sleep Can You Get Away With?" *New York Times Magazine,* April 15, 2011. www.nytimes.com/2011/04/17/magazine/mag-17Sleep-t.html?_r=0.

Judge, Timothy A., and John D. Kammeyer-Mueller. "On the Value of Aiming High: The Causes and Consequences of Ambition." *Journal of Applied Psychology* 97, no. 4 (2012): 758–75. http://dx.doi.org/10.1037/a0028084.

Kanazawa, Satoshi. "Why Productivity Fades with Age: The Crime–Genius Connection." *Journal of Research in Personality* 37 (2003): 257–72. doi:10.1016/S0092-6566(02)00538-X, http://personal.lse.ac.uk/kanazawa/pdfs/JRP2003.pdf.

"Kazushi Sakuraba: 'The Gracie Hunter.'" Sherdog.com. www.sherdog.com/fighter/Kazushi-Sakuraba-84.

Keller, Gary. *The ONE Thing.* Austin, TX: Bard Press, 2013.

Kendall, Joshua. *America's Obsessives: The Compulsive Energy That Built a Nation.* New York: Grand Central, 2013.

Kibler, Michael E. "Prevent Your Star Performers from Losing Passion for Their Work." *Harvard Business Review,* January 14, 2015. https://hbr.org/2015/01/prevent-your-star-performers-from-losing-passion-in-their-work.

Kuhn, Peter, and Fernando Lozano. "The Expanding Workweek? Understanding Trends in Long Work Hours Among U.S. Men, 1979–2006." *Journal of Labor Economics* 26, no. 2 (2008): 311–43, 04. doi:10.3386/w11895.

Kühnel, Jana, and Sabine Sonnentag. "How Long Do You Benefit from Vacation? A Closer Look at the Fade-Out of Vacation Effects." *Journal of Organizational Behavior* 32, no. 1 (2011): 125–43. doi:10.1002/job.699.

Laham, Simon. *Science of Sin*. New York: Harmony, 2012.

Levitin, Daniel J. *The Organized Mind*. New York: Plume, 2014.

Loehr, Jim, and Tony Schwartz. *The Power of Full Engagement*. New York: Free Press, 2003.

Maher, Brendan. "Poll Results: Look Who's Doping." *Nature* 452 (2008): 674–75. doi:10.1038/452674a.

"Man Claims New Sleepless Record." BBC.com, May 25, 2007. http://news.bbc.co.uk/2/hi/uk_news/england/cornwall/6689999.stm.

Martin, Douglas. "Robert Shields, Wordy Diarist, Dies at 89." *New York Times*, October 29, 2007. www.nytimes.com/2007/10/29/us/29shields.html.

Masicampo, E. J., and Roy F. Baumeister. "Consider It Done! Plan Making Can Eliminate the Cognitive Effects of Unfulfilled Goals." *Journal of Personality and Social Psychology* 101, no. 4 (2011): 667–83. http://dx.doi.org/10.1037/a0024192.

Maslach, Christina. "Burnout and Engagement in the Workplace: New Perspectives." *European Health Psychologist* 13, no. 3 (2011): 44–47. http://openhealthpsychology.net/ehp/issues/2011/v13iss3_September2011/13_3_Maslach.pdf.

Maslach, Christina, and Julie Goldberg. "Prevention of Burnout: New Perspectives." *Applied and Preventive Psychology* 7, no. 1 (1998): 63–74. http://dx.doi.org/10.1016/S0962-1849(98)80022-X.

Maslach, Christina, and Michael P. Leiter. *The Truth About Burnout*. San Francisco: Jossey-Bass, 2009.

Mazzonna, Fabrizio, and Franco Peracchi. "Aging, Cognitive Abilities, and Retirement." *European Economic Review* 56, no. 4 (2012): 691–710. http://www.eief.it/files/2012/05/peracchi_mazzonna_eer_2012.pdf.

McGill University. "Men Who Lose Their Jobs at Greater Risk of Dying Prematurely." Public release. April 4, 2011. www.eurekalert.org/pub_releases/2011-04/mu-mwl040411.php.

McLynn, Frank. *Genghis Khan*. Cambridge, MA: Da Capo Press, 2015.

Medina, John. *Brain Rules*. Edmonds, WA: Pear Press, 2008.

Meldrum, Helen. "Exemplary Physicians' Strategies for Avoiding Burnout." *Health Care Manager* 29, no. 4 (2010): 324–31. doi:10.1097/HCM.0b013e3181fa037a.

Monteiro, Mike. "The Chokehold of Calendars." *Medium*. July 18, 2013. https://medium.com/@monteiro/the-chokehold-of-calendars-f70bb9221b36#.fnje9u6jm.

參考目錄

Mullainathan, Sendhil, and Eldar Shafir. *Scarcity.* New York: Times Books, 2013.

MYOB Australia. "MYOB Australian Small Business Survey, Special Focus Report: Lifestyle of Small Business Owners." December 2007. https://www.myob.com/content/dam/myob-redesign/au/docs/business-monitor-pdf/2007/2-MYOB_SBS_Special_Focus_Report_Dec_2007.pdf.

Nash, Laura, and Howard Stevenson. *Just Enough.* Hoboken, NJ: Wiley, 2005.

Newport, Cal. *Deep Work.* New York: Grand Central, 2016.

Niven, David. *100 Simple Secrets of Great Relationships.* New York: HarperCollins, 2009.

Novotney, Amy. "The Real Secrets to a Longer Life." *Monitor on Psychology* 42, no. 11 (2011): 36. www.apa.org/monitor/2011/12/longer-life.aspx.

O'Connor, Anahad. "The Claim: Lack of Sleep Increases the Risk of Catching a Cold." *New York Times,* September 21, 2009. www.nytimes.com/2009/09/22/health/22real.html?_r=0.

Pais, Abraham. *Subtle Is the Lord.* Oxford: Oxford Univ. Press, 2005.

Peláez, Marina Watson. "Plan Your Way to Less Stress, More Happiness." *Time,* May 31, 2011. http://healthland.time.com/2011/05/31/study-25-of-happiness-depends-on-stress-management/.

Pencavel, John. "The Productivity of Working Hours," *Economic Journal* 125, no. 589 (2015): 2052–76. doi:10.1111/ecoj.12166.

Perlow, Leslie A. *Sleeping with Your Smartphone.* Boston: Harvard Business Review Press, 2012.

Pfeffer, Jeffrey. *Managing with Power.* Boston: Harvard Business Review Press, 1993.

Pfeffer, Jeffrey, and Robert I. Sutton. *Hard Facts, Dangerous Half-Truths, and Total Nonsense.* Boston: Harvard Business Review Press, 2006.

Pink, Daniel H. *Drive.* New York: Riverhead Books, 2011.

Proyer, René T. "Being Playful and Smart? The Relations of Adult Playfulness with Psychometric and Self-Estimated Intelligence and Academic Performance." *Learning and Individual Differences* 21, no. 4 (2011): 463–67. http://dx.doi.org/10.1016/j.lindif.2011.02.003.

Randall, David K. *Dreamland.* New York: W. W. Norton, 2012.

Redelmeier, Donald A., and Daniel Kahneman. "Patients' Memories of Painful Medical Treatments: Real-Time and Retrospective Evaluations of Two Minimally Invasive Procedures." *Pain* 66, no. 1 (1996): 3–8. doi:10.1016/0304-3959(96)02994-6.

Reynolds, John, Michael Stewart, Ryan Macdonald, and Lacey Sischo. "Have Adolescents Become Too Ambitious? High School Seniors' Educational and Occupational Plans, 1976 to 2000." *Social Problems* 53, no. 2 (2006): 186–206. http://dx.doi.org/10.1525/sp.2006.53.2.186.

Robinson, Evan. "Why Crunch Modes Doesn't Work: Six Lessons." International Game Developers Association. 2005. www.igda.org/?page=crunchsixlessons.

Rock, David. *Your Brain at Work.* New York: HarperCollins, 2009.

Rohwedder, Susann, and Robert J. Willis. "Mental Retirement." *Journal of Economic Perspectives* 24, no. 1 (2010): 119–38. doi:10.1257/jep.24.1.119.

Rosekind, Mark R., David F. Neri, Donna L. Miller, Kevin B. Gregory, Lissa L. Webbon, and Ray L. Oyung. "The NASA Ames Fatigue Countermeasures Program: The Next Generation." NASA Ames Research Center, Moffett Field, CA. January 1, 1997. http://ntrs.nasa.gov/archive/nasa/casi.ntrs.nasa.gov/20020042348.pdf.

Ross, John J., "Neurological Findings After Prolonged Sleep Deprivation." *Archives of Neurology* 12, no. 4 (1965): 399–403. http://dx.doi.org/10.1001/archneur.1965.00460280069006.

Rothbard, Nancy P., and Steffanie L. Wilk. "Waking Up on the Right or Wrong Side of the Bed: Start-of-Workday Mood, Work Events, Employee Affect, and Performance." *Academy of Management Journal* 54, no. 5 (2011): 959–80. doi:10.5465/amj.2007.0056.

Rubens, Jim. *OverSuccess.* Austin, TX: Greenleaf Book Group, 2008.

Saad, Lydia. "The '40-Hour' Workweek Is Actually Longer—by Seven Hours." Gallup.com. August 29, 2014. www.gallup.com/poll/175286/hour-workweek-actually-longer-seven-hours.aspx.

San Diego State University. "Adults' Happiness on the Decline in U.S.: Researchers Found Adults over Age 30 Are Not as Happy as They Used to Be, but Teens and Young Adults Are Happier than Ever." ScienceDaily. November 5, 2015. www.sciencedaily.com/releases/2015/11/151105143547.htm.

Schaufeli, Wilmar B., Michael P. Leiter, and Christina Maslach. "Burnout: 35 Years of Research and Practice." *Career Development International* 14, no. 3 (2009): 204–20. doi:10.1108/13620430910966406.

Schwartz, Barry. *The Paradox of Choice.* New York: HarperCollins, 2009. Kindle Edition.

Schwartz, Barry, Andrew Ward, Sonja Lyubomirsky, John Monterosso, Katherine White, and Darrin R. Lehman. "Maximizing Versus Satisficing: Happiness Is a Matter of Choice." *Journal of Personality and Social Psychology* 83, no. 5 (2002): 1178–97. doi:10.1037//0022-3514.83.5.1178.

Sedaris, David. "Laugh, Kookaburra." *New Yorker,* August 24, 2009. www.newyorker.com/magazine/2009/08/24/laugh-kookaburra.

Sherman, Lawrence W., and David L. Weisburd. "General Deterrent Effects of Police Patrol in Crime 'Hot Spots': A Randomized, Controlled Trial." *Justice Quarterly* 12, no. 4 (1995): 625–48. doi:10.1080/07418829500096221.

Simonton, Dean Keith. *Greatness*. New York: Guilford Press, 1994.

Simonton, Dean Keith. *The Wiley Handbook of Genius*. Hoboken, NJ: Wiley-Blackwell, 2014.

Sims, Peter. *Little Bets*. New York: Free Press, 2011.

Smith, Dinitia. "Dark Side of Einstein Emerges in His Letters." *New York Times,* November 6, 1996. www.nytimes.com/1996/11/06/arts/dark-side-of-einstein-emerges-in-his-letters.html?pagewanted=all.

Streep, Peg, and Alan Bernstein. *Quitting*. Cambridge, MA: Da Capo Press, 2015.

Stuster, Jack W. *Bold Endeavors*. Annapolis, MD: Naval Institute Press, 2011.

Sullivan, Bob. "Memo to Work Martyrs: Long Hours Make You Less Productive." CNBC.com. January 26, 2015. www.cnbc.com/2015/01/26/working-more-than-50-hours-makes-you-less-productive.html.

Surtees, Paul G., Nicholas W. J. Wainwright, Robert Luben, Nicholas J. Wareham, Shiela A. Bingham, and Kay-Tee Khaw. "Mastery Is Associated with Cardiovascular Disease Mortality in Men and Women at Apparently Low Risk." *Health Psychology* 29, no. 4 (2010): 412–20. doi:10.1037/a0019432.

Tierney, John. "Prison Population Can Shrink When Police Crowd Streets." *New York Times,* January 25, 2013. www.nytimes.com/2013/01/26/nyregion/police-have-done-more-than-prisons-to-cut-crime-in-new-york.html?pagewanted=all&_r=1.

Todd, Benjamin. "How Good Are the Best?" *80,000 Hours* (blog). September 1, 2012. https://80000hours.org/2012/09/how-good-are-the-best/.

Twenge, Jean M., Ryne A. Sherman, and Sonja Lyubomirsky. "More Happiness for Young People and Less for Mature Adults: Time Period Differences in Subjective Well-Being in the United States, 1972–2014." *Social Psychological and Personality Science* 7, no. 2 (2016): 1–11. doi:10.1177/1948550615602933.

University of Massachusetts Amherst. "'Sleep on It' Is Sound, Science-Based Advice, Study Suggests." ScienceDaily. June 8, 2011. www.sciencedaily.com/releases/2011/06/110607094849.htm.

Visser, Mechteld R. M., Ellen M. A. Smets, Frans J. Oort, and Hanneke C. J. M. de Haes. "Stress, Satisfaction and Burnout Among Dutch Medical Specialists." *CMAJ* 168, no. 3 (2003): 271–75. PMCID:PMC140468.

Wagner, David T., Christopher M. Barnes, Vivien K. G. Lim, and D. Lance Ferris. "Lost Sleep and Cyberloafing: Evidence From the Laboratory and a Daylight Saving Time Quasi-Experiment." *Journal of Applied Psychology* 97, no. 5 (2012): 1068–76. doi:10.1037/a0027557.

Wang, Wei-Ching, Chin-Hsung Kao, Tsung-Cheng Huan, and Chung-Chi Wu. "Free Time Management Contributes to Better Quality of Life: A Study of Undergraduate Students in Taiwan." *Journal of Happiness Studies* 12, no. 4 (2011): 561–73. doi:10.1007/s10902-010-9217-7.

Ware, Bronnie. *The Top Five Regrets of the Dying.* Carlsbad, CA: Hay House, 2012.

Wargo, Eric. "Life's Ups and Downs May Stick." *Observer,* May 2007. Association for Psychological Science. www.psychologicalscience.org/index.php/publications/observer/2007/may-07/lifes-ups-and-downs-may-stick.html.

Weatherford, Jack. *Genghis Khan and the Making of the Modern World.* New York: Broadway Books, 2005.

Weiner, Eric. *The Geography of Genius.* New York: Simon and Schuster, 2016.

White, Gregory L., and Shirley Leung. "American Tastes Move Upscale, Forcing Manufacturers to Adjust." *Wall Street Journal,* March 29, 2002. www.wsj.com/articles/SB1017351317283641480.

Wohl, Michael, Timothy A. Pychyl, and Shannon H. Bennett. "I Forgive Myself, Now I Can Study: How Self-Forgiveness for Procrastinating Can Reduce Future Procrastination." *Personality and Individual Differences* 48, no. 7 (2010): 803–8. doi:10.1016/j.paid.2010.01.029.

Wood, Graeme. "What Martial Arts Have to Do with Atheism." *The Atlantic,* April 24, 2013. www.thearlantic.com/national/archive/2013/04/what-martial-arts-have-to-do-with-atheism/275273/.

Xu, Xin. "The Business Cycle and Health Behaviors." *Social Science and Medicine* 77 (2013): 126–36. doi:10.1016/j.socscimed.2012.11.016.

Yoo, Seung-Schik, Ninad Gujar, Peter Hu, Ferenc A. Jolesz, and Matthew P. Walker. "The Human Emotional Brain Without Sleep—A Prefrontal Amygdala Disconnect." *Current Biology* 17, no. 20 (2007): pR877–78. doi:http://dx.doi.org/10.1016/j.cub.2007.08.007.

Zerjal, Tatiana, Yali Xue, Giorgio Bertorelle, R. Spencer Wells, Weidong Bao, Suling Zhu, Raheel Qamar, et al. "The Genetic Legacy of the Mongols." *American Journal of Hum Genetics* 72, no. 3 (2003): 717–21. doi:10.1086/367774.

結語　成功不再跌跌撞裡？

Achor, Shawn. "Is Happiness the Secret of Success?" CNN.com. March 19, 2012. www.cnn.com/2012/03/19/opinion/happiness-success-achor.

Boehm, Julia K., and Sonja Lyubomirsky. "Does Happiness Promote Career Success?" *Journal of Career Assessment* 16, no. 1 (2008): 101–16. doi:10.1177/1069072707308140.

Chappell, Bill. "Winner of French Scrabble Title Does Not Speak French." NPR. Radio broadcast, 3:11. Aired July 21, 2015. www.npr.org/sections/thetwo-way/2015/07/21/424980378/winner-of-french-scrabble-title-does-not-speak-french.

Dweck, Carol. *Mindset*. New York: Random House, 2006.

"Entombed in My Own Body for Over 12 Years." BBC World Service online. 55 minutes. October 23, 2013. www.bbc.co.uk/programmes/p01jt6p6.

Heigl, Alex. "Man Memorizes French Dictionary to Win French Scrabble Tournament, Does Not Speak French." *People,* July 22, 2015. www.people.com/article/new-zealand-scrabble-champion-french-dictionary.

Petite, Steven. "Unscrambling Strings of Letters: The Beautiful Mind of Nigel Richards." *Huffington Post,* July 23, 2015. www.huffingtonpost.com/steven-petite/unscrambling-strings-of-l_b_7861738.html.

Pistorius, Martin. *Ghost Boy*. Nashville: Thomas Nelson, 2013.

Pistorius, Martin. "How My Mind Came Back to Life—and No One Knew," Filmed August 2015. TEDxKC video, 14:08. www.ted.com/talks/martin_pistorius_how_my_mind_came_back_to_life_and_no_one_knew.

Powdthavee, Nattavudh. "Putting a Price Tag on Friends, Relatives, and Neighbours: Using Surveys of Life Satisfaction to Value Social Relationships." *Journal of Socio-Economics* 37, no. 4 (2008): 1459–80. doi:10.1016/j.socec.2007.04.004.

Roeder, Oliver. "What Makes Nigel Richards the Best Scrabble Player on Earth." FiveThirtyEight.com. August 8, 2014. http://fivethirtyeight.com/features/what-makes-nigel-richards-the-best-scrabble-player-on-earth/.

"Secret History of Thoughts." *Invisibilia*. Radio broadcast, 59:07. Aired January 9, 2015. www.npr.org/programs/invisibilia/375927143/the-secret-history-of-thoughts.

Shenk, Joshua Wolf. "What Makes Us Happy?" *The Atlantic,* June 2009. www.theatlantic.com/magazine/archive/2009/06/what-makes-us-happy/307439/?single_page=true.

Simonton, Dean Keith. *The Wiley Handbook of Genius*. Hoboken, NJ: Wiley-Blackwell, 2014.

Stevenson, Howard, and Laura Nash. *Just Enough*. Hoboken, NJ: Wiley, 2005.

Vaillant, George E. *Triumphs of Experience*. Cambridge, MA: Harvard Univ. Press, 2012.

Valliant, George E. "Yes, I Stand by My Words, 'Happiness Equals Love—Full Stop.'" *Positive Psychology News,* July 16, 2009. http://positivepsychologynews.com/news/george-vaillant/200907163163.

成功不再跌跌撞撞

快樂 Happiness

成就 Achievement

意義 Significance

傳承 Legacy

財經企管 BCB639

成功不再跌跌撞撞
Barking Up the Wrong Tree:
The Surprising Science Behind Why Everything
You Know About Success Is (Mostly) Wrong

作者 —— 艾瑞克・巴克 Eric Barker
譯者 —— 許恬寧

總編輯 —— 湯皓全
資深副總編輯 —— 吳佩穎
書系副總監暨責任編輯 —— 邱慧菁
特約編輯 —— 吳依亭
封面設計 —— FE 設計 葉馥儀

出版者 —— 遠見天下文化出版股份有限公司
創辦人 —— 高希均、王力行
遠見・天下文化・事業群 董事長 —— 高希均
事業群發行人／CEO —— 王力行
天下文化社長／總經理 —— 林天來
版權部協理 —— 張紫蘭
法律顧問 —— 理律法律事務所陳長文律師
著作權顧問 —— 魏啟翔律師
社址 —— 臺北市 104 松江路 93 巷 1 號
讀者服務專線 —— 02-2662-0012｜傳真 —— 02-2662-0007；02-2662-0009
電子郵件信箱 —— cwpc@cwgv.com.tw
直接郵撥帳號 —— 1326703-6 號　遠見天下文化出版股份有限公司

電腦排版 —— bear 工作室
製版廠 —— 東豪印刷事業有限公司
印刷廠 —— 中康彩色印刷事業股份有限公司
裝訂廠 —— 中原造像股份有限公司
登記證 —— 局版台業字第 2517 號
總經銷 —— 大和書報圖書股份有限公司｜電話 —— 02-8990-2588
出版日期 —— 2018 年 02 月 27 日第一版第一次印行

定價 —— NT$450

國家圖書館出版品預行編目（CIP）資料

成功不再跌跌撞撞 / 艾瑞克・巴克 (Eric Barker)
著 ; 許恬寧譯 . -- 第一版 . -- 臺北市 : 遠見天下
文化 , 2018.02
384 面 ; 14.8×21 公分 . -- (財經企管 ; BCB639)
譯自 : Barking up the wrong tree : the surprising
science behind why everything you know about
success is (mostly) wrong
ISBN 978-986-479-392-1(平裝)

1. 成功法 2. 自我實現

177.2　　　　　　　　　　　　107002467

ISBN —— 978-986-479-392-1
書號 —— BCB639
天下文化書坊 —— bookzone.cwgv.com.tw
本書如有缺頁、破損、裝訂錯誤，請寄回本公司調換。
本書僅代表作者言論，不代表本社立場。